SERIES OF STUDIES
ON
CHINESE
CONFUCIUS
TEMPLES

中国文庙研究丛书

总　主　编　周洪宇

副总主编　赵国权

A
STUDY
ON
JIANGYIN
CONFUCIUS
TEMPLE

江阴文庙研究

于书娟 著

山东教育出版社
·济南·

总　序

德国哲学家雅斯贝尔斯在其所著《历史的起源与目标》一书中，曾提出人类文明的"轴心时代"这一命题，即在公元前 500 年左右，古希腊、以色列、中国和印度，都处在人类文明的重大突破期，都出现了伟大的精神导师，诸如古希腊的苏格拉底、柏拉图、亚里士多德，以色列的犹太教先知们，古印度的释迦牟尼，中国的孔子、老子等，他们的思想一直影响至今。但相比较而言，孔子更具有代表性，其所创立的儒家思想不仅影响中国社会两千多年而从未中断过，且被后世创造性地转化为物质载体即文庙。如同"四书五经"一样，文庙在儒学传承中扮演着不可或缺的角色。尤其是文庙与官学或书院融合后，形成了中国历史及儒学文化史上特有的"庙学合一"或"庙学""学庙"现象，也使得文庙作为儒家文化的标志性符号，以其独特的精神特质深刻影响着中国的政治生态、社会生态、文化生态和教育生态，还辐射到周边及欧美不少国家和地区，至今仍彰显其强大的生命力，成为国内外学术界热议不休的历史"活化石"。

壹

据史料记载，主祀孔子的庙宇有文庙、孔庙、学庙、庙学、学宫以及宣圣庙、至圣庙、夫子庙、先师庙、先师殿、大成殿、礼殿、燕居堂、中和堂等不同的称呼，然最流行、最常用的就是文庙和孔庙，因而一些权威的大型工具书在对文庙、孔庙加以解读时，不同程度地认同文庙即孔庙、孔庙即文庙。如商务印书馆修订本《辞源》解释说，孔庙在"明清时也叫文庙"，文庙即孔子庙，"元明以后通称文庙"。[①]顾明远主编的《教育大辞典》认为，孔庙"亦称文庙"，文庙"即孔庙……元以后多称文庙"。[②]近人的学术论著中也多持此意见，这主要是基于对主祀孔子这一历史存在的认同。

"文庙"一词，较早见于《南齐书》。齐高帝时的尚书右仆射王俭，针对明堂与郊祀之礼，曾引用《郑志》中赵商与郑玄的一番对话，赵商问曰："说者谓天子庙制如明堂，是为明堂即文庙邪？"[③]《新唐书》中又有"汉孝惠、孝景、孝宣令郡国诸侯立高祖、文、武庙"[④]的记载。汉惠帝刘盈乃刘邦之子，西汉第二位帝王。可见，在西汉初年就有文庙的称呼，只是此时的文庙与孔子及其被封为"文宣王"没有必然联系。

在古汉语中，"文"与"武"是相对的一组概念。按古制，凡有功于社稷的文臣武官，均可设庙祠以祀。如主祀姜子牙的武成庙、主祀岳飞的岳飞庙、主祀关羽的关帝庙等，都属于"武庙"。而主祀姬旦的周公庙、主祀孔子的孔庙、主祀孟子的孟庙、主祀颜回的颜庙、主祀子思的子思庙、主祀曾参的曾子庙，以及孟子游梁祠、子贡祠、武侯祠、包公祠、范

① 商务印书馆编辑部编：《辞源》，商务印书馆 1979 年版，第778、1362 页。
② 顾明远主编：《教育大辞典》第 8 卷，上海教育出版社 1991 年版，第 152 页。
③《南齐书·礼上》。
④《新唐书·高郢传》。

公祠等，都属于文庙。且武庙与文庙各有其配享及乐舞礼制，如《宋书》所载，曹魏时期"制《武始》舞武庙，制《咸熙》舞文庙"[①]。尤其是自唐宋以后，各地既建文庙又建武庙。因此，广义上的文庙，是一种与武庙相对的、主祀有功文臣或先儒先贤的礼制性建筑，体现出历朝历代"文治"的政治意图，负载有"价值判断和意识形态韵味"[②]，属于文化史学研究的范畴。而狭义上的文庙，则单指主祀孔子的礼制性建筑，亦即孔庙，也就是本丛书所论及的文庙。

就狭义上的文庙来说，史料及后世文献多以孔庙相称，明清尤甚。这是因为孔子乃"文道"之奠基者。自汉初始统治者就开始推崇孔子及其创立的儒学，汉高祖刘邦路过曲阜时还"以太牢祠焉"[③]。汉武帝"独尊儒术"后，儒学便一跃成为官方哲学，在其后上千年的发展历程中，孔子犹如道教尊老子、佛教尊释迦牟尼一样被推上神坛，或被追封为"文宣王"，或被奉为"万世师表"，主祀孔子的礼制性建筑文庙也逐步遍设于京师及全国各地。

按所承载的功能，文庙可以分为四类：

一是国庙。这是由帝王代表国家祭拜孔子的礼制性建筑，主要是设于京师的皇家孔庙。曲阜孔庙在京师未设孔庙之前曾一度扮演国庙的角色。

二是家庙。家庙是孔子家族的宗庙，如曲阜孔庙、浙江衢州孔庙以及河南郏县文庙（既是家庙又是学庙）等。

三是学庙。因庙设学、因学设庙或庙学同建，形成"庙学合一"的格局，具体是指与各级官学及书院直接相关的主祀孔子的庙宇，因而也多被称为"庙学"。明清时期多被称为文庙，如上海文庙、苏州文庙、郑州文庙等。还有被称为学宫的，如广东的番禺学宫、海南的文昌学宫等。此类文庙数量庞大，除

---

① 《宋书·乐一》。
② ［英］海伍德：《政治学核心概念》，吴勇译，天津人民出版社2008年版，第4页。
③ 《史记·孔子世家》。

少量的国庙、家庙、村庙外，其余的全部是学庙。

四是村庙。凡是学庙普及不到的边远地区，地方官员为推崇弘扬儒学、满足民众对圣人孔子的崇拜和对儒家文化信仰的需求，便在人口聚集区的村镇设孔庙奉祀孔子及有功于儒学的先儒先贤，可称之为"村庙"。如福建连城县培田村有一处清乾隆四十四年（1779年）所建的"文武庙"，文庙和武庙建在一栋两层阁楼内，下层武庙祀关羽，上层文庙祀孔子。在中原一带，多有因孔子圣迹所到之处而建的纪念性孔庙，如河南永城的芒砀山夫子庙是为纪念孔子在此避雨晒书而建的，河南淮阳的弦歌台为纪念孔子在此绝粮依然"弦歌不衰"而建（附有书院，亦为学庙）等。村庙数量不多、规模不大、建制不一，但与其他文庙一样承载着传承儒学与社会教化的功能。

贰

文庙起始于何时，学术界众说纷纭，或言早至春秋，或曰晚至唐朝。但无论始于何时，它总有一个产生、发展及演变的过程，其历史积淀也足以占据儒学发展的半壁江山。

文庙的雏形当从曲阜因宅设庙始，即孔子去世后，其居室由后人奉为庙，"故所居堂、弟子内，后世因庙，藏孔子平生衣、冠、琴、车、书"，且在孔子冢祭奉孔子，"鲁世世相传，以岁时奉祠孔子冢，而诸儒亦讲礼、乡饮、大射于孔子冢"。[①]此时的曲阜孔庙虽属家庙性质，并非严格意义上的礼制性庙宇，孔子冢之学亦属私学，且孔庙与孔子冢不在一处，但毕竟是主祀孔子，又兼有私学活动，可称之为文庙雏形，实开文庙建制之先河。

①《史记·孔子世家》。

文庙与政治结缘、与官学融合，可追溯到东汉时期蜀郡重修的文翁石室（即蜀郡郡学）中的"周公礼殿"。据史载："蜀儒文章冠天下，其学校之盛，汉称石室、礼殿，近世则石九经，今皆存焉。"①可以说，蜀郡郡学中的周公礼殿实乃"中国古代庙学合一的最早范本"，"曲阜之外中国所建最早祭祀周公、孔子的机构"。②但这只是地方政府行为，尚未在全国实施，更是主祀周公，并非孔子。自汉武帝"独尊儒术"后，统治者把尊孔崇儒提到国家治理的高度，开始加封孔子及其后裔。永平二年（59年），汉明帝更是诏令郡县学校皆祀周公、孔子。这是首次以中央诏令的形式祭祀周公、孔子。

魏晋南北朝虽王朝更替频繁，加之佛道及玄学的冲击，但统治者的尊孔崇儒政策没有弱化，文庙礼制建设多有成就。如曹丕于黄初二年（221年）下令，"鲁郡修起旧庙，置百户吏卒以守卫之，又于其外广为室屋以居学者"③，还要求各地修葺孔庙，重开祀孔之制。东晋时在国子学"增造庙屋一百五十五间"④。北魏太武帝时"起太学于城东，祀孔子，以颜渊配"⑤，开创中央国学祭孔之制；孝文帝不仅在国都平城（今山西大同）创建孔子庙，开国都孔庙之先河，还下诏规范祭孔礼制，要求"自今已后，有祭孔子庙，制用酒脯而已"⑥等。

隋唐时期重新确立儒学及孔子的政治地位，文庙进一步规范化和制度化。唐高祖李渊于武德二年（619年）下诏在国子学中立周公、孔子庙，四时致祭。唐太宗李世民下令停祭周公，开国学文庙主祀孔子之先例；贞观二十一年（647年）开始确立追祀先贤先儒的制度，是年唐太宗下诏，以左丘明等二十二人配享文庙。开元八年（720年）唐玄宗下诏，以颜回等十哲从祀孔子，并塑为坐像；开元二十七年（739

① 席益：《府学石经堂图籍记》，见程遇孙等编《成都文类》卷30，文渊阁四库全书本。
② 舒大刚，任利荣：《"庙学合一"：成都汉文翁石室"周公礼殿"考》，载《四川大学学报（哲学社会科学版）》2014年第5期。
③《三国志·魏书二·文帝纪第二》。
④《宋书·礼一》。
⑤《魏书·世祖纪上》。
⑥《魏书·高祖纪上》。

年）追谥孔子为文宣王，追赠颜回为兖国公，其余九哲弟子皆为侯，另追赠曾参以下七十三人为伯，孔子自此开始被称"王"。自唐以来，庙学合一进程逐步推进，庙学之制更加完备，史载"唐开元间，定孔子为先圣庙，而衮冕南面，每岁春秋祀焉，由是庙学之礼益备，凡有学者必有庙，示其尊也"①。

宋元时期，文庙设置更为普遍，"宋兴，崇尚文治，吾夫子之祀遍天下"②。不仅是官学，还有自宋朝日益兴起的书院内也必崇祀孔子，"每个书院必塑有孔子及十哲的肖像，甚至图画七十二贤一同配飨"③。尤其是北宋至和二年（1055 年），宋仁宗开加封孔子嫡长子孙"衍圣公"的先例；南宋绍兴十年（1140 年），宋高宗诏令"以释奠文宣王为大祀"④，即规定祭祀孔子的礼仪与祭祀社稷的大礼相同，均为国家级的重大祀典。至元朝，元武宗加封孔子为"大成至圣文宣王"⑤；至明朝嘉靖年间，历经数百年的"孟子升格运动"，儒学的重要传承人孟子被正式封为"亚圣"。在此情况下，文庙遍及全国各地，"郡县有学，学必有庙"⑥。

明清时期，"文庙"这一称呼开始被广泛使用。朱元璋即位后，改称孔子为"先师"，洪武元年便"以太牢祀先师孔子于国学"⑦，还"诏天下通祀孔子"⑧。明永乐八年（1410 年），不仅"令天下文庙圣贤衣冠绘塑不合古制者悉改正"⑨，且改学校先师庙为"文庙"，自此"文庙"之名盛行天下。至明末，全国各地所建文庙多达 1560 所。⑩清初，康熙帝亲笔御书"万世师表"匾额悬于文庙大成殿，这是历史上首次称颂孔子为"万世师表"，表达出统治者对孔子及儒学的敬仰之情，也昭示出儒学的文化力量。至清末，文庙增至 1740 多所。⑪

① 吴澄：《崇仁县孔子庙碑》，见《吴文正公集》卷 15，台北新文丰出版公司 1985 年版。
② 陈宜中：《学道书院记》，见《苏州府志》卷 26，清光绪九年刊本。
③ 陈青之：《中国教育史》，商务印书馆 1936 年版，第 195 页。
④《宋史·高宗六》。
⑤《元史·武宗一》。
⑥ 阮元：《两浙金石志·杭州路重建庙学之碑》。
⑦《明史·太祖二》。
⑧《明史·太祖三》。
⑨《明会典·卷八十四》。
⑩ 王贵祥：《明代不同等级儒学孔庙建筑制度探》，载《中国建筑史论汇刊》2012 年第 2 期。
⑪ 刘新：《儒家建筑文庙》，中国建筑工业出版社 2013 年版，第 18 页。

清末开办新式学堂后，庙学开始分离，文庙由以往的祭祀与教学两大主要功能蜕变为单一的祭祀功能，没有了"官学"这一光环，其维修和保护自然会受到一些影响；但不能否认其大教育功能的存在，那就是继续承担着社会教化的重任，且依然是广大士子心仪向往的神圣殿堂。虽经风风雨雨，仍有不少的文庙得以较好或部分地保存下来。改革开放后，文庙作为优秀传统文化的重要组成部分而受到普遍关注，其资源的开发和利用也被提到日程上来，文庙发展又迎来了一个新的春天。据国家文物局《文庙、书院等儒家遗产保护利用现状调研报告》（内部资料）统计，截至 2016 年底，除内蒙古、西藏、宁夏及台湾、香港、澳门外，共有 327 处文庙列入省级重点文物保护单位和全国重点文物保护单位名录，其中国保级文庙为 108 处。此外，日本、韩国、越南等周边国家也有近 100 处文庙。可以说，文庙立足本土，辐射周边，形成足以和佛寺、道观相媲美的"儒庙景观"。

叁

自文庙登上中国历史的舞台，便开始发挥其独特的多元功能，影响到中国的政治生态、文化生态及教育生态。

毫无疑问，文庙的强势缘于与政治生活的结合。自西汉确立以儒治国后，魏晋至明清皆秉承儒治政统，不断提高孔子及儒学的地位，称孔子为"人伦之表"，称儒学为"帝道之纲"，为此不断地完善庙祀孔子的礼仪制度。期间，儒学确实遭受过不同学术流派的冲击，但因儒学自身的包容性与再生力，以及与政治生活的紧密联系，它在博弈中始终占据着权力的中心位置。历代各地文庙正是在这一儒化的背景下得以建造的，反过来又对政治生态起到一种固化作用。诸如每当因社会剧烈震荡带来道德秩序的破坏、所谓"不孝不悌之事，频见词诉"①之时，统治者都毅然决然地动用儒学来拯救社会道德的缺失。每当基业稳定之际，统治者又会诏令修建文庙以传承儒学，并利用文庙祭孔活动来"宣德化""正人心"。总之，要让"君君、臣臣、父父、子子"等伦理观念根植于官员及民众心中，杜绝一切"僭越"行为，借以维系和谐的政治生态。

基于与政治生活的结缘，文庙在一定程度上成为以儒学为主体的中国传统文化反映在现实中的物化形式。这一被物化的建筑群，与"四书五经"一样，具有同等重要的文化传承价值。如果说"四书五经"借助文本来传承儒家文化的话，那么文庙则是借助建筑、礼仪等起到文化传承的作用。诸如按照礼制，文庙建筑分别有九进、七进、五进、三进院落等，常与官学毗邻，庙中有学、学中有庙等，将古代的庙宇性建筑文化传承至今。又如文庙的祭祀活动，从供奉人物的选择、座序排列到祭祀时的祭器、祭品、礼服、礼仪、音乐、舞蹈等，无不在制造一定的场境和氛围，引发民众对儒学文化的认同，从而形成特有的文化基因和精神特质，以至祭祀文化代代相传，生生不息。

基于文庙与官学或书院的结缘，文庙的设施及祭祀活动又有"风励士子"的强大教化功能，足以使在读学子形成对师道和学业的敬畏感。这是因为文庙中的受祀对象，已成为道德、道统、学统的象征，是言谈举止、待人接物的标杆，更是一种精神文化的符号。那么在文庙内祭拜这些先圣先贤，足以"使天下之士观感奋兴，肃然生其敬畏之心，油然动其效法之念"②，亦即通过"营造出一种庄严肃穆的场景，使

① 徐元杰：《延平郡学及书院诸学榜》，见《梅野集》卷11，文渊阁四库全书本。
② 庞钟璐：《缮写成帙恭呈御览仰祈》，见《文庙祀典考》卷50，清光绪戊寅家藏本。

人们对先圣先师先贤等供祀对象的崇敬之情升华为一种神圣的体验"[①]。正是这种庄严肃穆的文化场景，使得诸生在先圣先贤像前"穆然而志专，徘徊乐之，不忍去也"[②]。从"穆然"到"乐之"再到"不忍去"，足见谒祠之举对在院生徒的感染力之大。更使得"自为童子时"的文天祥，看到文庙中还奉祀乡贤先儒欧阳修、杨邦乂、胡铨等塑像，且"皆谥忠"，欣然慕之曰："没不俎豆其间，非夫也。"[③]如此，一代代学子带着对师道和学业的敬畏，去追逐"希圣希贤"的人生理想，最终实现"传道济民"的处世目标，这也是"庙学合一"价值的最好体现。

肆

正因为有如此多元的价值及功能，文庙才能在庙学分离后艰难地生存下来，后来者才能继续守望着中华优秀传统文化这块沃土而不至于断裂或丢失。改革开放以来，国家更加重视保护和弘扬中华优秀传统文化，文庙作为儒家文化的载体自然迎来了难得的发展机遇。曲阜孔庙的祭孔活动以往由民间团体主持，从2004年起转而由地方政府主办，2007年又上升到由山东省政府与教育部、文化部等联合主办，由此带动了各地文庙的官方"祭孔"活动；越来越多的文庙遗存被列为全国重点文物保护单位，同时带动了全国各地对文庙遗存的修复和保护工作。党的十八大报告明确指出"文化是民族的血脉，是人民的精神家园"，并基于对优秀传统文化营养的汲取，提出了"二十四字"的社会主义核心价值观。2014年五四青年节当日，习近平总书记在与北京大学师生座谈时指出，中华优秀传统文化已经成为中华民族的基因，植根在

① 肖永明，唐亚阳：《书院祭祀的教育及社会教化功能》，载《湖南大学学报（社会科学版）》2005年第3期。
② 陈傅良：《潭州重修岳麓书院记》，见《止斋集》卷39，文渊阁四库全书本。
③《宋史·文天祥传》。

中国人内心，影响着中国人的思维方式和行为方式，今天，我们提倡和弘扬社会主义核心价值观，必须从中汲取丰富营养，否则就不会有生命力和影响力。2017年1月，中共中央办公厅、国务院办公厅印发《关于实施中华优秀传统文化传承发展工程的意见》。该意见指出，在五千多年文明发展史中孕育的中华优秀传统文化，积淀着中华民族最深沉的精神追求，代表着中华民族独特的精神标识，是中华民族生生不息、发展壮大的丰厚滋养，是中国特色社会主义植根的文化沃土，是当代中国发展的突出优势，对延续和发展中华文明、促进人类文明进步，发挥着重要作用。同时，该意见从重要意义、总体要求、主要内容、重点任务、组织实施和保障措施等方面予以战略性、全局性部署。党的十九大报告中，同样强调"文化是一个国家、一个民族的灵魂。文化兴国运兴，文化强民族强。没有高度的文化自信，没有文化的繁荣兴盛，就没有中华民族伟大复兴"，"中国特色社会主义文化，源自于中华民族五千多年文明历史所孕育的中华优秀传统文化"，在新时代传承与弘扬优秀传统文化，必须"创造性转化、创新性发展"。那么，文庙作为传播儒学的主阵地，理应成为培育和践行社会主义核心价值观的重要文化阵地。事实上，已有部分文庙积极开展国学教育普及活动，如举办成人礼、开笔礼、拜师礼等，取得明显效果。

但在现实中，文庙的发展还面临诸多问题或难题。有些地方政府文物保护意识淡薄，有部分文庙遗存得不到正常的维修和保护；部分得到保护的文庙，其蕴藏的多元功能尚未得到有效发挥，甚至存在过于功利化的倾向；部分文庙设施及祭祀活动不合礼制，存在一系列具体问题，比如祭祀日应是生日还是卒日、受祀对象只是孔子还是分层次进行、每年各地文庙是同时祭祀还是"各自为政"、祭文是年年都写还是规范统一，以及在东西两庑及乡贤祠、名宦祠中是否可以续增一些新儒学代表人物等问题。要根本解决文庙发展中的问题，有待于对文庙的深入系统研究。

伍

自从文庙问世后，就有不少学者从不同的角度、用不同的方式，对文庙的建制、布局、祭祀、教化等问题做过不同程度的思考和论述。自明清以来，在举国编著大型丛书、类书的驱动下，大批学者开始对文庙的各种资料进行梳理、研究和汇编。如《明史·艺文志》就载有潘峦的《文庙乐编》、何栋如的《文庙雅乐考》、黄居中的《文庙礼乐志》、瞿九思的《孔庙礼乐考》；《清史稿·艺文志》载有阎若璩的《孔庙从祀末议》、庞钟璐的《文庙祀典考》、蓝锡瑞的《醴陵县文庙丁祭谱》、郎廷极的《文庙从祀先贤先儒考》等。此外，还有陈锦的《文庙从祀位次考》、张儁的《文庙贤儒功德录》、金之植的《文庙礼乐考》、牛树梅的《文庙通考》以及民国时期孙树义的《文庙续通考》等。这些成果对文庙的发展流变、建筑形制、祭祀礼仪及从祀制度等都做了系统考辨。改革开放以来，随着国家对优秀传统文化传承的重视及文化遗存保护力度的加强，文庙研究呈现出良好的发展态势，先后出版多部有代表性的学术著作，诸如范小平的《中国孔庙》（2004）、陈传平主编的《世界孔庙》（2004）、刘亚伟的《远去的历史场景：祀孔大典与孔庙》（2009）、孔祥林等的《世界孔子庙研究》（2011）、彭蓉的《中国孔庙建筑与环境》（2011）、董喜宁的《孔庙祭祀研究》（2014）、朱鸿林的《孔庙从祀与乡约》

（2014）等。这些学术成果从历史学、建筑学、考古学、美学等多学科多维度对文庙进行了系统性、综合性思考与研究。但在文庙理论的提升、文庙精神的挖掘、文庙文化的传播、新时代文庙如何保护利用等问题上，还需要我们进一步去思考、去探索。

本套"中国文庙研究丛书"以马克思主义唯物史观和方法论为指导，以全球视野、中国立场、问题意识、实践导向为基本价值取向，坚持历史与逻辑相一致、宏观与微观相统一、本土与域外相参照、理论与实际相结合的基本原则，充分运用历史法、文献法、比较法以及田野调查、计量分析、文本叙事、图像佐证等研究方法，从选址布局、建筑特色、祭祀礼制、教化活动、文化传承等多个维度，对各地有代表性的文庙逐一进行微观分析和深度描述，使其成为介于学术性和普及性之间的一套文庙研究丛书。纳入丛书第一辑的有十三部研究专著，分别是《曲阜孔庙研究》《西安文庙研究》《上海文庙研究》《郑州文庙研究》《太原文庙研究》《苏州文庙研究》《南宁文庙研究》《济南府学文庙研究》《宁远文庙研究》《定州文庙研究》《建水文庙研究》《正定文庙研究》《江阴文庙研究》，其他有代表性的文庙也正在研究之中。在此基础上，我们后续会进行历代文庙史料搜集与整理以及文庙专题研究、文庙通史研究等，努力使"文庙学"成为一门专门学问。同时，也期待有更多的文庙爱好者加入文庙研究队伍，通过深入系统的研究以及多种形式的学术交流活动，让中国的文庙文化走向世界，让世界了解中国的文庙文化。

周洪宇

2020 年 12 月

目 录

04 > 江阴文庙的教化功能

05 > 江阴文庙的建筑及文化内涵

08 > 江阴文庙的价值与开发

　　1645年夏，清政府恐怕怎么也没有想到，仅仅因为一纸"剃发令"，一座并不起眼的江南小城，竟然对清军的围攻，进行了长达81天的顽强抵抗。这座小城，就是江阴。这件事为江阴赢得了"忠义之邦"的美名。而这场抵抗运动最后的堡垒，就是江阴人文教育的中心所在——江阴文庙。领导群众进行这场艰苦卓绝抗战的三位杰出领袖——阎应元、陈明遇、冯厚敦，被誉为"抗清三公"，受到后世江阴人民的景仰与祭拜。三公之一的冯厚敦，当时担任的是江阴儒学训导一职，只是一个不入流的地方教育官员。让他们挺身而出、参与组织领导这场抗清运动的，正是孔子与儒家文化的教诲："为国尽忠，为子尽孝"，"身体发肤，受之父母，不敢毁伤"。这种"忠义"精神，既来自地理环境的熏陶，更是源自人文精神的滋养。

　　江阴地处江尾海头、长江咽喉，向为江防要塞，是大江南北的重要交通枢纽和江海联运换装的天然良港。商朝末年，周太王之子泰伯、仲雍南奔，建立勾吴政权，其核心在今天无锡梅村一带。春秋时期，江阴属于吴地延陵，是吴王寿梦第四子季札的封地。他曾三次让国，避耕于江阴申港南边的舜过山下，死后也葬于此地。季札不仅品德高尚，而且是具有远见卓识的政治家和外交家，曾代表吴国出使中原，广交当时贤士，一度与孔子齐名，称为"南季北孔"。孔子对这位同时期的前辈倍加推崇，多次盛赞其德行。民间传说孔子曾亲自题其墓曰"呜乎有吴君子"，后唐殷仲容又加"延陵""之墓"四字，遂成"呜乎有吴延陵君子之墓"十字，故名"十字碑"。"延陵季子"之德风，成为江阴人文精神的思想源头。

战国时期，江阴为楚国君子春申君黄歇的采邑。因此，江阴又被称为"延陵古邑""春申旧封"。秦始皇统一六国后，在全国推行郡县制，在吴越故地设会稽郡，江阴属于该郡辖下的"延陵乡"。公元前202年，汉高祖刘邦因其境内有暨阳

江阴申港延陵季子墓

湖，将之改为暨阳乡，隶属于毗陵县。281年，西晋武帝司马炎升其为暨阳县，开启了江阴独立建县的历史，县治在杨舍镇（今属张家港）。341年，东晋成帝司马衍时期，暨阳县治搬到了黄田港口澄江镇（今江阴市澄江街道）。据说，酒圣杜康曾偕同好友刘伶隐居于江阴城东，酿造黑杜酒，留下了"江阴黑酒饮三碗，醉倒刘伶整三天"的故事。555年，南朝梁敬帝萧方智废暨阳县置江阴郡，取"大江之阴"的意思，为"江阴"今名之始。此后，江阴分别为郡、军、路、州、卫，建置几经变化，但自明之后，江阴多以"县"称，大部分时候隶属于常州。1983年3月，改由无锡市代管。1987年4月23日，经国务院批复，撤县设市至今。

江阴之忠义传统，渊源有自。宋明时期，江阴的军事地位受到重视。南宋时期，江阴是两浙路十四州二军之一。韩世忠、岳飞等抗金名将都曾驻守江阴，辛弃疾也出任过江阴知军府的签判，负责起草书写来往公文，协助知军处理地方政务。明初，朝廷一度在此设置"江阴卫"水师炮台。1635年，为了防备倭寇，崇祯皇帝决定在江阴大、小石湾配置红夷大炮11座。入清以后，在抗击外敌入侵的过程中，炮台又多次得到加固。今天，"江阴市滨江要塞旅游区"的黄山炮台遗址，就是江阴军事要塞的历史见证，已经被纳入全国重点文物保护单位。

有明一代，宦官专权，江阴涌现了一大批爱国知识分子，在与阉党斗争的过程中表现出了江阴文人的铮铮铁骨与高尚气节。比如，因为敢于揭露宦官刘瑾擅政误国的"江阴一时三忠"——黄昭、贡安甫、史良佐；勇斗阉官魏忠贤，慷慨赴狱，死于酷刑，被列入"东林后七君子"的缪昌期、李应昇等。1645年夏长达81天对清军的"剃发令"的抵制与

江阴中山公园忠邦亭

血战，正是这种"忠义"传统的延续。后世江阴人曾立"忠邦峰"，以怀念保邦死难者。清初状元韩菼，专门作《江阴城守纪》记录这场抗清之战。另一位状元姚文田，在担任江苏学政时期，于1799年为江阴题写了"忠义之邦"四个大字，道光年间摹作后作为江阴城南门的门额。1937年冬，日本侵略军炮击江阴，南门"义之"二字被毁。1947年抗日战争胜利后，"忠义之邦"四字重刻于县城南门。

由于地处大江南北的重要交通枢纽，拥有江海联运的天然良港，江阴不仅仅是军事要塞，也一度是江南经济发展的中心。早在南宋绍兴年间（1131—1162），江阴就是全国八大"市舶司"驻地之一，作为对外通商口岸，负责对外经济贸易，这成为江阴繁荣经济的重要契机。1912年10月，已

江阴文庙研究

经卸任临时大总统的孙中山来到江阴发表演说，喊出了"叫全国的文明，从江阴发起"[1]的口号，这成为对江阴人开拓创新、追求美好生活的最好激励。改革开放以来，江阴借助优越的地理位置，深厚的历史文化，敢闯的城市精神，成为中国乡镇企业和民营经济的发源地之一。"天下第一村"的华西村，名满中国。同时，江阴也曾荣获"中国制造业第一县""中国资本第一县"等称号，现有上市公司几十家。雄厚的经济实力，为江阴文化教育事业的发展提供了强有力的支撑。

在人文教育领域，自北宋兴学以来，江阴注重崇文兴教，逐渐成为人文荟萃之地。特别是由于明清两代有300多位学政在此驻节，江阴成为江苏省八府三州士子的选拔之地，"学台移驻而文教蔚兴"[2]。从北宋淳化三年（992年）壬辰科第一个进士葛昭华算起，直至清末科举制度被废除，江阴共有进士341名，举人526名，其中有4名探花，1名传胪，1名会元，7名解元，在科举史上创造了"同年十五举""一秋两解元""父子同登""兄弟共荣"等诸多的佳话。[3]这些都离不开江阴文庙及其儒学对于地方士人的教化。作为儒家知识分子的精神家园，江阴文庙儒学虽然因为各种原因而屡遭破坏、损毁，但主政官员与地方士绅能始终心怀敬仰，致力于兴修与保护。科举正途之外，著名地理学家、一代"游圣"徐霞客，不仅以其游记在世界旅游史、科学史和文学史上给后世留下了宝贵的财富，也给后人树立了热爱自然、勇于怀疑、亲身探索的典范。近代，以"刘氏三杰"刘半农、刘天华、刘北茂三兄弟为代表的江阴籍文化名人，更是在中国现代诸多学科领域做出了卓越的贡献。我国当代教育家顾明远先生，也是江阴人的骄傲。以学政衙署为核心的学政文化旅游区，已经成

---

① 孙中山：《在江阴各界欢迎会的演说》，见《孙中山全集》第2卷，中华书局2006年版，第524页。
② 崇祯《江阴县志·凡例》。
③ 参见刘徐昌编《风景旧曾谙——江阴科举文化回眸》，内部印刷物，2018年，第15页。

"游圣"徐霞客塑像

为江阴文化教育的一张名片。

改革开放以来，江阴市政府较早意识到文物保护的重要性，很早就开始对江阴文庙进行保护与修缮。从1993年开始，为保护祖国优秀文化遗产，弘扬中华传统精神，江阴市人民政府陆续拨出专款500多万元对文庙进行全面修复。1996年10月，江阴文庙被列为江苏省文物保护单位。此后，经过文庙保护所领导与工作人员的努力，文庙成为江阴爱国主义教育基地，以崭新的面貌，常年对社会免费开放，现在平均每年接待游客达几万人次。相关部门利用文庙的东、西厢房，常年举办各类展览，利用厢房、明伦堂开展各类公益性文化教育活动。文庙成为新时代传承与弘扬中华优秀传统文化的一个重要场所。为了更好地发挥文庙的诸多价值，很有必要在保护的基础上加强研究，在研究的基础上科学利用。

历史研究离不开史料，有关江阴文庙的研究史料，主要散见于历代所修江阴志书和档案资料。江阴县志的修纂始于宋代，元、明、清、民国及中华人民共和国成立后均有编撰。宋、元、明时期的志书虽然多有散轶，但现在已有相关整理辑校成果，如《宋江阴志辑佚》《无锡方志辑考》等。而元代以来，保存较为完整的志书有正德《江阴县志》、嘉靖《江阴县志》、崇祯《江阴县志》、康熙《江阴县志》、乾隆《江阴县志》、道光《江阴县志》、光绪《江阴县志》、民国《江阴县续志》等。同时，在《江南通志》《常州府志》《江苏金石录》等相关书籍中，也记载有部分资料。江阴文庙自身的碑廊，也保留有相当一部分碑文实物，见证并记述着文庙的历史变迁。江阴市档案馆和部分地方报刊、个人文集中，也散记着许多有关文庙的资料，可以补充正史的不足。

当前学术界对江阴文庙的研究才刚刚起步，主要集中在碑刻整理、功能探讨、保护利用等方面。

文庙建筑与旅游价值受到关注

江阴文庙是江南地区现存为数不多的省级文物保护单位，是江南地区文庙的代表之一。2009年，张亚祥在其著作《江南文庙》中，从江南建筑文化的角度，对江阴文庙的建筑进行了介绍和研究。[1]2010年，张秉忠在对江阴名胜风景的介绍中，也特别介绍了江阴文庙。[2]

碑刻整理与研究进展较大

2015年，江阴文庙的研究员贡振亚曾对江阴文庙所藏"题名碑"进行了考释。[3]2018年，江阴文庙为了更好地保护

① 张亚祥：《江南文庙》，上海交通大学出版社2009年版，第28—36页。
② 张秉忠：《江阴览胜》，中国民族摄影艺术出版社2010年版，第286—287、362页。
③ 贡振亚：《拓片上的文庙历史——江阴文庙"题名碑"考》，见《孔庙国子监论丛》，中国社会科学出版社2015年版，第167—172页。

与利用文庙现存碑刻的多重价值，与江南大学人文学院的相关研究人员合作，组成了碑刻整理委员会，对文庙现存31块碑刻进行了整理和校注，相关研究成果即将由广陵书社出版。

文庙教育传统与功能研究方兴未艾

作为中国古代地方文化和教育的中心，庙学合一的儒家官学教育传统，是文庙教育功能始终受到研究者关注的内在基础。

江阴文庙的正式记载始于宋初。江阴文庙在初兴之际，就受到了倡导兴学的政治家、文学家范仲淹的赞赏。早在20世纪80年代文庙保护动议之时，江阴市相关部门就曾梳理过文庙的历史与现状。2001年，顾铁坚率先对江阴文庙的沿革历史进行了详述。[1]同年，程以正对江阴文庙与贡院的发展进行了概括。[2]2015年，贡振亚专门研究了范仲淹景祐兴学与江阴重修文庙之间的关系。[3]2019年，于书娟等人运用列斐伏尔的空间生产理论，对江阴文庙的教育空间进行了深入的解读和分析。[4]

在关注历史研究的同时，江阴文庙的当代教育功能更受瞩目，并在实践中产生了很大的影响力。随着传统文化的复兴，江阴文庙逐渐成为地方爱国主义教育和传统文化教育的重要基地。2007年，江阴文庙开办国学启蒙班，迈出了复兴传统文化的第一步，引起了媒体的关注。[5]在此基础上，江阴文庙又开办了古琴班、拓碑班、茶艺班、赏香班等，并专门开辟了图书角。随后，江阴文庙在传统教育复兴的道路上新意迭出。2010年，江阴文庙针对学龄阶段的儿童举行了"开

① 顾铁坚：《江阴文庙沿革》，见《江阴文史资料》（第21辑），内部印刷物，2001年，第110—115页。
② 程以正：《江阴史事纵横》，上海古籍出版社2011年版，第54—58页。
③ 贡振亚：《范仲淹景祐兴学与江阴重修文庙》，见《孔庙国子监论丛》，中国社会科学出版社2015年版，第316—320页。
④ 于书娟，刘红英：《空间生产理论视域下的文庙教育空间实践》，载《宁波大学学报》（教育科学版）2019年第6期。
⑤ 《江阴文庙重开国学讲坛》，载《解放日报》2007年2月4日；王明润：《书声再起：江阴文庙热授国学》，载《现代教育报》（精品博览）2007年3月30日。

笔礼"，开始探索儒家启蒙教育与礼仪教育的当代传承。[1]同年秋，江阴文庙举行了首届祭孔大典，在坚持传统祭祀典礼的同时，又对祭典所用音乐、服饰等进行了部分创新。[2]2012年春，江阴文庙再次举行春季祭孔大典时，专门邀请了孔子后裔参与祭典。[3]2014年，江阴文庙举办了江阴名人水墨展，从此，江阴文庙成为传统国画、地方文化的重要展出地。通过一系列复兴传统文化活动的策划与组织，江阴文庙逐渐打造出了一个个开放的传统文化社会教育课堂。[4]而这一切的背后，离不开对文庙文化教育功能活化的探索与思考。2017年，江阴文庙又组织团队，对江阴科举文化进行了系统梳理，不仅编印了《风景旧曾谙——江阴科举文化回眸》[5]，还利用文庙的场馆优势举办了科举文化展[6]。

总的来看，当前学界对江阴文庙的研究还处于起步阶段，对江阴文庙的系统研究与专门研究都有待加强，对江阴文庙相关史料的整理与挖掘有待进一步深入，对江阴文庙教育与文化传承功能的研究与拓展更需要强化。在当代复兴中华优秀传统文化、传承江南文脉的时代号召下，对江阴文庙进行多学科、多角度、多主题、多方法的研究，既可以丰富江阴文庙自身的研究，也有助于深化和拓展中国教育史、文化史等相关专门史的研究。

本研究将在借鉴前人研究成果的基础上，以辩证唯物主义和历史唯物主义为指导，采用文献、历史、实物、田野、比较、传记等多种方法，对江阴文庙的历史沿革、空间布局、祭祀礼仪、教育教化、建筑意蕴、文化传承与杰出人物进行全面、深入、系统的研究，力求在历史演进中把握江阴文庙的当代价值与未来走向，在横向比较中凸显江阴文庙的独特地位与多重价值。

① 宋超：《江阴文庙再现"开笔礼"》，载《江南晚报》2010年8月30日第A03版；江南：《江阴文庙再现"开笔礼"》，载《新民晚报》2010年9月7日第B03版。

② 《江阴文庙举行首届祭孔大典》，载《江南晚报》2010年9月24日第A02版。

③ 宋超，翁晴：《孔子后裔江阴文庙祭祖》，载《江南晚报》2012年4月4日第A04版。

④ 陈蓉，何洁琼：《江阴文庙探索打造开放的传统文化社会教育课堂》，载《江阴日报》2016年11月2日第A02版。

⑤ 刘徐昌：《风景旧曾谙——江阴科举文化回眸》，内部印刷物，2018年。

⑥ 何洁琼：《文庙江阴科举文化展，探秘古城文脉》，载《江阴日报》2017年8月2日第A02版。

江阴文庙的沿革与现状

以庙祭祖，祠祀先贤，是中国庙祭文化的重要传统。公元前478年，即孔子去世后第二年，孔门弟子以孔子居室为庙，这就是今天曲阜孔庙的前身，也是后世世界各地孔庙、文庙、夫子庙的源头。据考证，汉代文翁（前187（一说前156）—前110（一说前101））在蜀郡兴学时，就曾经在"礼殿"奉祀周公、孔子等儒家著名人物，"岁时祭祀，供人景仰，是当时蜀学的精神家园，也是中国古代庙学合一的最早范本"①。此后，随着孔子和儒家学说地位的不断提升，不管是以学设庙，还是以庙设学，"庙学合一"逐渐成为中国古代官学教育的典型特征之一。

江阴由于地处南方，与中原所处的北方文化中心有一定的距离，且晚至281年才独立设县，因此江阴文庙可追溯的历史也相对较晚。但伴随着中国经济文化重心的南移，江阴文庙的发展颇为迅速。就江阴文庙的兴衰演变来看，大致可以把江阴文庙的发展分为六个时期。

---

① 舒大刚，任利荣：《庙学合一：成都汉文翁石室"周公礼殿"考》，载《四川大学学报》（哲学社会科学版）2014年第5期，第21—29页。

文庙萌芽期：
北宋以前

江阴地区学校或文庙始于何时，史书并未有详细记载。唐代官学发达，地方府州和县均设有由长史管辖的"儒学"。随着唐朝统治者对孔子地位的抬升，出现了"州县莫不有学，则凡学莫不有先圣之庙"[①]的局面。据记载，南唐时期的江阴，"沿袭旧制，仍设教授一员"[②]。由于南唐（937—975）政权源自南吴（902—937），而南吴早期又是以晚唐淮南节度使起家的一个地方割据政权，因此可以推测，或许在唐代，江阴地区已经设有儒学。

实际上，宋代之前，江阴地区的儒学与文化传统虽隐而不彰，却也并非无迹可寻。如春秋战国时期江阴先贤季札对中原文化与德行礼仪的传承与践行；南北朝时期，组织编选《昭明文选》的梁武帝长子萧统，其读书和编辑文选的地点就在江阴顾山；清乾隆四年（1739年），江阴知县蔡澍曾在此重建文选楼，并在附近建锦带书院，事见其所撰《重修顾山文选楼碑记》《重建梁昭明太子读书楼碑记》，此二碑至今仍保存在顾山香山寺内。

① 《祠祭褒赠先圣先师》，见《文献通考》卷40《学校考》。
② 崇祯《江阴县志》卷3《职官志》。

正式见诸史册的江阴文庙记录，出现在北宋初期，但具
体时间仍有待考证。宋元时期，江阴文庙经过多次兴修、增
建，庙学合一的规制初步形成。

北宋初具形态

关于江阴文庙的始建时间，历代所修江阴县志均引用北
宋著名教育家范仲淹所作《景祐重建至圣文宣王庙记》，将
江阴文庙的创建时间，定位在乾兴、天圣年间江阴知军范宗
古治理时期。虽然范仲淹记文的落款时间是景祐三年（1036
年），但据史料记载，范宗古是在乾兴元年（1022年）以国
子博士知江阴军，并在天圣二年（1024年）被李含章所取
代。景祐三年担任江阴知军的是刘泳和刘效贤。所以，落款
中的"景祐三年五月二十日"，可能是在文庙迁建完成后勒碑
纪念的落成时间，而不是文庙最初迁建的时间，"推原其故，
想范宗古建庙，实在乾兴、天圣间，而文正立碑补作于景祐

江阴文庙重刻范仲淹《景祐重建文宣王庙记》

① 光绪《江阴县志》卷30《识余》。

② 范仲淹：《景祐重建至圣文宣王庙记》，见正德《江阴县志》卷2《学校》。

③ 乾隆《江阴县志》卷8《学宫》。

④ 杨印民：《宋江阴志辑佚》卷2《学校》，天津古籍出版社2016年版，第25页。

⑤ 陈瑞农等编著《无锡文物》，凤凰出版社2009年版，第257—258页。

⑥ 贡金城：《江阴军学千岁志禧》，见《江阴市暨阳名贤研究院成立十五周年纪念文集》，2012年，第59—60页。

年耳"①。这与范仲淹为范宗古重建江阴军治、鼓角楼一事所作碑记的情况相同。实际上，范仲淹此记中曾明确点出范宗古是"重建"文庙，主要是将文庙从城外迁到了城内。范仲淹还提到"观风门外建有文庙，供学子肄习其中"②，则江阴文庙的建造时间应该更早，且当时的文庙已经承担了一部分的教育功能，形成了庙学合一的局面。

北宋统一后，宋太宗很快在太平兴国二年（977年）确定了"兴文教，抑武事"的文教政策，尊孔崇儒。大中祥符元年（1008年），宋真宗亲临曲阜孔庙祭孔，并加封孔子为"玄圣文宣王"，还亲自撰写《玄圣文宣王赞》和《崇儒术论》，并刻石陈列于国子监。大中祥符四年（1011年），"诏州城立孔子庙"③。江阴军学所藏的《御制文宣王赞》的刻立时间是"大中祥符六年孟冬"④，则江阴军文宣王庙极有可能是在大中祥符四年至六年间建的。1980年12月，江阴夏港乡北宋孙四娘子墓内出土了一批佛经，其中一部雕版印刷的《佛说观世音经》上有"将仕郎试江阴军助教葛诱雕板印施"等字，卷尾默书题记署名是"大宋国江阴军江阴县太宁乡旧日里信心弟子将仕郎试江阴军助教葛诱"，纪年是"大中祥符六年癸丑岁"⑤。江阴《青阳葛氏宗谱》中记载，葛氏家族的三世祖葛诱在72岁时生病不起，曾出资印发《佛说观世音经》，其附跋中有"将仕郎试江阴军助教葛诱雕板印刷《佛说观世音经》，大中祥符六年九月某日记"⑥。该宋墓主人孙四娘子，正是葛诱的侄子葛宫的妻子。葛宫于大中祥符五年（1012年）中进士，葛氏家族也是宋代江阴最著名的科举家族之一。可见，最晚在大中祥符六年，江阴军即设有助教，因此也应设有军学。

北宋时期，朝廷为了"崇文兴儒"，先后开展了三次大规模的兴学改革。江阴文庙与官学教育的早期历史也多与之有关。宋仁宗庆历四年（1044年），范仲淹主持了北宋第一次兴学，史称"庆历兴学"，其三大举措之一就是"令州县立学"。范仲淹在景祐三年（1036年）为10多年前江阴军迁建文庙作记，或许也起到了为其后庆历兴学进行舆论宣传的作用。

不过，由于史料缺乏，关于早期江阴文庙的历史，宋代人自己也已经弄不清楚了。曾先后担任江阴军学教授与知军的方万里就说："盖自景祐三年文正范公作宣圣庙记，已诵言'大厦高门，金石俎豆之盛'，则知江阴先自有学，正不在庆历应诏后也。"[①]但当时人却认为："国朝明道以来，始兴庠序之教。然非名藩大郡，虽请弗俞。故江阴自熙丰以前，堇能庙事先圣，士之学者或肄习乎其中。"[②]熙丰，指熙宁、元丰时期，即宋神宗赵顼在位时期（1068—1085），1078年，宋神宗将年号从熙宁改为元丰，故有"熙丰"之说。期间，宋神宗启用王安石推行新法，整顿地方州县学校是王安石变法的内容之一，这是宋代第二次兴学运动。

熙宁四年（1071年），江阴一度废军为县，但很快恢复为军。在朝廷兴学政策的引导下，江阴军学也得到了初步发展。但是，江阴军学在宋代科举中的成绩并不如人意。当时有人认为文庙的风水不好："学面城，水旁流而不顾，此其未盛也。"[③]地方人士遂向主管官员请求在县学前开挖河道，改良风水和环境。尽管风水之说带有迷信成分，但开河之后，江阴县学的物理环境的确有所改观。随后，"漕台自苏选教授方君允升来职是学。侯又择乡之有闻者三士以辅训导，而大集诸生"[④]。这是北宋江阴文庙县学选任教授的明确记录。

---

① 方万里：《绍定重修学记》，见嘉靖《江阴县志》卷7《学校记》。

② 方万里：《绍定重修学记》，见嘉靖《江阴县志》卷7《学校记》。

③ 黄佖：《元丰江阴县学开河记》，见正德《江阴县志》卷2《学校》。

④ 黄佖：《元丰江阴县学开河记》，见正德《江阴县志》卷2《学校》。

大观年间（1107—1110），又有一些江阴人提出，"士游于学，患墉压其前，面势不直，甚不称所以严事吾夫子之仪"，要求对文庙庙门外部环境和道路进行整治，"穴墉作门，且设观台，内外二桥，而南其路"①。在地方官员的支持下，江阴文庙不仅新建了县学学门，还大大拓展了县学前的空间，畅通其道路，并将县学前的街道命名为"进贤坊"，表达了地方官员与儒家士子对于县学和科举的美好期许。

南宋规制初备

随着北宋的灭亡，江阴的军事战略地位再次受到重视，很快又在南宋建炎二年（1128年）复建为军。建炎三年（1129年）初，金兵南下，宋高宗从扬州渡江至临安（今杭州）。十月，金将兀术"自海道窥江浙"，抗金将领韩世忠提兵布防江阴，江阴文庙与学宫一时充为营屯。②

绍兴三年（1133年），江阴知军崔颂对军学原址稍加修葺，以江阴县丞莫份代理学官，军学开始恢复，但力度有限，只是"培旧址，抢废材，扶危补罅，饰以丹腰而已，其规模可知也"③。绍兴五年（1135年），知军王棠鉴于江阴学子众多，向朝廷请准以左儒林郎范雯任军学教授，核定官学生员240名，立讲堂，建东西四斋——列东为"诚身斋""逊志斋"，列西为"进德斋""育英斋"，作为生员学习住宿之所。这是江阴文庙在宋代的第一次成规模的扩展，文庙庙学规制初步确立。七年之后，继任的知军富元衡，"出缗钱五十万修学，门施綦戟，殿列轩楹，洁室高廪，整庑增斋，物物具举焉"④。

孝宗乾道二年（1166年），江阴知军徐葳体恤民艰，向

① 林虙：《大观新建江阴县学门记》，见正德《江阴县志》卷2《学校》。
② 方万里：《绍定重修学记》，见嘉靖《江阴县志》卷7《学校记》。
③ 方万里：《绍定重修学记》，见嘉靖《江阴县志》卷7《学校记》。
④ 郑滂：《绍兴奉诏修学记》，见正德《江阴县志》卷2《学校》。

朝廷请求蠲免江阴县额外的赋税，并将蠲免之额作为修学之用，使"学宫敝则新之，学廪阙则丰之"[1]，以实现孔子"富庶而后教"的理想。淳熙元年（1174年），知军严焕又在讲堂东建筑了一个供学子习武的射圃。射圃一方面秉承了孔子六艺的教育思想与主张，同时也颇为契合江阴军学的定位。

这一时期，江阴生员参加科举考试十分踊跃，"宾兴之岁，士之试于有司者几千人"。但由于考试没有固定的场所，士子们就借住在南街迎福寺的僧舍。后来，随着参加科考人数的增多，连僧舍也不够用了，当地人只得临时增搭些廊庑。有鉴于此，淳熙七年（1180年），新任江阴知军楼锷，专门在江阴县城东北角的爱日门外新建贡院，门庑、堂室、庖湢俱全，解决了学子们考试的后勤保障问题，进一步推动了江阴士风的兴起。宁宗开禧元年（1205年），江阴知军戴溪遵照"贡院之址应设于城内东南方"的要求，将贡院迁建于文庙军学之东。大门正中高悬"贡院"匾额，大门内有龙门，再进为至公堂，龙门与至公堂之间有明远楼，至公堂后进有门，入门为内帘，是主考官所居和阅卷之处。贡院两旁建号舍，以供应试者居住。

至此，通过历任知军的倡导兴复，江阴文庙、学宫、贡院相继修葺完成，且连成一片，共同构成了江阴地方的儒家文化中心，给江阴营造了非常好的儒学氛围。江阴科举之盛，仅以高宗、孝宗两朝为例，各有两科连续录取进士五六人的好成绩。其中葛邲、邱崇在孝宗隆兴元年（1163年）同登进士第，后相继在朝列于中枢机构的"宰执"高位。葛邲称赞江阴"得江山之助，故其人秀而多文，有淮楚之风""今遂为多士之地"[2]。

---

[1] 莫伯镕：《乾道修学记》，见正德《江阴县志》卷2《学校》。

[2] 葛邲：《淳熙新建贡院记》，见正德《江阴县志》卷2《学校》。

嘉定三年（1210年），赵彦适出任江阴知军后，命人在文庙军学内修建了一座御书阁，专门收藏皇帝御笔亲书、颁赐的训诫碑文及与文庙相关的碑记等。此后继任的知军胡纲、司马述、卫朴、卢子章等人又相继拨发学田。理宗绍定二年（1229年），知军颜耆仲拓辟泮宫外门，迁建棂星门石坊，建御书阁、清孝公祠、先贤祠。时人对其宏伟壮丽大加赞叹："柱石壮伟，丹垩鲜明。宸奎杰阁，泮宫城楼，华扁新题，照映霄汉。东西斋序，整饰邃严。"①

绍定五年（1232年），江阴前军学教授方万里出任知军，重修军学教授厅。咸淳三年（1267年），知军赵孟奎，"捐己俸十八界官会一千六百贯，米二十石"②，命人重修军学命教堂和御书阁。

总之，南宋时期，江阴因为靠近都城杭州，其政治、军事、经济地位都有较大提升，成为"浙西望郡"。在历代知军和地方士绅的共同努力下，文庙不断得到兴修增建，棂星门、大成殿、命教堂、御书阁、先贤祠等主体建筑已经初步完备。

元代文庙重建

元代，江阴曾被改名暨阳，行政区划与级别多变，先升为路，后称州，再降县，但常设有儒学教授。这一时期，江阴文庙虽然失去了南宋时的辉煌，但其建筑规模却在扩大。

至元三十一年（1294年），朝廷"诏天下郡国修夫子庙，立教养法"。第二年，江阴州官商议重修文庙。这是入元之后第一次对文庙的兴修。经过修建，江阴文庙"百七十年之伟观复旧"，"庙南向前峙三门，东西列两序，绘先贤像，

---

① 方万里：《绍定重修学记》，见嘉靖《江阴县志》卷7《学校记》。
② 佚名：《修学御书阁》，见杨印民辑校《宋江阴志辑佚》卷2《学校》，天津古籍出版社2016年版。

冠缨甚肃，后馀八斋，中立讲堂，翼以二夹室，崇其北为藏书之阁，东序之东建学官厅事，西序之北筑小学，基下至米廪庖湢，内外缮修"[1]。

大德五年（1301年），张献主政江阴时，对废弃的文庙泮水及其周边环境进行了整治，"时以荷花，表以嘉树"，并在文庙东南角"筑堂三楹"，命之为"君子堂"，成为文庙士子"咏归游息之地"[2]。

皇庆改元（1312年）前后，江阴文庙再次兴修。这次修建，拓宽了江阴文庙大成殿的基址："遂毁故庙，增博其基，广硕其础。筏木于仪真，辇石于苏台，是断是斫，是寻是尺，高甍巨桷，摩切霄汉，丹碧绚丽，观者目眙。"[3]

早在宋代新开学门时，江阴文庙曾经"辟城为门，因城为楼"[4]，在城墙上建有泮宫楼。到了元代，因为年久失修，此楼已经渐成危楼。天历二年（1329年），新任江阴知州出于安全考虑，又对该楼进行了重修。[5]

可见，元代江阴文庙虽然兴修次数不多，但其建筑规模与宋代相比并不逊色。考虑到元代直至延祐四年（1317年）才在南方恢复科举制度，并且只实行了十多年就又被废除，此时江阴庙学的兴修，受到科举制度的影响较小，独立性相对较强。

元末至正年间，江阴成为农民军反复争夺的要地。至正十二年（1352年），泰州张士诚派高邮义军攻江阴，江阴文庙与官学遭到相当严重的毁损。

① 陆文圭：《江阴重修学记》，见《墙东类稿》卷7《记》，四库全书本，上海书店出版社1994年版，第108册，第544页。后不再详述。
② 史孝祥：《君子堂记》，见道光《江阴县志》卷5《庙制学制》。
③ 陆文圭：《江阴重修学记》，见《墙东类稿》卷7《记》。
④ 方万里：《绍定重修学记》，见嘉靖《江阴县志》卷7《学校记》。
⑤ 陆文圭：《重作泮宫楼记》，见《墙东类稿》卷7《记》。

明代

文庙完备期：

　　入明之后，江阴降州为县，江阴侯吴良在文庙原址恢复庙学，后经过多次拓展兴修，江阴文庙恢复迅速，且其庙制、学制较之前更加完备。

　　洪武三年（1370年），知县吴志远拨银修缮文庙。洪武十五年（1382年），江阴知县王衡、教谕郑江"建讲堂于庙左"，形成了江阴文庙"左学右庙"的格局。洪武二十六年（1393年），教谕蔡永升、县丞贺子徽议为左庙右学，乃更建于讲堂址，而以庙址为明伦堂。[①]洪武三十年（1397年），知县蒋宥增建戟门。永乐年间，建儒学、仪门、甬道、廨舍、射圃。宣德六年（1431年），江南巡抚周忱与江阴知县朱应祖再更规制，"改建庙前而学"[②]，重建大成殿、明伦堂、君子堂和时习、日新二斋。至此，经过明代前期的多次调整，江阴文庙大成殿与明伦堂的位置正式固定下来，呈"前庙后学"之制。

　　天顺六年（1462年），知县周斌拨银购地拓建文庙。天顺八年（1464年），西边的学生宿舍被流水冲毁，知县庞永

① 张廷璐：《重修明伦堂碑记》，见乾隆《江阴县志》卷8《学宫》。
② 刘藻：《重修江阴庙学碑记》，见乾隆《江阴县志》卷8《学宫》。

澄进行了修葺，"于堂东用构数楹，翼然翚映，复立社学于黌宫之傍，择民间子弟而教之，自是内外井然，无有不惬意者"①。成化六年（1470年），常州府同知谢庭桂、江阴县尹王秉彝在江阴文庙县学内东南角建先贤祠。弘治七年（1494年），知县黄傅购民房，修建名宦祠、乡贤祠。这一时期，江阴文庙主要以辅助建筑的兴修增建为主。

弘治、正德时期是江阴文庙庙学规制大备定型的时期。正德二年（1507年），知县刘纮开始复修学宫，经过多年的持续修建，易弊鼎新，崇高辟雝，庙学大治，其规模远超前代。庙制部分：石坊门、棂星门、泮池、戟门、大成殿、月台两庑、祭器库、刑牲所，无一不备；学制部分：儒林坊、学门、明伦堂、奎文阁、时习斋、日新斋、君子堂、养贤堂、教谕廨、训导廨、射圃、观德堂，整齐有序；庙门外，名宦、乡贤二祠，兴贤、育俊二坊，各有其位。"合庙学周垣凡四百五十八丈九尺。"②同时，通过"礼义相先"之地与正尔容门沟通连接庙制与学制建筑。这次整修，把江阴文庙的建筑规模扩大，庙制、学制两大建筑群基本完备，奠定了此后江阴文庙"左学右庙"的布局。在此之后，江阴文庙又经过了一系列的兴修与改建，但文庙的基本格局未有大的改变。

正德十一年（1516年），知县万玘建号舍于观德堂后。正德十六年（1521年）夏六月，新任知县王泮再次重修儒学，增设了外号、科第坊，重建科、贡二碑亭，筑三台墩，复玉带河。③嘉靖七年（1528年），知县张集"购庙南民舍为通衢，曰外泮"，进一步扩大了文庙的范围，并增建了一些建筑。嘉靖十二年（1533年），知县李元阳奉例建启圣公祠在观德堂前，正南为殿，并且把原射圃迁移到外泮。嘉

① 李贤：《江阴县重修儒学记》，见民国《江阴县续志》卷22《石刻记》。
② 嘉靖《江阴县志》卷7《学校记》。
③ 乔宇：《重修庙学记碑》，见民国《江阴县续志》卷22《石刻记》。

靖二十一年（1542年），知县吴维兵修戟门，撤庙门坊为学门，扁"斯文在兹"。

万历元年（1573年），江阴县事刘守泰因为文庙尊经阁"岁久不葺"，遂将之重修一新。[①]万历二十四年（1596年），彭朝驻节江阴，宣武右文，首崇学校，再次对江阴文庙进行大修。[②]万历三十七年（1609年），知县许达道，教谕戴士杰，训导李应镗、王德淡，"建聚奎亭于启圣祠之东南"，其后"知县宋光兰建讲习堂于聚奎亭后"[③]。

从万历四十二年（1614年）起，南直隶的学政节署移驻于江阴，并在江阴设立试院，按试下江（江苏地区）八府三州生员。江阴成为江南文化教育的重镇。此后，学政在江阴文庙的兴修中开始发挥重要作用。不过，此时的大明王朝已经开始走向衰败，江阴文庙虽有兴修，其规模却比较有限，主要以增建祠堂为主。万历四十八年（1620年），第二任江苏学政骆骎曾在江阴士绅的请求下，举贤不避亲，在江阴文庙为其外祖父吴应芳专门兴建了一座"吴公祠"，以表彰他在嘉靖年间担任江阴县训导时对江阴儒学作出的卓越贡献。[④]崇祯元年（1628年）冬，江阴县令岳凌霄修乡贤祠，增祀邑人东林志士缪昌期、李应昇二公于正殿。崇祯十年（1637年），学政倪元珙对文庙所有殿、堂、门、庑、阶础、墙垣进行了全面整修，使之俱极坚精。

据不完全统计，有明一代276年间，江阴文庙的兴修拓建多达23次，史称"明代学校之盛，唐、宋以来所不及也"[⑤]。

学政衙署仪门

---

① 刘光济：《重修儒学尊经阁记》，见民国《江阴县续志》卷22《石刻记》。

② 季科：《重修江阴县儒学记》，见民国《江阴县续志》卷22《石刻记》。

③ 崇祯《江阴县志》卷1《职方志·学宫》。

④ 缪昌期：《儒学新建吴公祠碑记》，见民国《江阴县续志》卷22《石刻记》。

⑤《明史》卷69《选举一》。

　　顺治二年（1645年）八月，江阴人民抗清守城被屠。抗清斗争固然给江阴带来了"忠义之邦"的美誉，但文庙庙学建筑群也付出了沉重的代价。在那场艰苦卓绝的抗争中，江阴县学训导冯厚敦是领导义军的"三公"之一。江阴文庙明伦堂被选为义军的指挥所，庙学的一切设施，都服从了兵事争斗的需要，文庙建筑也因此遭到了严重破坏。

　　在新王朝政权巩固之后，再激烈的反抗也终将成为历史。随着清朝统治策略的调整，特别是清初帝王对儒家文化的承认与倡导，江阴文庙与儒学自顺治九年（1652年）后开始得到修复。此时的江阴文庙，经历过抗清战争的破坏，"自大成殿至明伦堂外，不遗寸椽"。县学教谕陈镗带领县学学生，多方筹资，并且事无巨细，亲自督率，使得文庙在短短数月内就恢复了旧观，"其后拥皋比者至，即有归无僦居露处之患"[1]，深得地方士子的认可。随后，清朝继续将江苏学政的衙署设在江阴。随着学政们的到来，江阴儒学与科举之风日益兴盛，文庙的修复也倍受重视。顺治十四年（1657

　　① 康熙《江阴县志》卷11《名宦传·未祀名宦》。

年），张能麟出任江苏学政，率先捐出一部分俸禄，要求江阴县学官兴修文庙。[①]随后，知县何尔彬、龚之怡、陆次云等持续增修。康熙四十八年（1709年），江苏学政魏学诚就职后，因鉴于文庙中东林志士缪昌期、李应昇的双忠祠仅余祠基和偏堂，于是倡导重建。[②]雍正四年（1726年），知县祁文瀚倡捐整修文庙，时任礼部尚书兼云贵总督的江阴人杨名时，捐献千金修葺大成殿，文庙内殿、斋、楼均有改观。

不过，江阴文庙真正的兴盛是在乾隆时期。被誉为康乾盛世的清代前期，社会生活秩序逐渐恢复，经济开始繁荣，这为文庙的大规模兴修提供了重要的经济支持。

乾隆二年（1737年），在前期零星修葺的基础上，知县蔡澍开始对江阴文庙进行大规模的兴修。首先扩建县学的明伦堂，接着扩建启圣祠为五王殿；在文庙坊之前，新建金声坊、玉振坊于左右，改征楼为征坊，疏浚泮池及周边河道，筑石驳岸。又在明伦堂后建尊经阁。乾隆三年（1738年），他又利用儒学房舍创办书院，暂时沿用古名"澄江"，聘沈涛为首任山长。随后，为了更好地兴办书院，除了重新修缮儒学原有的时习、日新两斋，还大力增建书院建筑，整治儒学与书院的环境。乾隆七年（1742年），书院院舍告成，文庙庙学建筑形成西庙东儒学、书院的布局，庙学规模进一步扩大。

乾隆二十三年（1758年），江苏学政李因培不满意儒学与书院的规制，又专门建魁星楼作为书院的正门，进门为讲堂，敞厅三间，其后有志士先厅，再后有怀德楼、敬业乐群楼，均三间二层，楼西有辈学斋、后书房等书舍19间。同时，李因培又将书院由"澄江"更名为"暨阳"，聘卢文弨为书院的第12任山长。

---

① 张能麟：《增修江阴县儒学记》，见于书娟等辑校《江阴文庙碑刻整理与校注》，广陵书社2020年版，第112页。此碑现存江阴文庙。
② 魏学诚：《双忠祠碑记》，见乾隆《江阴县志》卷9《祠庙》。此碑现存江阴文庙。

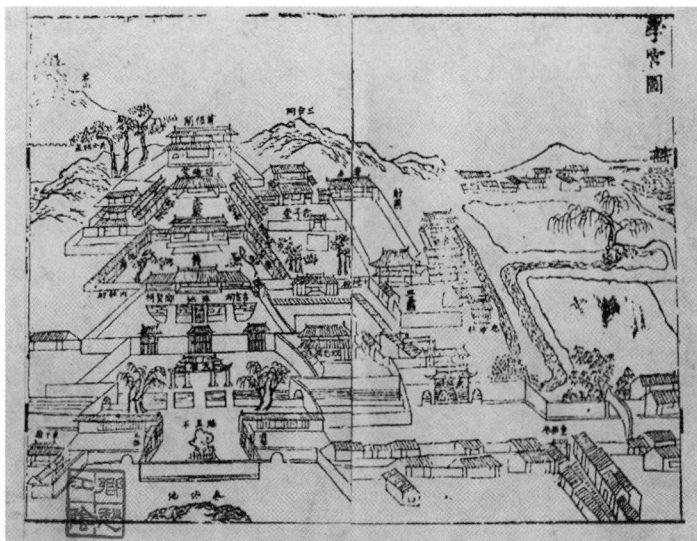

乾隆《江阴县志》载江阴文庙建筑布局图

　　乾隆五十三年（1788年），江苏学政沈初、江阴知县牛兆奎再次倡议大修庙学，前后历时一年多。经过此次大修，江阴文庙的规模达到其历史发展的顶峰。"自大成殿而外，则月台两庑、仪门、泮池、石桥、棂星门、文庙坊、玉带河，至金声玉振、汇征桥，自汇征桥而入，则启圣祠，为南向，南添建大门，其仪门殿庑，易建一新，悉符体制。进贤门内为日新、时习两斋楼，明伦堂及尊经阁，莫不整饬遂严。"[1]

　　道光元年（1821年），江苏学政姚文田认为，江阴文庙阴阳失调，所以才难出状元，必须整理周边河道，调整风水。在他的倡议下，江阴文庙前面重新开挖了环形河道，取名"玉带河"；河的南面为中街，在进出文庙左右两边，分别立有"德配天地"坊和"道冠古今"坊；在中街南侧新建文庙的大照壁，照壁不设中门，在东西两侧开两个大的圆顶门洞，一米多宽，四米左右高，名曰"龙眼"。道光七年（1827

① 沈初：《文庙重修碑记》，见于书娟等辑校《江阴文庙碑刻整理与校注》，广陵书社2020年版，第168页。此碑现存江阴文庙。

年），又修黉门，加高宫墙，修茸泮池三桥，易木栏以石建。道光十五年（1835年）秋，一场大风拔起了文庙内的大树，落到大成殿的屋脊上，造成了屋脊的损毁。江阴文庙管理人员遂"逐处查勘"，重修了损坏严重的戟门和大成殿，还"重制配序木主十六位，神厨四座"①。

在江苏学政的倡导和支持下，在江阴知县和学官等主政官员的重视下，江阴士绅对于文庙兴修也积极参与，共同促成了乾隆至道光年间江阴文庙的历次大修。在这一时期，江阴学宫不断向南、向东扩展，占地面积不断扩大，建筑不断增多，且把书院、文庙、贡院等联为一体，不仅进一步强化了文庙作为江阴地方文化教育中心的地位，也使得江阴文庙成为江南屈指可数的儒学圣域。

可惜好景不长，随着清朝统治力量的衰败，江阴文庙也受到极大的冲击。咸丰十年（1860年）四月十三日，太平军攻占江阴。随后，清军与太平军围绕江阴展开了多轮激烈的

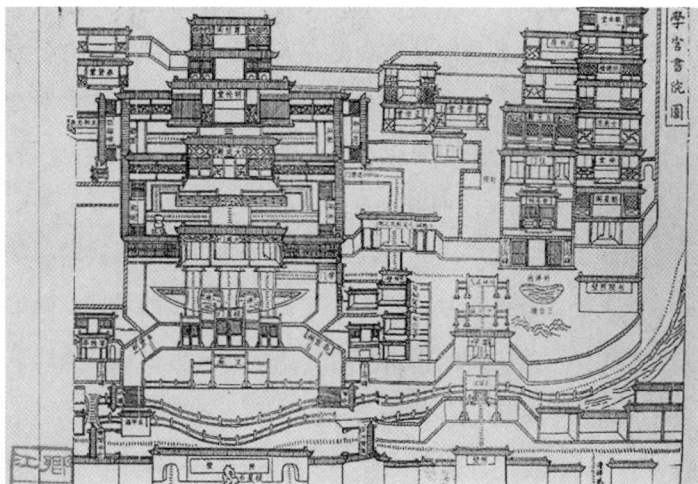

① 顾翔云：《重修戟门、大成殿记》。此碑现存江阴文庙。

道光《江阴县志》载江阴文庙建筑布局图

争夺战。当年十一月初，江阴第三次被太平军占领。此后，太平军控制江阴近三年的时间，并在此建立了"太平天国"的基层政权。由于太平天国崇拜上帝、贬斥孔孟，再加上长期的战争，江阴文庙遭到了毁灭性的破坏。太平军撤出以后，文庙一时不及恢复，"教官、两学署俱赁民房"①，祭孔典礼不得不借在城隍庙进行。

随着江阴社会秩序的恢复，江阴知县颜云阶开始着手清理文庙废墟，奏请复建文庙。在士绅陈荣邦等人的具体操持下，江阴文庙逐渐恢复了原来的规制。此次复建，从同治六年（1867年）一直持续到光绪时期，前后历时12年，投入修建庙学的银两近5万两，除了尊经阁仅留基址未曾重建外，其余建筑一如旧制。②

与此同时，同治七年（1868年），江阴知县汪坤厚就着手捐置漕田，清理废墟，筹划恢复书院，后在林达泉任上修复竣工。重修中，林达泉将原来的魁星楼改为"奎星阁"，继续作为书院的正门。鉴于战后江阴民生凋敝、士气不振，社会文化环境被太平军糟蹋得杂乱无章。林达泉抱着知难而进的态度，采纳了吴县知县高心夔等人的建议，将书院更名为"礼延书院"，取"礼祀延陵季子"之意，在怀德楼中供奉延陵季子的牌位，希望在书院乃至江阴全县大力宣扬这位江阴的人文始祖，"礼延陵而益资观感，当必有蒸蒸日上者，是则予之所厚望"③。此举得到来江阴检阅军事的侍郎彭毓麟的赞赏，他将怀德楼更名为"景贤楼"，以示对季子的景仰。同治十二年（1873年）书院竣工后，林达泉又聘请宜兴名儒任重光为书院第40任山长。

同光之际江阴文庙的大修是中国传统王朝统治下对文庙的最后一次大修。综观明清时期的江阴文庙，虽然历经多次

① 光绪《江阴县志》卷5《学校》。
② 光绪《江阴县志》卷5《学校》。
③ 林达泉：《重建礼延书院记》，见光绪《江阴县志》卷5《书院》。

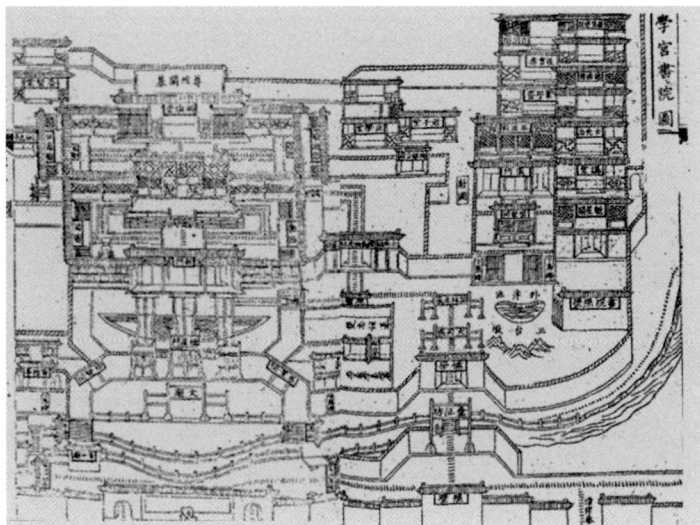

光绪《江阴县志》载江阴文庙建筑布局图

废兴，其庙址与庙制并未有根本的变化，始终坚守着中国传统礼制建筑的规制，体现出儒家文化教育的理想。随着科举制度日益成为儒家士子的进身之阶，江阴文庙在坚持祠祀以孔子为代表的儒家乡贤的基础上，更加注重庙学制度中教育功能的发挥。文庙建筑规模的不断扩大，更多地体现为作为官方儒学与书院的拓展与丰富。这种拓展，也充分体现了江阴传统文化教育的昌盛。

1862年，清政府在北京创办了京师同文馆，开启了中国传统教育的现代之路，这对中国传统的教育思想与制度体系产生了极大的冲击。在"庙产兴学""书院改学堂"等政策下，江阴文庙的庙产、学产遭到侵蚀，庙学合一的传统儒家官学体系逐渐衰落、瓦解。

晚清艰难维系

光绪年间，江阴文庙曾经有过六次修葺。但与之前的大修相比，这些更类似于日常的维护。光绪五年（1879年），修明伦堂、五王庙、戟门、两庑、宫墙、照壁。光绪七年（1881年），修汇征桥塥、石栏、石岸十丈有余。光绪十六年（1890年），修玉带河石岸二十余丈。光绪十九年（1893年），修大成殿。光绪二十二年（1896年），庙中遍加油漆。光绪二十三年（1897年），增置乐器，赴灵璧购办磬石。至于庙制，"自光绪朝以来，三十年来无所变更"[1]。

① 民国《江阴县续志》卷6《学校》。

　　1898年，康有为提出了一套"兴学至速"的办法，要求"改书院为学堂"，以书院祠庙经费公产拨充学堂经费。随后，"庙产兴学"成为百日维新中教育改革的重要举措。尽管这一时期儒家文化仍然占据统治地位，在新式学堂中也开设有关尊孔读经的内容，但"书院改学堂"和"庙产兴学"这一新政，还是影响到了各地传统庙学的发展。面对中西方在经济、军事上的极大差异，率先睁眼看世界的知识分子开始追慕西学，反思、批判孔子与儒学。在清末废科举、兴学堂的过程中，传统儒学教育受到极大的冲击。在"废庙兴学"运动中，文庙原有的庙学合一功能被割裂，与文庙联系密切的县学与书院，则逐渐转化成县立的新式学堂，继续发挥其文化教育的功能。随着文庙建筑逐渐被蚕食和挪作他用，文庙的祭祀功能虽然得以保留，但在逐渐弱化。1901年，江阴文庙旁边的礼延书院更名为"校士馆"。1903年，校士馆兼办高等小学。1905年科举制度正式废除后，又专办学堂，是为礼延高等小学。

民初功能调整

　　辛亥革命后，上海的军队一度驻扎于江阴文庙，文庙"乐器丧失"，民国元年春季的祭孔典礼遂致缺如。此后，尽管文庙祭典仍恢复举行，但是，由于文庙经费已经收归公款，文庙建筑因为年久失修而朽坏败落，"栋楹梁桷、板槛之挠折，盖瓦级砖制破缺，赤白黄黑之漫涣，无过问者，甚至大成殿顶，草高数尺"[1]。1914年，江阴县儒学门头的三间旧屋毁于火灾，因无钱复建，只好改建成围墙。民国初年，江阴地方士绅曾经向县议会申请到经费300银元用于文庙的维

[1] 民国《江阴县续志》卷6《学校》。

修，但这笔经费实在有限，工程方案迟迟无法确定。1915年江阴县议会停止后，在地方士绅的主持下，才对江阴文庙的大成殿、崇圣殿、明伦堂以及两庑、三桥、戟门、乡贤祠、名宦祠、宫墙、泮池等一干建筑进行了简单维护。

与此同时，民国建立之后，就把礼延高等小学改为江阴县第一高等小学，并进行扩建，将文庙原有教谕、训导两廨，东西时习、日新两斋，均归入该校。同时在训导廨设立习艺所。1914年，又把君子堂改为教室。1915年，第一高等小学关闭了原来连接文庙与小学的奎星阁（小学的南校门），同时在面向鸿渐街的方向重新建造了一座欧式的校门；又在小学内建立了新式的操场。①至此，文庙祭祀与学校教育功能彻底割裂开来。

1915年，袁世凯为了复辟帝制，一度要求在教育界恢复尊孔读经。随着复辟闹剧的谢幕，文庙祭祀活动也受到冲击，一度停滞。1915年底，江苏省教育厅行政会议议决，"特设通俗教育馆于各县文庙，裨众展览而坚信仰"②，并拟订了《筹设通俗教育馆办法》，要求各县遵照办理。可见，如何改造并发挥文庙新的教育功能，已经成为这一时期江苏教育界人士的共识。

五四运动之后，社会各界围绕"全盘西化"与"坚守传统"展开了激烈的争论。1923年，孔教会金坛支会会长陈汝舟呈请江苏省政府，通令各县筹修文庙并派奉祀官以维风化，江苏省督军齐燮元和省长韩国钧，接受了筹修文庙的建议，要求"各县文庙，如有渗漏倾颓者，自应会同地方士绅，筹款兴修，有兵队及学生寄居者，亦应设法迁让"③。同年，还专门公布了《江苏省文庙民国十二年度预算》，列出了文庙总董、乐舞监的俸薪，春秋节祭祀费用，修复祠牌神龛陈设费

① 民国《江阴县续志》卷6《学校》。
② 江苏巡按使公署饬第六千八百四十一号（中华民国四年十二月十日）：转饬各县特设通俗教育馆于各邑文庙，《江苏省公报》，1915年第726期。
③ 齐燮元、韩国钧训令：江苏督军、省长公署训令第六〇九一号（中华民国十二年七月十一日）：令各县知事：孔教会金坛支会会长陈汝舟呈请通令各县筹修文庙并派奉祀官以维风化，《江苏省公报》，1923年第3416期。

用，及乐舞生的服装费用等近1万元。但由于这一时期江阴文庙管理混乱，文庙建筑不仅没有得到妥善修葺，其原有经费也遭到贪污挪用，亏空日益扩大。

南京国民政府成立之后，江苏省采取大学区制，教育最高行政权力归中央大学。中央大学规定，各地孔庙归教育局管理。1928年7月，江阴县教育局曾专门派人员到公款公产管理处接管文庙资产，却被告知文庙亏空巨款，须先行垫付亏空后方可移交。而据县教育局查核，所谓亏空，可能是有意延宕的托词。因为，自公款公产管理处在民国二年接管文庙，15年间并未开展太多祭祀活动，实际上并无亏空。①

可见，进入民国以后，虽然孔子与儒学作为传统文化的象征受到了很大的批判，但江阴也和全国其他地方一样，积极地把传统的儒家文化教育资源进行改造、转化。但延续了千年的古老文庙，不仅没有得到大规模修复，反而被不断地分割、蚕食。江阴新式学堂的发展，并未割裂文庙与文化教育传统血脉上的联系，反而通过将其转化为新式教育的办学资源，继续发挥其积极的人文教化功能。这一时期中国政治与社会对待孔子及儒学态度上的反复，使文庙得以存续。

抗战后的衰落与维持

真正给江阴文庙带来毁灭性打击的，是1931年开始的日本侵华战争。1937年12月1日，日军开始进犯江阴，进城后连续纵火三天，江阴文庙及其旁边的县立中学等多数建筑都被焚毁，仅有明伦堂、大成殿等部分建筑得以幸存。抗战期间，地方政府对文庙进行了部分维修。1940年前后，当时的江阴县县长，曾专门命令建设科长陈统甫与教育科长何家

① 黄贻清：《呈县政府：请督令款产处移交孔庙田产》，载《江阴县教育局月刊》1928 年第7—8期。

骥，请蒋阿春修理文庙内两廊房屋及围墙、牌楼等。[1]

抗日战争胜利后，江阴县立中学复校并扩建，文庙明伦堂经过修缮，成为县立中学的饭厅，之后更多的文庙建筑被拨给学校使用。原有的文庙泮池和三穿九洞桥、栏杆尽毁，周围杂草丛生。文庙原有的先贤神位及祭器、乐器，也早已在战争动乱中荡然无存。

1947年秋，江阴成立了一个修理文庙委员会，他们提出，"文庙建筑拆毁殆尽，亟应从事修建，籍以宣扬文化而示崇仰圣贤之至意"[2]，希望政府能够将文庙原有沙田收回，以作为文庙兴修之资。但此事随着解放战争的爆发而不了了之。

中华人民共和国成立后，文庙在使用中得到维护。1949年，文庙成为江阴县立中学的校舍，大成殿作为废旧物资储藏处，沦为危房。县立中学曾对大成殿、明伦堂分别作抢险加固，但在"文革"期间，江阴县中的校舍校具、文庙建筑及其附属物多次遭到破坏。幸亏有识之士的特别保护，除了部分碑刻被毁外，文庙大成殿等主体建筑得以保留。20世纪70年代，随着县立中学校舍的翻修、江阴市政建设的推进及文庙周围街道的拓建，又导致文庙部分建筑遭到拆毁。此时，江阴文庙整个古建筑群，历经百年沧桑，风化严重，面目全非。

① 江阴市档案局藏，档案号：0005-1-40。
② 江阴市档案局藏，档案号：0010-1-208.

文庙新生期：
改革开放以来

改革开放以来，江阴政通人和，经济和社会事业蒸蒸日上。1981年，为加强文物保护，继承优秀历史文化遗产，江阴县教育局、建设局对文庙的价值与保护工作进行了调研论证。1985年，江苏省文物管理委员会决定将江阴文庙列入第四批文物保护单位，并专门出具了《关于加强江阴县文庙保护的意见》，特别强调要对原属江阴文庙、当时在江阴县立中学的崇圣殿进行保护，后决定将崇圣殿移地拆建。同时，也专门针对大成殿进行了初步的修缮评估。但限于经费困难，修葺之事一拖再拖。

1993年，江阴市政府终于下定决心，拨出专款，组织实施文庙修缮工程。修缮工作以原构件、原材料为主，次第对大成殿、明伦堂、戟门及两翼、东西庑、东西斋等施行不落架大修，并作加固、防腐、防蛀等保护性处理；疏浚泮池，并增设坐式石栏；复原三穿九洞石桥桥面及莲花座石栏板；修复月台、丹墀；重铺甬道；重建棂星门石坊；添筑碑廊于明伦堂西偏，砌存部分碑碣；于大成殿内增塑孔子及四配、十二哲像；殿前后院中移栽曲阜孔子故里之柏树。整个修缮工程历时3年，于1996年6月竣工。

1995年4月，江阴文庙被批准为第四批江苏省省级文物保护单位。1996年10月，新修复的江阴文庙以崭新的面貌正式向社会开放。至此，千年文庙重展风采。

为了更好地发挥江阴文庙的社会功能，在江阴市文庙保护管理所的精心管理下，江阴文庙现已成为无锡地区爱国主义教育和传统文化教育的示范性基地，常年对社会免费开放。文庙保护管理所利用文庙丰富的文化历史资源、广阔的教育活动空间，举办各类公益性文化活动，真正做到了文物保护与开发利用的统一，激活了千年文庙在传承地方文脉中的当代价值，赋予了文庙新的生命活力。

江阴文庙的选址与布局

文庙选址：多重因素作用下的调整与固守

文庙布局：儒家教育与礼制观念的展现

文庙生态：自然、人文、政治生态的统一

江阴文庙是江阴古城的儒学圣地和江阴科举时代的最高学府，故其在城市中的位置及其建筑结构与特点，也能够体现出一定的城市文化特性。江阴文庙正式见诸史册时，就逐渐成为江阴城的中心，这种中心地位不仅是地理区位上的，也是文化教育与人文心理上的。

文庙选址：
多重因素作用下的
调整与固守

作为一种人文与自然环境的结合，建筑选址往往会根据不同建筑的功能有所区别。通常，出于治世宣教、安全防御、出行便利等多方面的考虑，一地的衙署、学宫，其选址通常会位于城市空间布局的核心。而祠庙祭坛建筑，却会占据城市形胜之地，成为山水资源优异的风景类建筑。[①]文庙因为庙学合一，恰恰兼具这两类建筑的特性，在选址上另有一番讲究。作为国家重要的礼制建筑，如何通过自然与人文环境的营造，既能彰显出文庙的教化感染功能，又能体现出政权礼制的威严肃穆，还能符合人们的文化心理特点，在礼制与风水学说指导下，体现出与周围环境的自然协调，这些均是文庙选址时需要考虑的重要因素。

江阴文庙的记载见之于史册，就是从迁址开始的。在随后1000多年的发展过程中，在衰败与兴修的交替中，江阴文庙的空间不断拓展，建筑日益宏大，但始终牢牢矗立在其迁移后的新址上，再也不曾改变。在晚清同光年间，文庙毁后重建时，甚至完全是对乾隆、道光年间的建筑的复原，基址

① 王一睿：《中国建筑设计的昭文传统及传承研究》，硕士学位论文，西安建筑科技大学，2018年。

与布局少有变动，体现出了强烈的固守传统取向。

建筑功能的定位

任何建筑都有其特定的功能属性，不同功能属性的建筑，其选址要求和标准也自然会有所区别。各地文庙的选址，首先要考虑的是文庙的基本功能——祠庙祭祀与学校教育。由于文庙是祠祀孔子的礼制性建筑和教育性建筑，文庙的选址与建设，就必须符合并能够彰显孔子代表的儒家的政治理想与教育理念。孔子推崇周制、注重教化，儒家强调中庸中道，以崇祀孔子、彰显儒学为主旨的文庙，自然也应该居于一地的中心位置。自北宋初期范宗古将文庙迁至内城，文庙在江阴地理空间上的中心地位已然确立。

政治礼制的要求

文庙作为中国古代官方祠庙建筑中的重要组成部分，其选址要求，实际上应该遵循政治礼制的规定。作为一个等级分明、结构类同的传统社会，中国古代的政治制度和礼制规范，在建筑上主要体现为数量、规模的差别而不是结构的差异。因此，府城、州城、县城，大都是京师皇城的缩微版，地方文庙与京师文庙，在各自城市中的位置也遵循着建筑方位上的政治标准。

按照古代天文学说和风水学说，东南巽位利于人文教化，适合营建学校。比如，东汉明帝时期，当时的太学就设在南宫。宋初，江阴文庙即位于内城南门外偏东方向，及至范宗古要将之迁移到县城内时，也是"于军之前南隅，藉高明，审面势"①后才确定文庙的新址。南宋开禧元年（1205年），知军戴溪将贡院迁建于文庙军学之东时，遵照的也是"贡院之址应设于城内东南方"②的要求。有研究者提出："位于子城西隅的各军营与东南隅的军学、贡院等恰呈'左文右武'的格局，以东属木（主生发）、西属金（主肃杀）的观念来看，亦合《尚书·洪范》的五行之说。"③

不仅文庙本身的选址需要遵守政治礼制的要求，甚至是文庙内部的建筑布局也要受到政治礼制的约束。比如，明洪武二十六年（1393年），教谕蔡永升、县丞贺子徽对大成殿与明伦堂的基址与建筑进行的对调，就是为了符合明朝所确定的"左庙右学"的制度要求。

文化心理的作用

宋代，江阴县城共分内外两城，并分别有内外两条护城河。其内城又称子城，有东南西北四个城门，分别命名为新津、观风、望京、澄江。④最初，江阴文庙位于内城南门即观风门外，虽然靠近内城，其周边环境却并不好，"先师之堂，前置未显，邻于诸郡狱，黩斯甚矣，岂奉严之意耶？"⑤。对于重视环境习染与熏陶的儒家士人来说，文庙比邻监狱，自然不是追慕圣贤、歌诗习礼、造就君子的理想环境，这才有了知军范宗古将文庙迁移改作的行为。

此外，由于孔子推崇"述而不作"，中国人也养成了"遵从旧制"的文化心态。在建筑文化上，重要建筑物的基址一旦选中和确立，就少有改变。江阴文庙在近千年的发展中，历经多次兴废，但自明宣德六年（1431年），江南巡抚周忱与江阴知县朱应祖对大成殿与明伦堂的基址与建筑进行调整

① 范仲淹：《景祐重建至圣文宣王庙记》，见正德《江阴县志》卷2《学校》。
② 葛郯：《淳熙新建贡院记》，见正德《江阴县志》卷2《学校》。
③ 来亚文：《宋代江阴城市空间格局的演变》，载《史林》2019年第2期。
④ 光绪《江阴县志》卷1《建置》；来亚文：《宋代江阴城市空间格局的演变》，载《史林》2019年第2期。
⑤ 范仲淹：《景祐重建至圣文宣王庙记》，见正德《江阴县志》卷2《学校》。

之后，这两个主体建筑在江阴文庙中"前庙后学"的相对位置关系，再也没有改变过。

自然环境的限制

中国哲学信奉"天人合一"，注重自然与人文环境的和谐。在建筑上，中国古人往往既喜欢依山傍水，又能够随形就势，创造性地进行建筑设计与规划。对于文庙的选址来说，其首先需要考虑的是交通的便利程度。因为文庙实行的是庙学合一的制度，不仅要举行固定的春秋祭祀，还是教谕、训导等地方教育行政官员的官署所在，是他们办理公务、教育士子的重要场所。同时，文庙也是地方官员就任拜谒、考校士子的圣地。所以，文庙的选址不能像书院那样，只注重自然环境的清幽。江阴文庙前的中街，就是江阴城的主要干道之一。

当然，文庙的选址还必须考虑到城市空间的分布与建筑传统，特别是要考虑到空间的开放性与拓展性。宋初范宗古在为文庙选择新址时，就注意到了"藉高明，审面势"[1]。当时，江阴县城背靠君山，虽然内外城皆备，但其内城并不在长方形外城的中心，而是在整个县城的西北角，内外城北部和西部各有一段共用的城墙。江阴军和后来的江阴县的衙署设在内城的正北方，后迁至军治南边的文庙，恰好位于江阴内城的中心，周围被内城里的护城河环绕。这是由江阴独特的地理形态，以及军事上主要依靠水路而非陆路等因素决定的。[2]在文庙后来向外拓展时，就不可避免地受到了内城城墙的限制，甚至因此也影响了江阴内城的改造。比如，北宋大观四年（1110年），为解决

[1] 范仲淹：《景祐重建至圣文宣王庙记》，见正德《江阴县志》卷2《学校》。
[2] 来亚文：《宋代江阴城市空间格局的演变》，载《史林》2019年第2期。

江阴文庙学子的出行问题，常州知州徐申决定在学宫南侧的子城墙新开一口，作为江阴文庙的外门，使得文庙直接南临中街，形胜大为改观。文庙的地理位置使得文庙具有一定的扩展空间，但又受到江阴城市建设和布局的影响，更受到江阴河道水系走向的影响。所以，江阴文庙与江阴内城的相对位置并不是固定不变的。总的来看，在历次修建中，江阴文庙主要是向南、向东拓建。

主管人员的认知

文庙选址需要考虑的因素很多，但在国家政治礼制的要求与建筑功能的需要之外，真正主导文庙选址建设之人，才是文庙选址的最终决定者。他们自身对于文庙功能、建筑选址、政治要求的认知和态度，对于影响文庙选址诸多因素的综合判断，则成为影响文庙选址的主观因素，甚至是主要因素。比如，即便范宗古认为文庙与监狱比邻不利于推行儒家教化，其完全可以将监狱迁到其他地方而把文庙保留在原来的地方；"贡院之址应设于城内东南方"的礼制要求早已有之，而南宋淳熙七年（1180年），楼锷在新建贡院时却没有将之建在县城的东南侧，而是选在了县城东北角的爱日门外。明洪武十五年（1382年），知县王衡、教谕郑江"建讲堂于庙左"，并没有遵循"左庙右学"的惯例，主要是基于物理空间的限制，所以洪武二十六年（1393年），教谕蔡永升、县丞贺子徽才决定根据"左庙右学"对调大成殿与明伦堂的基址。但明宣德六年（1431年），江南巡抚周忱与江阴知县朱应祖在拓建文庙时，又根据自己的判断，将江阴文庙调整成了"前庙后学"的格局。这次调整，不仅使文庙从棂星门到大成殿再到明伦堂的中心轴线更加突出，而且为文庙后期的持续拓建奠定了较好的物理空间基础。

宋初范宗古为江阴文庙选择新址，虽是出于文化心理的作用，但更主要的是为了提高文庙的地位，同时也照顾到了江阴独特的地理形态与城市空间布局，而且还符合政治礼制的要求，这为江阴文庙后来的发展打下了良好的基础。将文庙从外城迁到内城的中心，从监狱附近迁到军治衙署附近，不仅仅是一个简单的地理空间的转移，在军事安全上也更有保障，也切实抬升了文庙在政治、文化和教育上的地位。所以，后世江阴文庙虽然历经重修，内部格局也多有变动，但文庙的基址及其在江阴城的地理位置，一直相对固定。

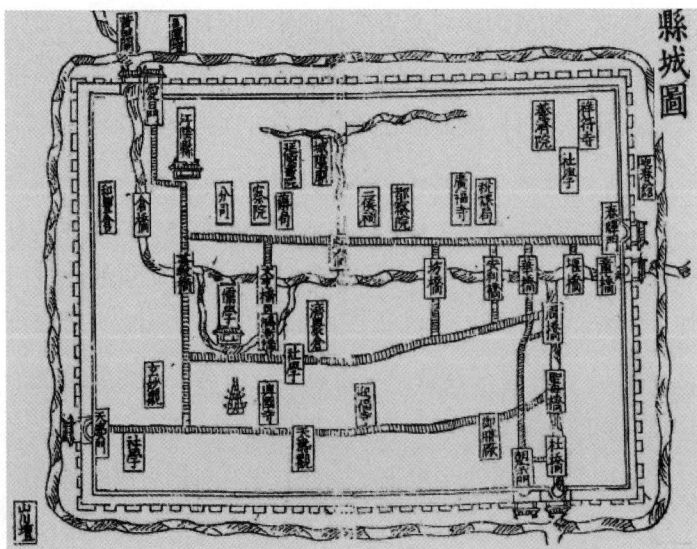

嘉靖《江阴县志》载江阴县城图

　　不仅如此，文庙迁到内城的中心以后，与处于同一地位的城隍庙、寺庙、道观有所区隔，这体现出在儒、释、道等多种文化信仰体系中，孔庙至高无上的尊崇地位。从嘉靖时期留下来的江阴县城图来看，在文庙儒学的北面是江阴县衙署与察院所在地，南面有玄妙观、兴国寺，东北有城隍庙，而儒学不仅居于其中，占地面积也最大。

文庙布局：儒家教育与礼制观念的展现

　　随着孔子地位的抬升，孔庙建筑规制也不断提高。不过，在严格遵循礼制规范的中国传统社会中，地方孔庙的规格又与地方的政治级别有关。因此，各地孔庙虽然精神相同，但规制却不得僭越。在孔庙系列中，太学国庙与曲阜家庙处于最高等级，而府之庙学又高于县之庙学。这里所谓的高低，不仅体现在建筑规制的要求上，也体现在祭祀等级等方面。通常，由于地方财力有限，地方文庙本身也很难超越太学国庙与曲阜家庙。但是，在同级文庙中，因为经济财力、重视程度的不同，其建设规模可能有很大差别；即使是同一个地方的文庙，在不同历史时期，其建设规模也会有很大差别。在近千年的发展中，江阴文庙规模不断扩大，建筑逐渐增多，其内部布局也经历了多次调整，但其建设布局始终遵循着中国传统礼制建筑的基本要求，彰显着文庙儒学的教化职能。

中轴对称

中国传统建筑向来讲究中轴对称，即以南北走向的中心轴线为基准，把重要建筑放在中轴线上，东西对称分布相应的附属建筑，其中蕴含着中国儒家信奉的中庸、中正、中和等思想。文庙作为重要的国家礼制建筑，自然也不例外。不过，在江阴文庙的建设过程中，其中轴线并不是绝对对称的，也不是一成不变的，而是随着文庙的南扩而向南延长，又随着文庙的东拓而向东平移。

宋初范宗古将江阴文庙迁至新址之际，其占地面积还比较有限，具体建筑情况不详。不过，南宋绍兴五年（1135年）知军王棠重立讲堂，建东西四斋时，其建筑的中轴思想与实践已经有所体现。随后的建筑开始围绕讲堂这个中心在东西展开。继任的江阴知军，先是在军学讲堂西偏屋设县学，随后又在讲堂东建了一个供学子习武的射圃。

明洪武二十六年（1393年），教谕蔡永升、县丞贺子徽决定根据"左庙右学"对调大成殿与明伦堂的基址。实际上，无论是左庙右学还是左学右庙，都隐含着中轴对称的思想。明宣德六年（1431年），江南巡抚周忱与江阴知县朱应祖将江阴文庙的布局结构调整成了"前庙后学"的格局，自此，江阴文庙的中心轴线正式确立。弘治七年（1494年），知县黄傅购民房，修建名宦、乡贤二祠，一方面从整体上将文庙向南拓展，另一方面仍遵循了中轴对称原则。今天，江阴文庙所存名宦、乡贤二祠的榜额，依然是在大成门两翼，东西相向而立。

明正德二年（1507年），知县刘纮复修学宫，庙制学制较为完备。文庙和文庙儒学呈现出左学右庙双轴线的对称格局。首先，石坊制的文庙庙门东西两侧分别有名宦、乡贤二祠，二祠两边为兴贤、育俊二坊。进入庙门后，庙制和学制分立西、东两边。在庙制的中轴线上，由外而内，是棂星门、泮池、泮桥、戟门、大成殿，其中，戟门左右为两翼，大成殿东西为两庑，是谓庙制。学制部分，从外到内是儒林坊、学门、明伦堂、奎文阁，其中，明伦堂东西两侧为时习、日新二斋，二斋南边分别对应君子堂与养贤堂，二堂后面东西有训导、教谕两廨。

由于中国地处北半球，逐日崇拜使得中国古人非常推崇南向而居，这主要是为了利用地理气候的变化，以便人们的居所能接受更多阳光的照射。孔子被后世尊为大成至圣文宣王，文庙作为祭祀孔子的场所，自然也应南向。江阴文庙位于江阴县治的东南，北接江阴内城的护城河，南面是江阴的内城墙，最初的地理位置并不是十分理想。这一地理条件，就使得江阴文庙只能向东、南两个方向拓展。明嘉靖七年（1528年），知县张集重修文庙，"购庙南民舍为通衢，曰外泮"，进一步扩大了文庙的范围，江阴文庙的中轴线再次向南延长。而在向东拓展的过程中，若严格遵守中轴对称，会从根本上改变文庙的基础布局，更动太大，因此，在不违背左学右庙的总体格局的情况下，对于东向学制部分，依照地势做出一些新的安排也就可以理解了。更何况，东边的很多建筑都是后来历次增修的结果，在整体布局上可能也存在一些欠缺之处。

清乾隆二年（1737年），知县蔡澍先扩建了县学的明伦堂，在江阴文庙石坊之前，新建金声、玉振两坊于左右，后又在明伦堂后建尊经阁。随后，又在乾隆三年（1738年），利用儒学房舍创办澄江书院，进一步巩固了江阴文庙西庙东儒学、书院的建筑布局。清乾隆二十三年（1758年），江苏学政李因培又专门建魁星楼作为书院的正门。进门为讲堂，敞厅三间，其后有志士先厅，再后有怀德楼、敬业乐群楼，均三间二层。这一时期，因为庙学和书院规模的扩大，江阴文庙的中轴对称格局受到了一定影响，出现了文庙、儒学、书院三院并立的局面，但中轴对称的总体原则并未改变。

从道光时期的学宫书院图可以明显看出这种中轴对称的建筑格局。就江阴文庙庙制部分的建筑而言，以大成殿、明伦堂和尊经阁为主轴，所有附属建筑东西对称的格局非常突出。如果把文庙与儒学、书院联系起来看，三者在建筑格局上也尽量做到了对称分布。由于在文庙东侧增建了书院，而书院自身并没有完全严格地按照中轴对称的格局布置，所以，书院建筑更偏重于整个文庙的东北角。不过，从图中我们还是可以看出，建筑者力图保持对称的良苦用心。比如，文庙与儒学学门基本上在同一个水平线上；对应于文庙的棂星门和泮池，书院前建有三台墩和外泮池；对应于文庙的戟门，书院设立了下马碑；对应于文庙大成殿，书院设置了魁星阁；对应于文庙的明伦堂，儒学设有君子堂；对应于文庙的尊经阁，书院也设有藏书楼。

清同光之际，江阴文庙重修时，除了尊经阁仅留基址未曾重建外，其余建筑一如旧制。

庙学有别

中国古代礼制最讲究各安其位。尽管文庙大都采取庙学合一的布局，但因为庙、学的功能重心不同，前者重在祭祀化人，后者重在考校育人，所以，在制度规定上，庙制与学制各有定规。在文庙的建筑设计上，既注重二者之间的开放与往来，也注重祭祀区与教育区的相对独立与区隔。

在北宋江阴文庙存在之初，是否有像明伦堂那样专门用于讲学课士的建筑，不得而知。南宋绍兴五年（1135年），知军王棠专门请求朝廷正式任命了军学教授，核定了官学生员名额，并很快建立了专门的讲堂和供生员学习住宿的东西四斋。此时，军学虽然从属于文庙，但在建筑上已然拥有了相对独立的教育学习空间。

通常情况下，庙学合一的建筑格局可以呈现出多种组合方式，如前庙后学、前学后庙、左学右庙、左庙右学等，这里，一般的庙指文庙大成殿，学指明伦堂。但实际上，随着科举制度的推行，明清时期，很多地方文庙除了有明伦堂，还旁设义学、儒学乃至书院，在这种情况下，儒学或书院的建筑规模就会大大拓展，甚至会有独立的学门、院门，地方文庙和儒学的关系，也会出现庙中有学、学中有庙、中庙旁学、庙学独存、有庙无学等多种情况。就江阴文庙而言，随着文庙规模的不断扩大，特别是文庙教育部分建筑物的增多，文庙中庙学布局结构也经过了多次调整。明洪武时期，江阴文庙先是采取了左学右庙的格局，后为符合规制改成左庙右学，至明宣德六年（1431年）重修时，正式确立了前庙后学的格局。及至明正德二年（1507年），知县刘纮复修学宫，在庙制之外，专门建立了一个与之对应、相对独立的学制，江阴文庙的布局结构又变成了左学右庙。

到了清乾隆时期，江阴知县蔡澍先是恢复了澄江书院，后又在儒学东面进一步拓建，再经道光时期江苏学政李因培的扩建、光绪时期江阴知县林达泉的修建，文庙庙制、儒学、书院各有其门，又相互连通，大体形成了若干平行的中轴线。首先，文庙的庙制建筑与儒学、书院构成的学制建筑大体对称；其次，文庙内部、书院内部都有明确的中轴线；再次，儒学与书院之间，也大体以三台墩、外泮池与射圃为中心呈现对称的格局。

主次分明

随着文庙空间的拓展和建筑的增多，江阴文庙及其儒学逐渐发展成一个庞大的建筑群。这个建筑群除了注重根据不同功能进行区隔，也注重根据政治礼制的要求，突出核心建筑的中心地位，以便体现尊卑有序、各有差等的儒家建筑理念。

文庙是祭祀至圣先师孔子的场所，所以文庙中最重要的建筑就是大成殿。大成殿也是物理空间上与人们的心理空间中最中心的建筑。在建筑礼制中，"殿"为最高等级，其他祠、堂、厢、庑、亭则为次级建筑、从属建筑。江阴文庙拥有庞大的祭祀建筑群，在大成殿之外，历代还曾有清孝公祠、先贤祠、名宦祠、乡贤祠、崇圣祠、双忠祠、贡公祠等其他祠祀建筑。随着祭祀空间不断扩大，祠祀对象也从孔子扩展至孔子父祖宗亲和地方乡贤、名宦，但祠祀孔子的大成殿在文庙中的中心地位不容动摇。除此之外，围绕大成殿及其祭祀活动，文庙内还有祭器库、刑牲所等附属性建筑，这些建筑根据其各自不同的功能分布在大成殿的四周。

与祭祀空间中大成殿的地位相对，由儒学、书院构成的教育空间中，居于中心地位的是明伦堂，这是教谕、训导等进行考校论学之地，其东西则为生员学习住宿的斋舍。尽管江阴明伦堂的得名相对较晚，但无论是早期的"命教堂"，还是后来的"教授厅"等，都是承担教育功能的讲堂，作为教育建筑的核心地位是始终如一的；而承担藏书功能的奎文阁（尊经阁）和承担学习、行政、生活功能的学斋，则多围绕明伦堂而建。即便后来随着文庙儒学规模的扩大，特别是书院建立后，整个教学建筑的物理空间事实上多处于文庙东侧，但明伦堂作为升堂考校之地，仍然是事实上和人们心目中教学建筑的核心。

院落递进

由于建筑理念和材料的限制，中国古代建筑往往采取平面拓展的方式，相对封闭、层层递进的院落就是这种平面拓展的结果。一个建筑群建筑等级上的规格高低，主要体现为院落的多少和大小。在中国古代，"九"为帝王之数，所以，九进院落是帝王才能享有的礼制等级。曲阜孔庙因孔子封王而拓建成九进院落，成为中国境内最具皇家气派的孔庙。相比之下，江阴文庙只是县级文庙，其可享用的规模等级并不高。有宋一代，江阴文庙规模还比较小。南宋绍兴五年（1135年），知军王棠建立命教堂、东西四斋后，江阴文庙才基本上形成了祭祀区与教学区的区隔。如果加上文庙外由棂星门与学前河构成的空间，此时的江阴文庙初步形成了三进院落的格局。

明正德二年（1507年），知县刘纮大修学宫，将江阴文庙拓展为五进院落。从石坊门（即庙门）到棂星门，构成第一进院落；从棂星门，经过泮池，到戟门，构成了第二进院落；从戟门到大成殿，是为第三进院落，其东西有两庑；大成殿往后到明伦堂为第四进院落，堂东为时习斋，堂西为日新斋，斋左右翼以号楼；明伦堂之后，还有奎文阁，构成最后一进院落。此后，江阴文庙基本上沿袭了这一结构。

明清时期，由于江苏学政驻扎江阴，江阴文庙的规模，特别是其学制部分日益扩大。庙制之外，儒学和书院也各有学门，内部也基本形成了类似的院落。就儒学而言，从儒学学门到大成门，构成第一进院落；大成门到五王殿为第二进院落；随后的射圃到观德堂构成了第三进院落；观德堂到君子堂及养贤堂，相当于第四进院落；君子堂后与尊经阁并行的空间，可以看作第五进院落。就书院而言，自书院院门进入书院之后，先是三间讲堂，其后分别为志士先厅、怀德楼、敬业乐群楼，均为三间二层的建筑，把书院空间也大体分成了五进。

晚清兴学改革之后，江阴文庙儒学部分建筑逐渐转变为新式学堂，文庙空间遭到蚕食，建筑被改作他用。当前，修复后的江阴文庙仅剩下三进院落空间。从棂星门经泮池、泮桥到大成门，构成了第一进院落；大成门到大成殿构成了第二进院落；大成殿到明伦堂则成为第三进院落。在大成门两边的耳房，象征性地设有名宦、乡贤两祠，但其内空间有限，并未有历代名宦、先贤真正供奉其中。中轴线的两侧，东西厢房相连。从现存的江阴文庙中，仍然可以窥见其传统的布局概况。

江阴文庙鸟瞰图

　　所谓生态，最初主要是指人及其居住期间的自然环境，后来又泛指人或事物所处的各种关系系统。中国传统社会讲究天人合一，建筑基址的选择比较看重自然环境，这也是所谓中国传统风水学最看重的内容。但是，中国风水学说，又不是简单的自然环境论，而是融合了自然、人文，特别是政治、社会环境的一种思想系统。就江阴文庙而言，无论是建设之初还是后世的历次修葺、增建，传统风水理论支撑下的自然、人文、政治、社会生态，都是需要考虑的重要因素。经过近千年的建设，江阴文庙表现出了较好的生态状况。

自然生态的优化

　　所谓自然生态，既指江阴文庙在江阴城内的周围环境，也指文庙内部的各建筑物所营造出来的环境，它们共同构成了江阴文庙的生态景观。

外部环境的整治

就自然生态而言，江阴文庙在建设伊始，状况并不十分理想，尤其是其所处的外部地理环境，在一定程度上影响了文庙的规范性发展。但在后世江阴主政官员和地方士绅的诸多努力下，江阴文庙的自然生态持续优化，不仅成为城市生态改造的重要组成部分，也在很大程度上影响着江阴城自身的市政生态改造。

当江阴知军范宗古将文庙迁移到内城时，虽然也在选址时注重"藉高明，审面势"①，但文庙周边的环境远谈不上优良。元丰二年（1079年），江阴人民依托废弃的河道支流，围绕文庙开挖了一条"长千尺""阔二十尺"的环形水道，"东凿于熙春，北接大河"②，通过文庙东侧的熙春园在内城城墙处凿开一个通往北边的河道，将文庙外的环形水道变成了半圆形，以便形似"泮池"。

但是，由于泥沙沉积等原因，河道很容易堵塞，且河水暴涨，也会妨碍文庙的通行。"士游于学，患塘压其前，面势不直，甚不称所以严事吾夫子之仪。又漕渠通江醺，一支环学，雨水暴溢，则士病涉。怀欲赴愬而未能会。"③文庙本为国家尊孔崇儒的庄严之地，儒家士子也每每以彬彬君子自许，而江阴文庙庙前空间却如此狭隘逼仄。北宋大观四年（1110年），江阴知县再次对学宫南面的外部环境进行整治，重点解决学宫大门的道路交通问题。在内城南门观风门东侧新开学门，设观台，后又在学前河上架内外二桥，"请穴塘作门，且设观台，内外二桥，而南其路，皆端直方整"④，前后达三十余丈，并且可以直接达于官道。这次改造的结果，不仅解决了学宫的外部环境与出入问题，而且直接扩展了文庙的空间，把内城城墙作为学宫的屏障，极大地增

① 范仲淹：《景祐重建至圣文宣王庙记》，见正德《江阴县志》卷2《学校》。
② 黄忚：《元丰江阴县学开河记》，见正德《江阴县志》卷2《学校》。
③ 林虙：《大观新建江阴县学门记》，见正德《江阴县志》卷2《学校》。
④ 林虙：《大观新建江阴县学门记》，见正德《江阴县志》卷2《学校》。

强了文庙建筑的气势与气派。"漕河旁环，正合古诸侯半水之义。其前辟城为门，因城为楼，浮图对峙如卓笔。池渠堤柳，映带左右，盖其籍高明，挹清淑宅，一郡之形胜者也。"①也有记载说："观台临池，泓澄清润，每藕花盛发，弥望云锦，柳堤中通，形胜视它郡甲。"②

不过，大观年间新建学门后，江阴文庙的自然环境仍然不容乐观："灵星门③外迫泮桥，内连设戟，浅隘弗称。稍南百步，直接通衢，仅以升俊名坊，而编氓翼居，嚣杂特甚。"棂星门外有商民，内部进深短狭，不能与泮池、戟门拉开，也难以营造一个开阔的空间。因此，南宋绍定元年（1228年），新任江阴知军颜耆仲与军学教授方万里商议，"易升俊坊于中街之西，撤去民屋，拓为平壤，迁棂星门于坊之旧址"④，进一步拓宽整治文庙南面的外部空间。

在门前道路的修整上，早先，"自泮宫门以东皆泥途，试日设遇霖潦，往来有泥泞之患"，知军颜耆仲专门捐金，令军学教授郭庭坚等人砌石修路。⑤南宋宝祐四年（1256年），江阴教授徐元积考虑到"学门西街，自泮宫以西抵驿桥，以东南逼子城，北临运河，路之卑湿特甚，每遇霖潦潮汐，民皆病之"，又专门捐资修葺了一条长为"丈三十有一"的大路，路面垫高了"三尺有四"，让学门外的道路"遂为坦途"。⑥至此，文庙门前东西道路大为改观。同时，因为文庙"传垣逼仄"，知军赵彦适又应教授林千之的请求，把文庙"垣外不毛之地，广六十尺，长五十尺"，拨归文庙所有。于是，重新修整，"增广宫墙，直通官河，基址至是延袤疏达"⑦。

元代，江阴文庙宫墙上的泮宫楼因岁久失修，有倒塌的危险，新任知州张献决定修葺。楼成之后，"栏槛凭需，檐牙飞动，丹碧焕出云表，前对笔峰，旁资丽泽，芳莲净植，芹

① 方万里：《绍定重修学记》，见嘉靖《江阴县志》卷7《学校记》。

② 佚名：《修学御书阁》，见杨印民辑校《宋江阴志辑佚》卷2《学校》，天津古籍出版社2016年版。

③ 灵星门，同"棂星门"。

④ 方万里：《绍定重修学记》，见嘉靖《江阴县志》卷7《学校记》。

⑤ 杨印民辑校：《宋江阴志辑佚》卷2《学校》，天津古籍出版社2016年版。

⑥ 杨印民辑校：《宋江阴志辑佚》卷2《学校》，天津古籍出版社2016年版。

⑦ 佚名：《修学御书阁》，见杨印民辑校《宋江阴志辑佚》卷2《学校》，天津古籍出版社2016年版。

藻相依，光风徐来，生香不断"①。泮宫楼不仅成为江阴文庙最佳的观景场地，其本身也成为江阴文庙壮观风景的一部分。

明正德二年（1507年），江阴知县刘纮再次对庙学进行了大修，在文庙棂星门外又修建了一座石坊门，上面镶嵌有"文庙"二字，作为文庙的庙门。文庙外部空间空前广阔。

据万历年间江阴县人刘光济的记载，他在县学读书时，环顾文庙所处的环境："仰而登，俯而瞰，北倚大江，万派奔注君山；其后由里山，其前而秦望凤凰，诸峰蜿蜒迤连，或隐或见，环列左右则又叹曰，是育才造士之地，风气攸萃也。"②这里，大江指长江，是江阴最重要的倚仗。君山、秦望山、凤凰山都是江阴周边的名山，不仅拥有秀美的自然风光，也有深厚的人文底蕴。君山位于江阴北郊、黄田港东岸，是著名的战国四君子之一春申君黄歇的归藏之地；江阴城区西南方向坐落着三座山，南面的一座叫秦望山，北面的一座叫凤凰山，西面的一座叫舜过山。秦望山在江阴县西南方，"本名峨耳山，昔秦始皇登山四顾，因号秦望山"③。凤凰山古称河阳山，山体由西而东走向，犹如丹凤展翅，故称"凤凰山"。舜过山，亦称舜耕山、舜哥山，因舜帝曾路过并亲耕于此，故此而得名。孔子认为，"仁者乐山，智者乐水"，江阴文庙背依长江、君山，南眺秦望山、凤凰山，不仅可以欣赏秀美的自然风光，同时也可以感受舜帝、黄歇、季札等先贤的圣德，无疑是理想的读书求学之地。

内部环境的营造

在整治拓展外部空间的同时，文庙内部的环境营造也颇受重视。除了主体建筑本身之外，儒家君子对于教育环境的重视、江南园林建设的热潮，在一定程度上影响了江阴文庙对游憩空间的营造。

① 陆文圭：《重作泮宫楼记》，见《墙东类稿》卷7《记》。
② 刘光济：《重修儒学尊经阁记》，见民国《江阴县续志》卷22《石刻记》。
③ 嘉靖《江阴县志》卷4《风俗记》。

南宋宝祐元年（1253年），江阴儒学教授赵汝沓曾经在泮池左右各建一亭，扁以"观德""咏仁"，以作为儒学士人矜佩燕息游之所，后更为"光风""霁月"。同时，在明伦堂堂前植古杏树，直径达八尺，春夏绿阴如幄。杏树树荫下还筑有一个小水潭。①后来，泮池因为年久失修，逐渐污秽不治。元大德五年（1301年），江阴知州张献决定重新疏浚泮池，重修文庙凉亭，在东南角"筑堂三楹"，并在池中遍植荷花。当年五月，新堂建成后，张献与宾客来到文庙，看到池中荷花亭亭玉立，感慨"世道混浊，荷花独清"，遂取周敦颐之《爱莲说》将新建凉亭称为"君子堂"，希望文人士子能够"游圣人之门，观君子之花，味先儒之训吾意，目击道存，心融意会，其同为成德之归"②。莲花，象征中国知识分子的高洁，自宋代周敦颐作《爱莲说》后，泮池养荷已经成为江阴文庙的传统景观，蕴含着对文人士子的熏陶感染之意。

有明一代，虽然文庙历经多次修葺，文庙内部建筑逐渐增多，内部景观也为之一新。文庙射圃是由之前的熙春园改建而来，且视野开阔，是欣赏周围风景的绝佳地之一："南向而立，群山在望，野色连城，烟树扶疎，楼殿参差，隐见于晴岚煖叠翠间，实胜赏佳地也。"③弘治十年（1497年），又在射圃南边"临池为精舍"。"其地因射圃之胜，雨晴寒暑咸宜。茂树四五，林蔽翳其上，日色临波，分绿入穴，波光激射荡漾，檐宇莺语春风，鱼吹柳絮，蜩鸣梅雨，蝉荫凉阴，霜高月洁，而潦静泽清，爱景熏红，而寒光映白，莫非讽咏之高兴，研思之幽致也。此中真乐，未易可言。"④明万历时期对江阴文庙大修后，当事人记载江阴文庙的景观："由前观之，泮水淳泓，棂星洞辟，文笔插其南；由后观之，敬亭尊显，经阁崔巍，三台列其北。以至启圣一祠，独享南面，丹

---

① 佚名：《修学御书阁》，见杨印民辑校《宋江阴志辑佚》卷2《学校》，天津古籍出版社2016年版。

② 史孝祥：《君子堂记》，见崇祯《江阴县志》卷5《艺文志》。

③ 正德《江阴县志》卷2《学校》。

④ 正德《江阴县志》卷2《学校》。

青黝垩，尤极光华。"①

清代乾隆时期，经过多年的持续大修，江阴文庙大为改观："泮池方广亩许，界地位甬道者，三道各一桥，亦闸合匝如虹飞，内浮空，倒影池内，活水伦涟，文鱼泼剌，芹藻交磺，历历可数，旁则古柏高耸，天光云在，杏坛泗水，以柳和风披拂接一同光。"②同时，文庙内明伦堂中庭也种植有银杏、古柏，苍翠蔚然。清代诗人陈安曾吟《江学八景》，描绘江阴文庙东侧延陵书院的讲堂、厅事、书斋、藏书楼、奎星阁及假山、古树名木等，足见当时江阴庙学自然环境之美。

当前，文庙依然位于江阴县城的中心位置。所谓"大隐隐于市"，在热闹喧嚣的城市之中，江阴文庙为忙碌的现代人营造了一个良好的休闲之所，这无疑也得益于其内部幽静的自然环境。

① 季科：《重修江阴县儒学记》，见民国《江阴县续志》卷22《石刻记》。
② 乾隆《江阴县志》卷8《学宫》。

江阴文庙雪景

人文生态的表征

所谓人文生态，更多的是指文庙建筑所营造的一种儒家人文教化的氛围。最能够体现这一点的，一方面是江阴文庙建设过程中浓厚的风水理论，另一方面是通过江阴文庙建筑的布局、装饰与命名等多重环境所营造出来的一种对于儒家先贤的尊崇与向往之意，对儒家教育理念的处处彰显。

儒家礼制的象征

儒家坚持"尊尊、亲亲""尊卑有序"的社会礼制，这种秩序观也成为中国传统建筑的重要指导思想，在文庙建筑中表现得尤为明显。不同建筑物所能够使用的建筑等级规格，已由国家礼制做出了明确的规定，不许僭越。

第一，建筑布局的主丛。

由于文庙是祭祀至圣先师孔子之地，所以文庙建筑群以大成殿为核心，这是毋庸置疑的。但是，当文庙附属建筑越来越多的时候，各个附属建筑的位置布局，也需要精心的考虑。以启圣祠的位置为例，据记载，从唐代开始，孔庙就曾根据孔门弟子的成就，分别安排孔门弟子配享大成殿和两边的两庑或偏殿。但由于孔门中有很多父子学生，比如颜回与其父颜路、孔伋与其父孔鲤、曾参与其父曾点，倘若一味考虑在孔门中的成就，则颜回、子思、曾子作为四配均配享大堂，而其父三人却只能从祀庑下，会造成"父以从祀立庑下，而子以配享坐堂上"的现象，这在推崇孝道的儒家知识分子中产生了持久的争论。明嘉靖九年（1530年），因"大礼议"问题而与朝臣产生分歧的嘉靖皇帝，就接受了宠臣张璁的建议，决定在孔庙中单独建立启圣祠，主祀孔子的父亲叔梁纥，并让东西四配的父亲作为从祀，后来还增加了"二程"（即程颢、程颐）、朱熹、蔡沈的父亲。嘉靖十二年（1533年），新任江阴知县尹仁甫遵照皇帝的指示，在文庙偏东的地方，"别建启圣祠"。

第二，祭祀位制的尊卑。

大成殿是江阴文庙的核心祭祀空间，在大成殿内部，祭祀对象位置的排列，进一步将大成殿塑造成为一个强调主次尊卑的宗法空间。"万世师表"的孔子塑像位于大成殿的正中，两侧是四配像，再两侧为十二哲像。尽管在不同历史时期，文庙从祀的人员和数量有所变动，但其所体现的尊卑秩序却不容颠覆。这种"身份的社会空间生产"[①]，在文庙建筑及其祭祀对象的空间位置次序中，鲜明地体现了出来。"空间的社会功能极其丰富，它还是传播知识体系的媒介。中国古代识字率低，儒家伦理道德、宗法观念等作为传统知识体系的组成部分有时就通过空间来传播，大至城市中的宫城、官署，小至日常房屋结构、宗祠牌坊，都在安排并宣扬着长幼有序、男女有别、慎终追远的伦理观念，这是儒家思想能够日常生活化的重要基础。"[②]

第三，祭礼仪式的展现。

祭孔作为中国礼仪制度的重要组成部分，是展示儒家礼制思想最重要的表现方式。它"将儒家的社会秩序建设理念巩固于仪程范式中，以经典化的仪式为天下人作出礼仪的示范"[③]。而文庙作为祭祀孔子的主要场所，一年春秋两祭的祭孔仪式，就是儒家礼制文化最好的展现。自宋代开始，历代地方官都非常重视对孔子及先贤的祭祀。各种祭祀典礼，不仅是致敬先贤的仪式要求，也是对后辈学子的教化之举。随着江阴文庙的大规模整修，庙学气象为之一新，"每岁春秋致

① Kirsten Simonsen, Bodies, sensations, space and time: the contribution from Henri Lefebvre, *Geografiska Annaler*: Series B Human Geography, Vol: 87, No.1, 2005.
② 陈蕴茜：《空间维度下的中国城市史研究》，载《学术月刊》2009年第10期。
③ 张璨：《祭孔礼乐文化的形态与价值传承研究——以浏阳文庙祭孔礼乐为例》，载《湖南社会科学》2017年第1期。

祭，习舞明礼，礼仪节度，故人皆称庙学规模宏敞肃穆，上丁释奠甚敬整齐，而邻邦问礼，来者踵相接也"[1]。

教育理念的体现

文庙采取庙学合一的制度，其对孔子与儒学的推崇，不仅表现在儒学士子的学习考校上，更表现在文庙整体所体现出的教育理念。

第一，通过建筑命名彰显儒家教育理念。

作为祭祀儒家至圣孔子的文庙，特别注重借助建筑物的命名，彰显儒家文化及其教育理念。文庙最重要的建筑是大成殿与明伦堂。大成殿来自孔子的封号"大成至圣先师"，强调孔子作为古圣先贤思想的集大成者和"万世师表"的身份；明伦堂则充分体现了儒家所追求的"明人伦"的教育思想。南宋绍兴五年（1135年），江阴知军王棠因为建设学堂的命令来自朝廷，曾一度把明伦堂称为"命教堂"，既含有儒家教育之意，又体现命令来自朝廷的恩准。文庙东西四斋的命名，即"诚身""逊志""进德""育英"，也体现出儒家教育思想对于学生的期望与要求。

此后，文庙建筑的命名无不遵循这一思想，而且多借用《论语》中孔子的言语，并更加直接地体现出科举制度与学校教育之间的密切关系。比如，文庙棂星门，最初称为"灵星门"。《古微书》说："天镇星主得士之庆，其精下为灵星之辰。"[2]所以，灵星也开始指代天上的文曲星，主管文人才士的选拔，主宰着科举文运。以此命名意味着孔子为天上星宿下凡，象征着孔子可与天上施行教化、广育英才的文曲星相比。宋以后因庙门与窗棂极为相似，便改称"棂星门"。棂星门左右分别树立"德配天地"和"道冠古今"坊，代表着对孔子历史功绩的肯定。宋代，有类似的坊门称为"升俊坊""进贤

---

[1] 道光《江阴县志》卷5《学校》。
[2] 袁枚：《棂星门之讹》，见《袁枚全集》卷15《随园随笔》。

坊"，后一度改为"兴贤坊""育俊坊"，清乾隆时期则改为
"金声坊""玉振坊"。在学制部分，大成殿向北正中为明伦
堂，堂后有奎文阁，两侧有时习、日新两斋。两斋南侧则有君
子堂和养贤堂，为师生休息与饮食之所。而连接学制与庙制建
筑的空间，被称为"礼仪相先门"和"正尔容门"。

通过这一系列的命名，整个文庙的建筑已经变成了一部
浓缩版的、带有直观形象的儒家教科书。整个文庙也变成了
一个巨大的教育空间，置身其中的人，在不知不觉间，就会
对孔子产生无限的追崇与向往，注重对儒家教育理念的身体
力行。简而言之，通过建筑物的命名，主政者完成了对文庙
空间教育意涵的象征性阐释。正如列斐伏尔所说："在实践
中，建筑不应是某种特定的结构或标志物，而应是一个根植
在空间文脉和肌理中的项目，是一种'表征'，是一种不会消
失在象征和图像背后的现实。"①

不仅如此，即便同为儒家知识分子，在不同时期，由于
不同主政者的思想变化，其教育意图的阐发往往也会通过
"更名"来表现。比如，在清代，江阴文庙旁边的书院就几
经更名。乾隆三年（1738年），知县蔡澍利用文庙儒学房舍
创办书院，暂时沿用元代"澄江书院"之名。乾隆二十三年
（1758年），江苏学政李因培改书院名为"暨阳书院"。同
治十二年（1873年），知县林达泉又将书院更名为"礼延书
院"，取"礼祀延陵季子"之意。书院中供奉延陵季子牌位的
怀德楼被改为"景贤楼"。这样一来，空间就不再是被动的地
理环境或空洞的物理环境，它已经成为表达人们思想的有力
工具。②

第二，利用附属建筑与装饰突出儒家教育志向。

明伦堂是文庙教育空间中的重要组成部分，是文庙讲

① Henri Lefebvre, *The Production of Space*, Cambridge: Basil Blackwell, 1991, p.42.
② Stuart Elden, *Understanding Henri Lefebvre: Theory and the Possible*. New York: Continuum, 2004, p.189.

学、读书、学礼、弘道、研究之地。它既是学子进学的学习空间，也是培植人才、教化风俗的施教空间。

子曰："学而优则仕。"这句话为儒家知识分子确立了使命与抱负。因此，科举制度兴起以后，儒学教育与科举制度之间的关联日益密切，而文庙县学建筑也非常注重对学生追求仕途的鼓励与祝愿。明正德二年（1507年），知县刘纮复修学宫时，在泮池上架设了三座桥，主桥正中桥面镶嵌"鲤鱼跳龙门"石雕一块，寓意"仕途高升"。正德五年（1510年），为了激励县学生员用心向学，江阴知县王鉠等人专门在文庙竖立了一块《江阴县学科第题名记碑》，以"使后进之来游者，朝夕瞻慕"。此外，江阴县儒学还先后建有乡贤祠、名宦祠、双忠祠等祠庙，立《忠义孝旌表碑》《皇清部定乡贤碑》等，以期达到榜样激励的效果。从北宋时期就建立的御书阁、尊经阁、藏书楼等，更是收藏有御书、御制学规以及御制告成碑、《上谕训斥士子碑》等不同时期的藏书与碑刻，努力在学子中营造出"为国为民""成圣成贤"的读书观。

可见，作为儒家礼制建筑的重要主体，江阴文庙建筑本身无不体现着儒家的教育理想与追求。无论是实体的教育建筑形制，还是整体的建筑空间布局，或是各个建筑物的命名，处处都表征和体现着儒家的教育理念。这种通过建筑、文字和符号系统构建的概念化的空间，成为儒家教育文化与知识系统的重要载体。

今天，作为重要的历史文化遗产，江阴文庙仍然在传承中华优秀传统文化、教育现代人中发挥着重要作用。

风水理念的贯彻

风水，又称堪舆，是中国古代用于宫殿、村落、住宅、墓地选址和规划等的一套原则和方法。尽管孔子曾明确主张

"尽人事"，但风水理念却在事实上影响着人们的心理与行为。

北宋元丰二年（1079年），江阴知县杨孝孺倡导疏浚河道就有风水的考虑。因为时人议论说，江阴科举成绩不彰，是因为文庙门前之水旁流，且庙门面城。于是，在风水理念的指导下，这次文庙的修整，主要措施是在文庙前开挖学前河，引城内护城河之水，东自龙头桥入口，经鸿渐桥绕学宫墙而南，环抱学宫，由西转北而过善政桥接城内经河。[①]通过这次学前河的开挖，江阴文庙不仅有了符合礼制的泮宫，而且，非常巧妙地利用了内城的护城河，形成了一个如官服腰带般的玉带河，寓意非常吉祥。随着时间的推移，原本象征吉祥的玉带河却因年久失修，逐渐淤塞。于是，有了大观四年（1110年）对文庙南部学前河外环境的整治。而在这种自然环境整治的背后，也隐含着中国的风水理论，即"出门无壅，利官学者"。

清道光元年（1821年），江苏学政姚文田认为江阴之所以难出状元，主要是由于庙学"阴阳失调"所致。于是，他让人疏浚文庙学前河，重现玉带河之象。同时，又在江阴中街南侧建大照壁，不设中门，而是在东西留出两个形似"龙眼"的门洞，以形成文庙如卧龙待飞之势。其兴修文庙的动机与理念，也是出于调整风水之意。

可见，随着科举制度的盛行，文庙作为地方官学和书院的所在地，也在无形中受到这种文化的影响。

科举文化的彰显

如果说风水背后隐含的科举文化很难被人体察到，那么文庙中处处彰显出的科举文化要素，则能够被人们很直观地感受到。

---

① 黄伋：《元丰江阴县学开河记》，见正德《江阴县志》卷2《学校》。

为了强化县学的科考功能，早在南宋开禧元年（1205年），江阴知军戴溪就将贡院迁建于文庙军学之东，形成了儒学、贡院、号舍相连的大教育区。明正德二年（1507年），知县刘纮复修学宫，在时习斋、日新斋的左右翼建立了专供科考的号楼。嘉靖十八年（1539年），知县孙应奎修两号楼。万历四十二年（1614年）起，南直隶的学政节署移驻于江阴，并设有试院，按试下江（江苏地区）八府三州生员。江阴在科考中的作用进一步增强。崇祯十一年（1638年），知县万圮在学宫东边、原射圃的观德堂后，增建号舍54间。①此外，文庙中往往还会专门刻立中举士子的题名碑，以起到激励作用。

随着科举文化的盛行，明正德二年（1507年），知县刘纮在学宫石坊门前所建的兴贤坊、育俊坊，逐渐被改造成了表彰科举成绩的光荣榜。江阴文庙现在仍然存有一块正德五年（1510年）刻立的《江阴县科第题名记碑》，其中谈到，立碑的目的之一就是"使后进之来游者，朝夕瞻慕"②。到了清初，在文庙前中街上的两坊，分别被改成了父子同荣坊和兄弟联芳坊，专门刻录父子、兄弟同享科名的江阴优秀士子。而设立这两个坊的目的也是"科名宦爵，往往因人表封，亦以示劝也，其殆成周旌表之意乎"③。

宋时，江阴文庙原有御书阁，充作藏书室。随着明代科举文化的兴盛，明正德二年（1507年），知县刘纮复修学宫时，也在明伦堂后建筑了一座藏书楼，取名"奎文阁"。因为在中国古代，奎星为二十八星宿之一，主管文章，因此古人把孔子比作天上奎星，后多改成"魁星"，与"文曲星"同义，科举高中即被誉为"夺魁"。以"奎文阁"命名，意味着对在文庙儒学内读书士子的期许。万历三十七年（1609

---

① 崇祯《江阴县志》卷1《职方志》。

② 《江阴县科第题名记碑》，此碑现存江阴文庙明伦堂外。

③ 康熙《江阴县志》卷1《提封》。

年），江阴知县许达、教谕戴士杰、训导李应镗和王德淡等人在启圣祠东南建"聚奎亭"。清乾隆二十三年（1758年），江苏学政李因培不满意于儒学与书院的规制，促成一次新的修整扩建，专门建"魁星楼"作为书院正门。

随着学校与科举之间的关系越来越密切，相比于书院来说，明伦堂作为官方教育空间，"课试"已经取代了"讲学"，成为江阴儒学最主要的活动。由岁贡监生而出任江阴训导的赵储，就"勤勉诸生，日有课，月有试，使得士心兴起"。同时，文庙也是举行与科举有关的"入泮""宾兴"等礼仪的主要场所。

所谓"入泮礼"，即是古代学生的入学礼。明清时期，州县考试新进生员，必须入学宫拜谒孔子，因此称入学为入泮或游泮。其内容与流程包括：正衣冠—跨泮池—拜孔子—拜先生—净手—亲供等。如同科举殿试后举行释褐礼一样。地方文庙的入泮礼，实际上是通过科举考试进入县学学习的生员的一次集体亮相，带有表彰的性质，是其改变身份的重要标志和象征，因而为科举士子所重视。除此之外，泮池上的泮桥也被人们习惯性地称为"状元桥"。由古代新进县学生员入泮礼而衍生出来的"走泮桥"风俗，延续至今，已经成为江阴的一种重要民俗。泮桥上装饰的鲤鱼跳龙门图案，也隐含着科举高中的期许。

所谓"宾兴礼"，主要是指在开科考试之前，"府州县地方官为参加乡试的科举生员举行的送别典礼"[1]，此礼大都在文庙举行。"大比之年，凡督学科试优等者，行宾兴礼。先期，儒学官将奉准红批移送县官。择期具书启集诸生。至日，集学宫明伦堂，同拜谒先师，祭奎星。儒学官具酒果于明伦堂饯送。酒一行，儒学官亲送诸生至县堂，县官张彩幄缚彩

① 毛晓阳：《清代宾兴礼考述》，载《清史研究》2007年第3期。

桥，设酒肴鼓乐。县官亲奉觞授几，拜揖如仪。"①江阴文庙现存碑刻中，还有一块雍正五年（1727年）的《李公宾兴田碑》，从中足见宾兴礼与孔庙的关系之密切。

政治生态的扩大

文庙，作为国家礼制的一部分，也是国家政治制度的体现，具有鲜明而崇高的政治地位。

江阴文庙的政治生态，首先离不开其所处的外部环境及其相互关系。自范宗古将江阴文庙迁移到江阴内城军署东南方向之后，江阴文庙与江阴衙署之间的联系就颇为密切。从明万历四十二年（1614年）起，南直隶的学政衙署移驻于江阴，并在江阴设立试院。学政衙署在文庙东南方向，文庙、贡院、学政衙署，共同形成了江阴城内最大的文化教育景观带。更重要的是，学政衙署的驻扎，极大地提升了江阴文庙的教育地位和政治地位。自此之后，历次江阴文庙的重要大修，多有学政的参与，有时甚至是在学政的直接推动之下。比如，明崇祯十年（1637年），学政倪元珙对文庙所有殿、堂、门、庑、阶础、墉垣进行了全面整修，使之俱极坚精。清乾隆二十三年（1758年），江苏学政李因培不满意于儒学与书院的规制，专门为书院兴建魁星楼作为书院的正门。乾隆五十三年（1788年），江苏学政沈初、江阴知县牛兆奎再次倡议大修庙学。道光元年（1821年），江苏学政姚文田认为江阴庙学"阴阳失调"，倡议改造文庙外部环境。

学政衙署的驻扎，还使得江阴文庙的诸多活动，比如春秋大祭等，都可以邀请学政参与，这也直接提高了江阴文庙的政治地位与规格。江阴文庙现存的诸多碑刻中，多有学政

① 嘉庆《东台县志》卷13《祠祀志》。

撰文或更高级官员的参与。

此外，江阴文庙的政治生态，也体现在江阴文庙作为具有重要政治意义的典礼或活动举办地的特殊地位。

官员就职的开启之地：拜谒礼

公元前195年秋，汉高祖刘邦在击败黥布返回长安的途中，亲自到曲阜祭祀孔子，首开封建帝王祭祀孔子的先河。随后，官员纷纷仿效。唐代以来，地方官到任谒庙的惯例逐渐形成。[1]宋代沿袭了唐代的制度，地方官员上任伊始，也需要拜谒文庙及其他诸神。至晚在南宋绍兴十四年（1144年），罗长源向宋高宗奏请："士大夫皆学夫子之道以从政，而不知所自，望令先诣学宫，以彰风化之本。"宋高宗采纳了他的建议，下诏："州县文臣初至官，诣学祇谒先圣，乃许视事。"[2]此后，官员就职谒庙遂成为定例，即所谓"诸侯卿相至，常先谒而后从政"[3]。由此可见，文庙在地方政治中占据着非常重要的作用。

不仅如此，为了进一步凸显文庙的神圣性与重要性，体现对孔子的推崇与敬重，地方官等相关人士在拜谒文庙之际，只能步行进入棂星门内的文庙空间。在江阴文庙棂星门外两侧，至今仍有"文武官员军民人等至此驻轿下马"的下马碑，无怪乎有学者将文庙的教育空间称为"圣域"。

名宦乡贤的展示之窗：乡评风议

官员拜谒文庙，既是官员就职的见证，也是国家以儒家文化治理、教化天下的政策宣誓。新任官员在拜谒文庙时，面对文庙的衰败，常常会心生维护修葺文庙之意，而这些行为，又成为官员尊崇孔子、信奉儒家教化的重要标志，甚至会因此成为官员跻身名宦、乡贤之中的重要资本。在《江阴县志》中，这样的例子数不胜数。

---

[1] 雷闻：《郊庙之外：隋唐国家祭祀与宗教》，三联书店2009年版，第246—250页。

[2] 李心传：《建炎以来系年要录》，中华书局1988年版，第2454页。

[3] 胡珵：《绍兴奉诏新建军学记》，见正德《江阴县志》卷2《学校》。

第一，展示为官政绩。

南宋绍兴五年（1135年）秋，知军王棠下车谒先圣先师，发现江阴孔庙"学为营屯，粪壤荆榛"，惕然改容，并很快就谋求"改治学宫，簿正祭器"[①]。绍定元年（1228年），新任知军颜耆仲拜谒文庙时，发现"棂星门外迫泮桥，内连设戟，浅隘弗称。稍南百步，直接通衢，仅以升俊名坊，而编氓翼居，嚣杂特甚"[②]，于是与博士郭庭坚重新规划，拓展整治文庙外部环境。

明成化二年（1466年），江阴儒学教谕柴诚谈到，江阴文庙"规制宏敞，岁久倾弊，第以工力浩大，卒难修复"。后继的两任知县周君斌、庞永澄连续组织人力兴修，此举得到了人们的肯定："为令者惟当以是为期，而尽心于学校之政"，"将见廷正而天下治者，未必不由于是"[③]，这明显把兴修文庙作为地方官员的主要政绩来考量，并指出了其对引领社会正气的作用。

清乾隆年间，大学士张廷璐曾三任江苏学政。他第一次到江阴视学并拜谒文庙后，就希望能够整修文庙。后来因为县令更动频繁，"商诸教谕田有伊，集邑之缙绅议修"[④]。张廷璐亲自撰文，记录此事。乾隆七年（1742年），刘藻更是明确把江阴文庙的兴修作为江苏学政的职责所在："使者驻节之地，其庙学之修废，与有责焉。"[⑤]

在江阴文庙中，历次文庙兴修或者事关文庙庙产学田的变动，大都有主政官员的积极有为与儒学教官的热心任事。文庙碑记对这些大事的记录，就是对官员为政、学官办学成绩的认可与肯定。

第二，表彰乡贤名宦。

表彰先贤是中国自古就有的传统。到了宋代，随着孔子及

① 方万里：《绍定重修学记》，见嘉靖《江阴县志》卷7《学校记》。
② 方万里：《绍定重修学记》，见嘉靖《江阴县志》卷7《学校记》。
③ 李贤：《江阴县重修儒学记》，见民国《江阴县续志》卷22《石刻记》。
④ 张廷璐：《重修明伦堂碑记》，见乾隆《江阴县志》卷8《学宫》。
⑤ 刘藻：《重修江阴庙学碑记》，见乾隆《江阴县志》卷8《学宫》。

儒家地位的抬升，能够秉持、践行儒家理念的乡贤名宦，也可以在文庙中建立专祠，接受祭祀。此后，乡贤祠、名宦祠逐渐成为文庙的标配性建筑。入祀二祠，则与配祀孔子一样，是成为卓越的儒家知识分子与官员的一种至高荣誉。

早在南宋绍定时期，江阴知军颜耆仲在兴修文庙时就曾提出："名德不尊则何以淑风教，祠宇不肃则何以旌先达。"① 他专门在文庙讲堂右边为江阴先贤葛书思建立清孝公祠，又将范仲淹与前郡守王棠、楼锷、戴溪、赵彦适等人的绘像列于讲堂之后，供学子瞻仰。明成化六年（1470年），南京国子祭酒周洪谟强调："先贤者，后觉之表率，所谓乡先生殁而可祭于社者也，为治者实当尊敬崇奉，以起后人仰慕效法之意。"② 正德时期，乔宇也指出："室以安其止，坊以树其声，祠以别功贤，而人又于是乎知所以向方矣。"③ 可见，名宦乡贤入祀，既是对前人功绩气节的评价与肯定，也是对后人的激励。正因为如此，在大成殿之外，文庙才会附设各种各样的专祠，名宦祠、乡贤祠才能成为后世文庙建筑的重要组成部分。清雍正元年（1723年），礼部仪制清吏司允许江阴县抄出《钦奉恩诏》，认为"旌表忠孝节义，乃彰善大典"④，必须开列勒石，使之永垂不朽。

明清时期，名宦祠、乡贤祠逐渐成为文庙祭祀体系不可分割的一部分。与此同时，统治者对于入祀条件和程序的要求也在不断提高和规范。比如，非德行称者不得入祀，非年久论定者不得入祀。同时，乡贤和名宦也是县志编撰中的重要内容。清代，雍正和乾隆皇帝为了加强对地方的控制，防止地方滥举，曾明确规定，入祀乡贤祠、名宦祠，必须经过乡里公举，从县到省再到中央礼部，层层批示后才能确定；同时，各地县志的新修编定也要经过中央礼部的审定。乾隆

① 方万里：《绍定重修学记》，见嘉靖《江阴县志》卷7《学校记》。
② 周洪谟：《江阴县先贤祠堂记》，见民国《江阴县续志》卷22《石刻记》。
③ 乔宇：《重修庙学记碑》，见民国《江阴县续志》卷22《石刻记》。
④ 乾隆《江阴县志》卷9《祠庙》。

时期，江阴县在新修县志时，因为随意增删乡贤名宦人数而引发了地方士人长达百年的纷争。直至道光二十一年（1841年）经礼部正式给出明确意见，才最终解决。为此，江阴文庙特别立碑一通，以昭慎重。[1]

政治身份的见证之所：释褐礼

作为崇敬孔子的神圣之地，文庙排斥普通人的随意出入。文庙县学作为一县最高学府，只有通过第一级科举考试的人，在获得"秀才"或"生员"资格后，才能进入县学学习，而且有着明确的名额限制，其准入门槛较高。而市井小民、闲杂人等，几乎没有机会进入文庙。因此，文庙也变成了新科士子改变身份的见证地。进出文庙的资格，也是区分人们政治身份的重要标志之一。

唐开元五年（717年），唐明皇李隆基明确下旨："诸州乡贡见讫，令引就国子监谒先师（指孔子），学官为之开讲，质问疑义，有司设食。"[2]自此以后，新进贡举人进谒先师就成为定例。明朝洪武四年（1371年），朝廷也曾下诏："进士释褐，诣国学行释菜礼。"[3]在中国古代，士农工商的身份等级体现在生活的方方面面。以服装为例，在未取得进士身份之前，学子还都只是生员，只能穿着布衣。而在科举殿试之后，就可以脱去普通的布衣，换成表示功名身份的服饰，这就是所谓的释褐，后来逐渐成为科举考试后的一种礼仪。朝廷会分发状元和进士的冠服给国子监，请他们在文庙中先更衣后再进宫谢恩，然后到文庙拜谒先师孔子，举行完释菜礼后，才能换回日常的服装，并把原有冠服再送到国子监收藏。明清以后，地方文庙也开始效仿京城国子监文庙，为取得举人功名者举行释褐礼。

[1] 光绪《江阴县志》卷7《秩祀》。
[2] 庞钟璐：《文庙祀典考》卷5《昭代礼制》，光绪戊寅家藏本。
[3] 《大明会典》卷91《礼部·月朔释菜仪》。所谓"释菜仪"或"释菜礼"，祭祀先师孔子的一种仪制，祭祀用品比释奠礼简单。

国家成就的宣教之机：告成礼

《通典》说："古者天子将巡狩，必先告于祖，命史告群庙及社稷、圻内名山大川。"①后来，祭告的对象扩大到了孔庙。北宋淳化三年（992年）时，祭告"群庙"的范围已经涵盖了文宣庙、武成庙等。②不过，在清代之前，祭告文庙的对象仅限于曲阜孔庙或国家孔庙。入清之后，为了彰显自己的文治武功，康熙、雍正、乾隆三位皇帝，依据《礼记·王帝》中的古制"出征，执有罪；反，释奠于学，以讯馘告"，开始把自己的军事功绩撰成专文以告孔子，并颁布至全国文庙，教育士子。比如，康熙的剿灭噶尔丹告祭先师孔子文，雍正的平定青海告成太学碑文，乾隆的平定金川、准噶尔、回部等的告成太学碑文。虽然告成礼是在文庙太学举行，但江阴等地方文庙均曾模勒这些御制碑文。直到今天，江阴文庙现在依然藏有四块清代告成碑。

帝王训教的意志表达：劝诫碑

实际上，文庙所体现的国家意志还表现在帝王的直接劝导或训诫上。

南宋时期，江阴知军颜耆仲重修军学时，曾在江阴文庙外门增建一座御书阁。顾名思义，就是供奉皇上御书的阁楼。其内藏真宗的《文宣王赞》、徽宗的《付河北籴便司御札》《大成殿额》《八行八刑》、高宗的《御书孝经》、理宗的《新士风》，其刻石立碑的时间，从北宋大中祥符六年（1013年）到南宋宝庆三年（1227年）。③

明清时期，明太祖朱元璋和清顺治、康熙、嘉庆，都曾经颁布过学校禁例或训斥士子碑；康熙、雍正还先后颁布《圣谕广训》及其讲解，要求定期对文庙士子进行宣讲教育。

---

① 《通典》卷55《礼十五·告礼》。
② 《宋史》卷102《志第五十八·吉礼》。
③ 杨印民辑校：《宋江阴志辑佚》卷2《学校》，天津古籍出版社2016年版。

由此可见，作为国家和地方重要的礼制性建筑，江阴文庙从选址到布局，从自然生态到人文生态再到政治生态，都力图把文庙打造成为江阴地方崇祀孔子等儒家先贤、实行儒学教化的文化教育中心。

03>

江阴文庙的
祀制与礼仪

文庙殿祠奉祀人物

祭祀孔子的规制与用品

祭祀人员与程序

"凡治人之道，莫及于礼；礼有五经，莫重于祭。"①祭祀起源于原始社会，最初是由人类对自然、祖先的敬畏与崇拜逐渐发展起来的，是华夏文明的一部分。祭祀的对象主要有天神、地祇以及人神三类。在江阴，最早出现的人物庙是春秋时期的江阴先贤延陵季子庙。作为吴王寿梦第四子，季札三次让国的贤德深受当时和后世人的景仰。在他去世后，江阴人为了纪念他，就在他的墓旁建庙，世代祭祀。更始元年（23年），有神童之称的河南人任延被任命为会稽都尉，其上任伊始，"先遣馈礼祠延陵季子"②。

　　与季子并称的孔子之庙，在江阴出现时间虽晚，但其作为国家正式祭典的对象，祭礼却更加神圣、规范。随着孔子地位的提升，孔门中的杰出弟子、信奉孔子儒家学说的后世大儒以及孔子的先祖也一并受到祠祀。同时，对于地方发展做出卓越贡献的名宦、乡贤，也开始在文庙中享有专祠，文庙内祭祀区的建筑、奉祀的人物逐渐增多。不过，他们的祭祀时间与规格，特别是祭品、祭祀所用礼乐仪式、参与祭祀的人员等，均有不同的规定。

---

① 《礼记·祭统》。
② 《后汉书·循吏列传·任延》。

文庙殿祠
奉祀人物

大成殿的奉祀

文庙之建，最初就是为了奉祀孔子，大成殿则是祭祀孔子的主要空间。不过，按照中国古制，凡祀必有配，大成殿中除了奉祀孔子，还有配享之人，主要是孔子的弟子及后世儒家的代表，以表彰他们在儒家道统延续与弘扬中的作用。随着时间的推移，孔子与儒家文化的地位不断抬升，文庙中祭祀的人物数量也在不断扩大，形成了以祭祀孔子为核心，包括四配、十二哲、先贤、先儒等人在内的一个庞大的祭祀对象群。当然，在不同历史时期，先贤、先儒的数量和人员会稍微有些变化。

孔子

由于历代朝廷对于孔子的封号、祭祀用典的规定均有差异，所以，大成殿中孔子的奉祀规格在不同时期也不完全一致。

按照朱熹的说法，"释奠，据开元礼只是临时设位，后来方有塑像"①。明洪武十四年（1381年），朱元璋曾经下令，

---

① 朱熹：《绍熙州县释奠仪图》，见《四库全书·史部十三》。

"自天子以下，象不土绘，祀以神主"，但"易去塑像亦据法制而言，其实诸处置城隍犹像塑也"①，则文庙孔子塑像可能与此类似，各地并不一定完全遵从。嘉靖十年（1531年），朝廷再次明确发布上谕，要求调整孔庙祭祀规格，不再塑像而是改用木主神牌。此时江阴文庙及大成殿，"祀圣贤用木主，去像；易封号，改曰'先师庙'"②。

清乾隆时期，江阴文庙大成殿中，设有先师神位，座前立石刻像。不过，由于圣像"旧近神案，高不逾几"，在后来修建时，又为之匹配了一个基座，"至是崇奉于神堂高座"③。咸丰十年（1860年）以后，因为太平军与清军在江阴展开的拉锯战和争夺战，江阴文庙遭到兵焚，"殿屋被毁，孔子像亦焚废"，以至于在太平军撤出以后，最初的祭孔典礼不得不借在城隍庙进行。重新修复后，江阴文庙大成殿中并未塑像，而是"敬悬拓本，并奉木主，高三尺三寸七分，阔四寸，厚七分，座高四寸，阔七寸，厚三寸，朱地金书'至圣先师孔子神位'"。④

江阴文庙奉祀的孔子像

① 正德《江阴县志》卷2《坛祠》。
② 嘉靖《江阴县志》卷7《学校记》。
③ 光绪《江阴县志》卷5《学校》。
④ 光绪《江阴县志》卷5《学校》。

1995年文庙全面修复时，在大成殿正中神龛内供奉孔子塑像。塑像头戴十二旒之冕，手执镇圭，身着十二章之服，坐高 2.8 米，神态"温而厉，威而猛，恭而安"。坐像前供奉孔子的牌位，高 1.4 米，宽 0.75 米，边缘雕镂五条金色盘龙，腾云驾雾，栩栩如生。牌位正中，红底金字，上书"至圣先师孔子神位"，庄严肃穆。

四配

所谓四配，是指继承并发扬孔子学说最出色的四位儒家先贤，即复圣颜子、宗圣曾子、述圣子思、亚圣孟子。在孔庙的从祀制度中，四配从祀虽是逐渐形成的，但在南宋咸淳三年（1267年）时已经正式确定。

颜子，名回，字子渊。他是孔子最为欣赏的弟子，在《论语》中多次被孔子赞誉"好学""不贰过，不迁怒"。在他去世时，孔子曾异常悲痛地说"天丧予"。因为他的德行突出，又死在孔子之前，所以，汉代不再并祀周公、孔子之后，颜回就作为孔门七十二贤弟子之首，配享孔庙。在唐代之前的很长一段时间里，颜回是唯一配享孔庙的孔门弟子。在确立四配名单之后，南宋朝廷还明确规定，颜回为四配之首。

曾子，名参，字子舆。他与其父亲曾点都曾跟随孔子学习。在孔门之中，曾子资历相对较浅，但由于在孔子去世后，他曾经照顾和教导过孔子的孙子子思，其门人更是参与了《论语》的编撰。他自己也曾作《大学》篇，论述儒家修身、齐家、治国、平天下的政治理想，对儒家学说的传承起到了重要的作用。因此他在后世中的地位不断得到抬升。他是最早赢得与颜回同等地位、得以配享孔庙的孔门弟子，时间在唐睿宗太极元年（712年），但只有很短的一段时间。随后，其地位一度下降，到南宋咸淳三年（1267年），才与子思一起再次被列入四配。

子思，名伋，字子思。孔鲤之子，孔子的嫡孙。他所编的《中庸》一书，后来与《论语》《大学》《孟子》合称为"四书"。不过，由于出生晚、辈分低，地位提升较慢。北宋徽宗时期，子思才被列为从祀贤人。至南宋理宗时期，升入十哲。南宋咸淳三年（1267年），与曾子一起进入四配的行列。

孟子，名轲，字子舆。他自称是子思的私淑弟子，大力阐扬儒家学说，被看作思孟学派的重要代表人物。在唐代，韩愈把他作为先秦儒家中孔子"道统"的唯一传人。北宋元丰七年（1084年），他就已经进入配享之列，被后世尊称为"亚圣"。

由于江阴距离杭州较近，位于南宋王朝京畿周边，因此，南宋时期的江阴文庙紧随朝廷法度，在祭祀孔子的同时奉祀四配。按照朱熹的说法，在宋代文庙中，"颜孟配享始亦分位于先圣左右，后来方并坐于先圣之东、西向……孔子居中，颜孟当列东坐、西向"[1]。此后各地文庙的排序，也都按照朱熹确定的位置图设置。

光绪时期，江阴文庙大成殿内，"东奉复圣颜子、述圣子思子位，西奉宗圣曾子、亚圣孟子位"。中国儒家强调"尊卑有序"，严格遵守礼制，因此，如果说乾隆时期大成殿中孔子有小型石像，则等级低于孔子的四配，即便有石像，其规格尺寸也会更小，甚至可能没有石像，而只有木主。光绪时期，四配的神主规格一致，均略低于孔子，"位高一尺五寸，阔三寸二分，厚五分，座高四寸，阔六寸，厚二寸八分，俱朱地金书"[2]。

1995年江阴文庙重修时，孔子塑像两侧是高2米的四配

① 朱熹：《绍熙州县释奠仪图》，见《四库全书·史部十三》。
② 光绪《江阴县志》卷5《学校》。

江阴文庙奉祀的四配像

坐像。塑像均头戴九旒冠，身穿九章服，手执躬圭，坐于木制描金神龛内。坐像前也均有神主，上面分别书写着他们各自的封号。四配和十二哲旁边的木龛上雕刻有金色凤凰和花纹，位置仍如光绪时期排列。

十二哲

如果说四配是孔庙配祀的第一等级的话，那么十二哲则是孔庙配祀的第二等级。最初，配享孔庙的孔门弟子被称为"十哲"，主要是根据《论语·先进》篇中孔子对弟子的评价而来："德行：颜渊、闵子骞、冉伯牛、仲弓；言语：宰我、子贡；政事：冉有、季路；文学：子游、子夏。"[1]作为孔门中杰出弟子的代表，十哲在德行、言语、政事、文学等方面各有专长，表明了孔子教育内容与成就的广泛性。唐开元八年（720年），唐玄宗李隆基发布诏令，在祭祀孔子时让这十位弟子配享，十哲配享孔庙遂成为定例。

南宋端平二年（1235年），子思升入哲人之列，这时孔门哲人的人数已经变为十一人。南宋咸淳三年（1267年），

---

[1]《论语·先进》。

颜回、曾参、子思、孟子升为四配，由曾子的父亲曾点与孔子弟子子张补入十哲之列。

清康熙五十一年（1712年），朝廷决定在孔庙中增祀宋代理学大师朱熹为第十一哲；清乾隆三年（1738年），朝廷再次增补有若为第十二哲。自此以后，清代孔门十二哲的人选遂为定例。

唐代十哲的位次采用鱼贯制，将所有配享人员依次排开。宋代朱熹开始确定了东西交替排列的方式。此后，遂成为定例。

清乾隆时期，十二哲的木主序次东西对列。与四配两两享用一个神龛相比，十二哲由于人数较多，只能六位共享一个神龛："在东西序各一龛，东奉先贤闵子损、冉子雍、端木子赐、仲子由、卜子商、有子若位；西奉先贤冉子耕、宰子予、冉子求、言子偃、颛孙子师、朱子熹位。亦东西向，位高一尺四寸，阔二寸六分，厚五分。座高二寸六分，阔四寸，厚二寸，俱朱地金书，殿屋正悬列圣御书匾额。"[1]但其位置次序与《文庙祀典考》中大成殿祀位图中十二哲的位次顺序并不一致。

乾隆时期江阴文庙奉祀十二哲木主位次表

西侧先贤	东侧先贤
先贤仲子，名由，字子路，卞人	先贤闵子，名损，字子骞，鲁人
先贤言子，名偃，字子游，吴人	先贤冉子，名耕，字伯牛，鲁人
先贤卜子，名商，字子夏，卫人	先贤冉子，名雍，字仲弓，鲁人
先贤有子，名若，字子若，鲁人	先贤宰子，名予，字子我，鲁人
先贤颛孙子，名师，字子张，陈人	先贤端木子，名赐，字子贡，卫人
先贤朱子，名熹，字元晦，新安人	先贤冉子，名求，字子有，鲁人

（资料来源：乾隆《江阴县志》卷8《学宫》）

① 乾隆《江阴县志》卷8《学宫》。

道光十三年（1833年），江阴文庙董事祝登墀之子维祺，偕张世承董理文庙工程，重制配序神位、神橱、神案。很可能在这次整修中，对十二哲神位的次序进行了重新调整。

光绪时期江阴文庙奉祀十二哲木主位次表

西侧先贤	东侧先贤
先贤冉子，名耕，字伯牛，鲁人	先贤闵子，名损，字子骞，鲁人
先贤宰子，名予，字子我，鲁人	先贤冉子，名雍，字仲弓，鲁人
先贤冉子，名求，字子有，鲁人	先贤端木子，名赐，字子贡，卫人
先贤言子，言偃，字子游，吴人	先贤仲子，名由，字子路，卞人
先贤颛孙子，名师，字子张，陈人	先贤卜子，名商，字子夏，卫人
先贤朱子，名熹，字元晦，新安人	先贤有子，名若，字子若，鲁人

（资料来源：光绪《江阴县志》卷5《学校》）

1995年，江阴文庙重修时，大成殿内也塑有十二哲坐像，也均头戴九旒冠，身穿九章服，手执躬圭，塑像均坐于木制描金神龛内，其东西位次与光绪时期的木主位次相同，但不再是位于四配南边，而是在四配两侧，三人一组，共有六龛。

江阴文庙奉祀的十二哲像

东西两庑的奉祀

在文庙的从祀等级中，在四配、十二哲之后，还有第三和第四个等级——先贤与先儒。其中，先贤多指孔门弟子，先儒则为历代著名学者大儒。先贤者须以明道修德为主，先儒者须以传经授业为主。这种区分始于唐代。唐贞观二十一年（647年），唐太宗命令太学，在每年祭祀孔子时，将左丘明、公羊高、伏胜等22人配享孔庙，是为"先儒"。唐开元二十七年（739年），唐玄宗李隆基在确定了十哲人选之后，把除十哲外的其他孔门弟子，按照低于十哲地位的礼节进行从祀，是为"先贤"。

由于孔子教育成绩出众，门下杰出弟子颇多，再加上后世中国统治者倡导儒学，在儒学发展的过程中也不断有杰出人物出现。后世各个朝代，在严格祭祀先贤、先儒人选的同时，也不断把本朝的大儒列入孔庙附祀的先贤、先儒中，以彰显自己传承与弘扬儒学的成绩。因此，配祀孔庙的先贤、先儒人数较多，且不断增加。

由于儒家学说的不断发展、国家对儒家思想的选择与认定等诸多因素，在不同历史时期，先贤、先儒的入祀资格与人员变动也较大。比如，北宋崇宁三年（1104年），王安石因为变法有功而得以配享孔庙，位次仅在孟子之下。但新法被废不久，靖康元年（1126年），朝廷决定罢黜王安石在孔庙的配享。明代，有关孔庙从祀资格与标准的争论逐渐增多。比如成化末年，丘浚主张："自唐人列祀诸儒，如荀况之性恶、扬雄之诎身、王弼之虚无、贾逵之谶纬、戴圣之贪残、马融之荒鄙、杜预之短丧，多得罪圣门者。"[1]强调把德行作为真儒认定的重要标准，要求以"德行有亏"把这几个

---

[1] 丘浚：《大学衍义补》卷80《崇师儒以重道》。

人从孔庙从祀名单中罢黜。随后，程敏政于《奏考正祀典》中，提出了一个新的因德行有亏、学术有失而应罢祀孔庙的先儒名单，除丘浚提出的7人外，还包括公伯寮、刘向、王肃、郑众、卢植、郑玄、服虔、范宁等人。明嘉靖九年（1530年），皇帝发布上谕，厘定祀典，将从祀孔庙的5个人罢黜孔庭，分别是："诬陷忠良"的马融，"建短丧之议"的杜预，"尚老庄之学"的王弼，"美化新莽，大义不存"的杨雄，"以性为恶，以礼为伪，大本已失，更学何事"的荀况。

宋代以前，孔庙祀位均设于殿上，宋代由于人数的增多，开始出现了两庑之设，专门供奉从祀诸儒。据记载："（宋）太祖因周国子监增修之，塑先圣亚圣十哲像，画七十二贤及先儒二十一人像于东西庑之木壁。"①但是，宋初，先贤、先儒的祀位排列，仍沿用唐代的制度，采用鱼贯制的单线排列法，"七十二人先是排东庑三十六人，了却方自西头排起"。在朱熹看来，各州县学文庙对于先贤、先儒的排序方法，并不符合礼制秩序。"某经历诸处州县学，都无一个合礼序。"所以，绍熙五年（1194年），朱熹专门撰成《绍熙州县释奠仪图》，对孔庙祀位进行改进，以东为尊，东西交错相对排列，即第一、三、五、七依次于东庑排序，第二、四、六、八则在西庑列位，以此类推，以年代先后为序。

清康熙五十年（1711年），诏朱子升附正殿。雍正三年（1725年），朝廷诏进本朝御史陆陇其从祀。到乾隆时期，文庙从祀先儒、先贤共有123位。②道光时期，东西两庑各七间，东祀先贤39位，先儒26位，西祀先贤38位，先儒26位，共129位。③到了光绪时期，东庑增至73位；西庑增至72位，合计145位。④

① 庞钟璐：《文庙祀典考》卷3《祀典溯源》，光绪戊寅家藏本。
② 乾隆《江阴县志》卷8《学宫》。
③ 道光《江阴县志》卷5《学校》。
④ 光绪《江阴县志》卷5《学校》。

光绪时期江阴文庙东西庑奉祀先贤、先儒位次表

西庑先贤	东庑先贤
蘧子，名瑗，字伯玉，卫人	公孙子，名侨，字子产，郑人
澹台子，名灭明，字子羽，鲁人	林子，名放，字子正，鲁人
宓子，名不齐，字子贱，鲁人	原子，名宪，字子思，鲁人
公冶子，名长，字子长，齐人	南宫子，名适，字子容，鲁人
公皙子，名哀，字季沈，齐人	商子，名瞿，字子木，鲁人
高子，名柴，字子羔，卫人	漆雕子，名开，字子若，又字子开，蔡人
樊子，名须，字子迟，齐人	司马子，名耕，字子牛，宋人
商子，名泽，字子秀，鲁人	梁子，名鳣，字叔鱼，齐人
巫马子，名施，字子期，鲁人	冉子，名孺，字子鲁，鲁人
颜子，名辛，字子卿，鲁人	伯子，名虔，字子析，鲁人
曹子，名邺，字子循，蔡人	冉子，名季，字子产，鲁人
公孙子，名龙，字子若，楚人	漆雕子，名徒父，字子文，鲁人
秦子，名商，字子丕，楚人	漆雕子，名哆，字子饮，鲁人
颜子，名高，字子骄，鲁人	公西子，名赤，字子华，鲁人
穰驷子，名赤，字子徒，秦人	任子，名不齐，字选，楚人
石子，名作蜀，字子明，秦人	公良子，名孺，字子正，陈人
公夏子，名首，字子成，鲁人	公肩子，名定，字子仲，鲁人
后子，名处，字子里，齐人	邬子，名单，字子家，楚人
奚子，名容蒧，字子皙，鲁人	罕父子，名黑，字子索，鲁人
颜子，名祖，字子襄，鲁人	荣子，名旗，字子祺，鲁人

江阴文庙研究

（续表）

西庑先贤	东庑先贤
勾井子，名疆，字子疆，卫人	左人子，名郢，字行，鲁人
秦子，名祖，字子甫，秦人	郑子，名国，字子徒，鲁人
县子，名成，字子祺，鲁人	原子，名亢，字籍，鲁人
公祖子，名句兹，字子之，鲁人	廉子，名洁，字庸，卫人
燕子，名伋，字子思，秦人	叔仲子，名会，字子期，鲁人
乐子，名欬，字子声，鲁人	公西子，名舆如，字子上，鲁人
狄子，名黑，字子皙，鲁人	如邦子，名巽，字子敛，鲁人
孔子，名忠，字于茂，鲁人	陈子，名亢，字子禽，陈人
公西子，名蒇，字子尚，鲁人	琴子，名牢，字子开，卫人
颜子，名之仆，字子叔，鲁人	步叔子，名乘，字子车，齐人
施子，名之常，字子恒，鲁人	秦子，名非，字子之，鲁人
申子，名枨，字子续，鲁人	颜子，名哙，字子声，鲁人
左子，姓丘，名明，小邾国人	颜子，名何，字冉，鲁人
秦子，名冉，字开，蔡人	县子，名亶，字子象，鲁人
公明子，名仪，鲁人	牧子，名皮，鲁人
公都子，名或	乐子，名正克，鲁人
公孙子，名丑，齐人	万子，名章，邹人
张子，各载，字子厚	周子，名敦颐，字明道
程子，名颐，字茂叔	程子，名颢，字伊川
	邵子，名雍，字尧夫

西庑先儒	东庑先儒
谷梁子，名赤，字元始，鲁人	公羊子，名高，齐人
高堂子，名生，字伯秦，鲁人	伏子，名胜，字子贱
董子，名仲舒	毛子，名亨
刘子，名德	孔子，名安国，字子国
毛子，名苌	后子，名苍，字近君
杜子，名子春	许子，名慎，字叔重
诸葛子，名亮	郑子，名康成
王子，名通，字子掩	范子，名宁
韩子，名愈，字退之	陆子，名贽，字敬舆
胡子，名瑗，字翼之	范子，名仲淹，字尧夫
韩子，名琦，字稚圭	欧阳子，名修，字永叔
杨子，名时，字中立	司马子，名光，字君实
尹子，名焞，字彦明，一字德充	谢子，名良佐，字显道
胡子，名安国，字康侯	罗子，名从彦，字仲素
李子，名侗，字愿中	李子，名纲，字庐中
吕子，名祖谦，字伯恭	张子，名栻，字敬夫
袁子，名燮，字和叔	陆子，名九渊，字子静
黄子，名干，字直卿	陈子，名淳，字安卿
蔡子，名沈，字仲黯	真子，名德秀，字景元
魏子，名了翁，字华父	何子，名基，字子恭
王子，名柏，字会之	文子，名天祥，字宋瑞，又字履善
陆子，名秀夫，字君实	赵子，名复

（续表）

西庑先儒	东庑先儒
许子，名衡，字仲平	金子，名履祥
吴子，名澄，字草芦	陈子，名澔，字可大
许子，名谦，字益之	方子，名孝孺，字希直，又字希古
曹子，名端，字正夫	薛子，名瑄，字德温
陈子，名献章，字公甫	胡子，名居仁，字叔心
蔡子，名清，字介夫	罗子，名钦顺，字允升
王子，名守仁，字伯安	吕子，名丹，字仲木
吕子，名坤，字叔简，又字心吾，新吾	刘子，名宗周
黄子，名道周，字幼玄，又作幼平或幼元	孙子，名奇逢，字启泰
陆子，名世仪，字道威	陆子，名陇其，字稼书
汤子，名斌，字孔伯	张子，名伯行，字孝先

（资料来源：光绪《江阴县志》卷5《学校》）

作为儒家道统的制度化确认，孔庙从祀制度直接反映着国家的政教制度和儒家学术的真实动向。一部孔庙从祀史实则是一部真正的儒家学术史。诚如明人霍韬为请祀明初大儒薛瑄时所说一样："历代从祀孔庭之儒，若孔门七十二贤，则亲炙圣化者也；汉儒，则搜辑圣经者也；唐儒，则疏注圣经者也；宋儒，则阐明圣经者也。"此皆"躬任斯道，羽翼绍明，夫皆有功后学，列诸祀典亦崇德报功之义也"[1]。

由于文庙奉祀人员之间具有鲜明的等级性，因此，其牌位规制也有相应的差别。

---

[1]《泮宫礼乐疏》卷2《从祀沿革疏》。

光绪时期江阴文庙孔子、四配、十二哲、先贤、先儒牌位规制

神主	神位规格			神座规格		
	高	阔	厚	高	阔	厚
孔子	三尺三寸七分	四寸	七分	四寸	七寸	三寸
四配	一尺五寸	三寸二分	五分	四寸	六寸	二寸八分
十二哲	一尺四寸	二寸六分	五分	二寸六分	四寸	二寸
先贤	一尺四寸	二寸六分	五分	二寸六分	四寸	二寸
先儒	一尺三寸四分	二寸三分	四分	二寸三分	四寸	二寸

（资料来源：光绪《江阴县志》卷5《学校》）

　　1995年，江阴文庙复建后，大成殿的东西两侧，有厢房40间，长70米，屋面花脊黑瓦，长廊红柱方砖，十分雅朴，给人以宁静、简洁的感觉。但是，东西两侧厢房里并没有再附设先贤、先儒祀位，而是将之改造成了图书阅览室与各种国学讲堂、展览室。

江阴文庙厢房内举办的书画展

崇圣祠的奉祀

崇圣祠，旧为启圣公祠，也称启圣殿、五王殿。由于孔子奉行有教无类，在跟随孔子学习的门人中，不乏父子同列弟子的情况。唐宋时期，随着孔庙从祀人员队伍的扩大，颜回、曾参、孔伋、孟轲的父亲，也均得享封号，并从祀文庙。但是，与他们的儿子相比，由于他们在儒家文化的传承中功绩并不突出，所以在先儒、先师的排位中，反而在自己的儿子之下，这就造成了孔子与四配、十二哲在大殿，而他们的父亲只能在两庑的局面。这种情况，引起了崇尚孝道的儒家知识分子的疑虑与不安。

明正德十六年（1521年），因为明世宗朱厚熜以地方藩王入主皇位，为了给自己的亲生父亲兴献王上"皇帝尊号"，朝堂上爆发了一场旷日持久的大礼议事件。由于此事牵涉儒家孝道，孔庙从祀中的父子地位不当问题也引起了人们的关注。嘉靖九年（1530年），嘉靖皇帝下令，改称叔梁纥为"启圣公"，并且下令国子监、各地的文庙都要设立启圣祠来祭祀启圣公，颜、曾、孔、孟之父都配享启圣祠，称为"先贤"。嘉靖十二年（1533年），江阴知县李元阳遵令在文庙观德堂正南建启圣公祠，祀孔子父叔梁纥，并以颜回、曾参、孔伋、孟轲、"二程"与朱熹之父配享。

清雍正元年（1723年），雍正下诏令启圣祠改为崇圣祠，专门祭祀孔子的五世祖先，又追封孔子以上五代祖先为王，所以崇圣祠也被称为五王殿。乾隆二年（1737年），江阴知县蔡澍大兴土木扩启圣祠为五王殿。殿有五间，正中南向，奉肇圣王木金父公木主；东一室南向，奉裕圣王祈父公木主；西一室南向，奉诒圣王防叔公木主；东二室南向，奉昌圣王伯夏公木主；西二室南向，奉启圣王叔梁公木主。东设先贤孔氏孟皮、先贤颜氏无繇、先贤孔氏鲤位，西设先贤曾氏晳、先贤孟孙氏激位，位制同四配。次东设先儒周氏辅成、先儒程氏珦、先儒蔡氏元定位；次西设先儒张氏迪、先儒朱氏松位，位制同十二哲。[1]后来，在同光年间重修之后，崇圣祠缩小为三间，正殿中南向五龛，依次而前，中供肇圣王木金父公，左供裕圣王祈父公，右供诒圣王防叔公，左次供昌圣王伯夏公，右次供启圣王叔梁公神位，位制均同先师孔子。

光绪时期江阴文庙崇圣祠殿奉祀位次表

启圣王叔梁公，诒圣王防叔公，肇圣王木金父公，裕圣王祈父公，昌圣王伯夏公（位制同先师）	
西配先贤	**东配先贤（位制同四配）**
曾氏晳	孔氏孟皮
孟孙氏激	颜氏无繇
	孔氏鲤
次西先儒	**次东先儒（位制同十二哲）**
张氏迪	周氏辅成
朱氏松	程氏珦
	蔡氏元定

（资料来源：光绪《江阴县志》卷5《学校》）

[1] 乾隆《江阴县志》卷8《学宫》。

名宦、乡贤祠的奉祀

所谓名宦和乡贤，主要是指对地方发展做出重要贡献、素有政声、深得百姓爱戴的地方官员士绅和孔孟之道的儒家先贤在地方上的代表。

江阴文庙祭祀名宦、先贤，始于宋代。南宋理宗绍定时期，江阴儒学教授赵汝昔、知军赵彦适曾捐出大笔薪俸，大兴江阴庙学。当时，江阴士人为了感念他的功德，"肖侯像于堂之东偏，以示不忘"。随后，郡守颜耆仲又"立清孝公祠于讲堂之右"，以纪念江阴先贤葛书思，并将范文正与前郡守王棠、楼锷、戴侯溪、赵彦适的群像环列于堂之后。后来，为了便于祭祀，将所有这些人合为一室，"而立先贤祠于讲堂之左"。这就是江阴文庙先贤祠的前身。这5人中，范文正既非江阴人，也没有在江阴任官，但因其为江阴留下了第一篇文庙重修的记录，再加上其在宋代儒家知识分子和兴学改革中的巨大号召力，所以也被列入祠祀之列。可见，这一时期，只要是被认为对地方教育和治理做出过重要贡献、值得后人景仰纪念的地方士人或官员，都有资格进入文庙先贤祠。

明成化六年（1470年），常州府同知谢庭桂、江阴县尹王秉彝在江阴文庙县学内东南角建先贤祠，"以祀季子及宋三公，而增以圣朝洪武初国子司业、邑人孙公作"[1]。随后，江阴先贤祠的祠祀对象调整为吴季札、丘崇、葛邲、蒋静、孙作、吴良、吴桢7人。弘治七年（1494年），江阴知县黄傅新建名宦、乡贤二祠，分别位于棂星门的东西两边，其中，名宦祠祠祀11人，乡贤祠祠祀18人。这时，名宦、乡贤祠的祠祀对象迅速增加，且二者的区分标准开始明确：名宦指在

① 正德《江阴县志》卷2《坛祠·名宦祠》。

本地做官、为政有德、成绩卓著的外地官员；乡贤主要是指对本地发展做出重要贡献、风评较好的本地人。当时的人提出："诸小善虽有足称而大节可议，一时不无近惠而后世斩焉者，虽经前人表章，亦从革议。"[1]因此，范仲淹虽然功德不存在异议，但因为从未在江阴任事，被从名宦祠中除去；在乡贤中，蒋静是因为曾撰《政和圣德致瑞乌赋》，迎合地方主簿向皇帝进献祥瑞之事而被除名。[2]

嘉靖二十七年（1548年），江阴名宦、乡贤二祠分别祠祀36人和24人，共60位，较之前增加了一倍还多。此时，二祠的祠制已经完备，"俱周垣延缭，北为正堂，前为前堂，又前为门，其祭祀仪物，俱有成式"[3]。崇祯十三年（1640年），文庙名宦祠祠祀名宦增加了知县赵锦、钱铮、李芳，主簿曹廷慧，教谕林烈、王之夔等6人，变成了42人；乡贤祠则增加了旌表孝子赵铉巩、张衮、薛甲、张汝翼、缪昌期、李应昇、顾言、袁一骥等8人，达到了32人。总人数为74人。[4]其中，对于元代之前的祠祀对象，未有更动；对于明代人物，除了赵铉巩是明初人士，带有追祀性质外，其他人都是在嘉靖以后涌现的人物。可见，这时名宦、乡贤的基本原则就是以补充性的新增为主。其中，缪昌期与李应昇是在明崇祯元年（1628年）冬入乡贤祠，教谕王之夔是崇祯十年（1637年）入名宦祠。[5]

入清之后，朝廷对于名宦、乡贤的入祠标准开始变得严格。不过，截至光绪四年（1878年），文庙名宦祠所祀名宦也增加到了65人，比明代增加了23人。在江阴近两千年的历史中，大小官员也当有数千人，所得名宦者仅有65人。这一方面说明名宦的入祠标准之高，另一方面也反映了在传统的王朝政治下，官员们大都庸碌无为，真正政绩突出者也相对

① 正德《江阴县志》卷2《坛祠·名宦祠》。
② 嘉靖《江阴县志》卷2《提封记（上）》。
③ 嘉靖《江阴县志》卷6《秩祀记》。
④ 崇祯《江阴县志》卷1《职方志·学宫》。
⑤ 崇祯《江阴县志》卷1《职方志·学宫》。

较少。值得注意的是，也有极个别的人会在入祀名宦后被罢祀，这主要并不是因为其政绩德行，而是考虑到对于地方政治的贡献。据光绪《江阴县志》记载："其未祀名宦传八十人内，原见蔡志者六十八人，见府志旧志者五人，新增七人，与崇祀非题定不得入者不同，宜存其传，以志遗爱，所去蔡志二传，查非宦于江邑者，未便沿入。"①

从光绪《江阴县志》所载名宦的年代分布来看，后梁时期始有第一位名宦司马公刘筠，这也在一定程度上说明，在中华文明的发展早期，江阴独立为郡县的时间较晚，政治地位较低。至南唐时期，江阴虽为江南腹地，名宦也仅1人。但入宋之后，江阴地位突出，一度升州，名宦数量增多，共有20人。元代有4人。入明之后，有23人。清代则有18人。从列入名宦官员的官职来看，其中，包括学政、教授、教谕、训导在内的学官共有17位，占到全部名宦的1/5，与地方学官相对较低的地位、相对较少的人数相比，学官进入地方名宦的机会是比较高的，这也可以从一个侧面反映出朝廷对于儒学教化功能的推崇与认可。在这17位学官中，宋代5位，明代6位，清代也有6位，各个朝代之间差别不大。但是，宋代和明代的学官主要以江阴本地教授、教谕和训导为主；明代后期，虽然江苏学政已经开始驻扎江阴，但只有学政亓玮璋进入了名宦之列；而入清之后，进入江阴名宦的7位学官全部为江苏学政，地方教育官员基本上丧失了跻身名宦行列的机会。这一方面说明了江苏学政在江阴地方教育发展中做出了巨大的贡献，但另一方面也说明，在与学政同地办公的情况下，江阴地方学官的办学自主性受到了一定程度的抑制，其办学成绩也难以被彰显与承认。

---

① 光绪《江阴县志》卷7《秩祀》。

光绪时期江阴文庙名宦祠奉祀名宦一览表

年代	职务与姓名
后梁	县令司马公筠
南唐	县令赵公和
宋	知军崔公立
	知军王公棠
	知军徐公蒇
	知军楼公锷
	知军施公迈
	知军戴文端公溪
	知军赵公彦适
	知军颜公耆仲
	知军史公寓之
	知县杨公孝孺
	知县林公庚
	教授郑公潀
	教授尤文简公袤
	教授郑公应申
	教授郭公庭坚
	教授史公蒙卿
	县丞于公溥
	县丞楚公执柔
	县尉袁公燮
	浙江路马步军副总管李公宝

（续表）

年代	职务与姓名
元	州尹张公绍祖
	昭勇大将军蒙古丑厮公明
	州尹李公师善
	州同韩公抟
明	江阴侯吴襄烈公良
	靖海侯吴襄毅公祯
	同知张公宗琏
	知县王公子伦
	知县周公斌
	知县谢公宁
	巡抚都御史、工部尚书周文襄公忱
	知县黄公傅
	知县涂公祯
	知县刘公纮
	知县王公泮
	知县钱公镈
	知县赵公锦
	知县李公芳
	教谕林公烈
	教谕王公之夔
	训导戎公斌
	训导吴公应芳
	训导冯节愍公厚敦

年代	职务与姓名
明	县丞黄公霆
	主簿曹公廷慧
	典史阎忠烈公应元
	学政亓公玮璋
	典史陈烈愍公明遇
清	兵备道胡公亶
	学政邵公嘉
	学政张公泰交
	学政邵公嗣尧
	学政余公正健
	河道总督陈恪勤公鹏年
	巡抚张清恪公伯行
	总兵刘公选胜
	浙江总督节制江南李敏达公卫
	常州府知府魏公化麟
	巡抚徐文穆公士林
	常州府知府包公括
	江苏巡抚陈文肃公大受
	学政胡文洛公高望
	学政周公系英

（资料来源：光绪《江阴县志》卷7《秩祀》）

　　如果说名宦祠人数相对固定的话，历代增加人数不多，那么，乡贤祠人数则与本地文风大有关系。江阴因为科考风盛，文化教育昌明，历代乡贤人数也较多。不过，由于乡贤的认定缺乏相对具体而明确的标准，关于乡贤的人选问题也颇多争议。清乾隆时期，江阴在新修县志时，在《乡贤传》中曾为85人作传，且列入了当时已经学政批准而尚在等待朝廷最终决议的乡贤13人，人数较前代大幅增加，以至于引发了地方士人对于乡贤名单的长期争议，历经乾隆、嘉庆、道光三朝，一直到道光二十一年（1841年）才在礼部的正式通知下尘埃落定。与崇祯时期的32人相比，清代江阴乡贤一下子增加到98人。乡贤的人数从少于名宦到大大超过名宦，在一定程度上不得不说确有冒滥之嫌疑。①

从下表所列乡贤名单中可以看出，入选乡贤主要以官员为主，但也有其他标准，比如道德节操、文学诗才、忠孝节义等。越是早期，类别越多，而愈是晚近，仕途成功愈发成为主要标准。比如，宋代入选人员中有孝子陈思道、文学王显谟；元代有乡举陆文圭、梁益，隐士俞弈曾、俞远、王逢，学官有澄江书院山长许恕、处州学禄吴方等；明代有旌表孝子赵铉巩、吴凤，隐士张机等。但到了清代，乡贤中则基本上不再有这类人的身影。

光绪时期江阴文庙乡贤祠奉祀乡贤一览表

年代	职务与姓名
周	吴季子札
后汉	吴令彭公修
南宋	孝友诏旌吴公欣之
宋	旌孝子陈公思道
	工部侍郎葛公宫

年代	职务与姓名
宋	太常寺博士赠通义大夫葛公密
	朝奉郎赠太师温国葛清孝公书思
	文学王公令显谟阁直学士赠通义大夫蒋公静
	太常寺卿赠太师宋国葛文康公胜仲
	八行先生封承务郎吴公范
	徵士吕公天策
	朝奉郎曹公密
	吏部侍郎赠太师越国葛公立方
	饶州府通判曹公岠焕章
	阁待制耿公秉
	御史吕公棐
	同知枢密院事邱文定公密
	中奉大夫宝谟阁待制胡公琢
	少保左丞相赠少师葛文定公郯
	中奉大夫直徽阁王公宁
	宋处士王公令
	大中大夫给事中赵公梦极
	太府寺丞吴公竽
	司农少卿吴公当可
	太湖宰王公呈瑞
	秘书省校书郎赵公发
	工部郎中胡铛
	博学鸿词元赠江浙儒学副提举包公天麟

（续表）

年代	职务与姓名
元	海南广东道廉访使赠吴兴郡侯陆庄简公垔
	平江路通判宋公仁辅
	隐士缪公鉴
	乡举陆公文圭
	隐士俞公奕曾
	隐士俞公远
	授澄江书院山长许公恕
	孝义杜公友开
	乡举梁公益
	孝义单公济之
	荐授处州学禄吴公方
	参置制司幕府事李公长
	睦州同知兼义兵都元帅李公士龙
	隐士王逢
明	国子监司业孙公作
	翰林院编修张公宣
	常州府训导黄公常
	旌表孝子赵公铉巩
	长府知府进阶嘉议大夫孙公亶
	大理寺寺正严公本
	福建布政司参议颜公泽
	兵部尚书徐公晞
	兴化府经历黄公敏

年代	职务与姓名
明	隐士张公机
	大理寺左寺正顾公琳
	户部郎中卞公荣
	御史李公琨
	南京户部主事陶公廷威
	翰林院检讨薛公格
	大理寺卿赠公布侍郎汤公沐
	山东按察司金事贡公安甫
	福建按察司副使黄公昭
	云南按察司副使史公良佐
	佐浙江按察司副使高公贯
	南京光禄寺卿刘公乾
	庠生赠奉政大夫四川按察司金事薛公章宪
	广东按察司副使徐公度
	御史曹公宏
	陕西按察司金事蒋公舜民
	抚州府学训导吴公昆
	合州学学正张公谊
	旌表孝子吴公凤
	举人刘公羽
	南京光禄寺卿前太常寺卿掌国子监祭酒张公衮
	讲习按察司副使薛公甲
	兵部尚书刘公光济

（续表）

年代	职务与姓名
明	兵部郎中赵公兴治
	江西布政司参政季公科
	廪生赠光禄大夫太子太保户部尚书张公汝翼
	吏部侍郎赠太子太保礼部尚书赵文毅公用贤
	福建巡抚袁公一骥
	举人赠徵仕郎文华殿中书舍人夏公树芳
	浙江按察司副使赠詹事兼翰林院侍读顾公言
	谕德赠詹事缪文贞公昌期
	御史赠太仆寺卿李忠毅公应昇
	江西布政司参议贡公修龄
	文华殿中书舍人戚烈愍公勋
	南京刑部员外郎赠四川按察司副使王公格
清	国朝神木县知县赠（山西）按察司佥事徐公之龙
	刑部主事季公芷
	安定县知县戚公藩
	赠监察御史朱公衣
	徽州府学教授章公耿光
	庠生封枣强县知县徐公世沐
	副贡生赠湖北监驿道耿公勋
	前明庠生许公观
	大理寺少卿朱公廷铉
	礼部尚书赠太子太傅杨文定公名时

年代	职务与姓名
清	廪生赠郏县知县缪公宏仁
	庠生赠翰林院检讨陈公燦
	廪生赠国子监监丞夏公敦仁
	灵璧县知县贡公震

（资料来源：光绪《江阴县志》卷7《秩祀》）

专祠奉祀

宋代，在名宦、乡贤祠形成建制之前，江阴文庙曾建有清孝公祠和颜侯祠，专门奉祀江阴先贤葛书思和江阴知军颜耆仲。及至明清时期，虽然名宦、乡贤祠制已经确立，在文庙中仍然有一些专祠得以保留或增建。

清孝公祠

清孝公祠，由江阴知军颜耆仲于南宋绍定二年（1229年）建立，主要祠祀江阴先贤葛书思。葛书思（1032—1104），字进叔，晚号虚游子，江阴青阳人，北宋熙宁六年（1073年）进士。葛氏家族在江阴属于科举世家和文化望族。有宋一代，葛氏一门共出了33位进士。葛书思的父亲葛密、大伯葛宫，以及他的儿孙葛胜仲、葛立方、葛郯等，均有时名。葛书思在考中进士后，曾经调建德主簿，只是因为父亲年老，专门归乡养父十余年，后因为志行高洁，又被任命为泗州（今江苏省盱眙县）教授，葛书思仍然不就，直至后来父亲答应与他同行，他才同意出任新市镇（今浙江省德清县）的监官，后官至朝奉郎，乞求归老。北宋崇宁三年

（1104年）卒，终年七十三岁。据说父亲去世后，他哀毁骨立，盛暑不释苴麻，因此朝廷特诏赐其谥号"清孝"，累赠少师。绍兴年间（1131—1162），以曾孙葛邲追赠太师温国公。葛书思因为至纯至孝，得到乡里的认可，所以成为在江阴文庙中首个拥有专祠的人。

颜侯祠

颜侯祠是祭祀江阴知军颜耆仲的专祠。颜耆仲，字景英，福建龙溪人。南宋宝庆二年（1226年）进士。绍定元年（1228年）九月，出任江阴知军。因为在江阴任职期间，修建文庙儒学，充实廪给，政绩卓著，还委托江阴军学教授郭庭坚编修江阴志书，深受江阴士民的爱戴。

葛书思和颜耆仲，二人一为乡贤，一为名宦，成为后世江阴乡贤、名宦的重要榜样。元灭南宋后，专祠或废。明朝时，二人分入乡贤、名宦祠。

吴公祠

吴公祠，主要祠祀明代嘉靖年间江阴县学训导吴应芳。吴应芳，字文誉，归安（今浙江省湖州市）人，岁贡，嘉靖三十六年（1557年）出任江阴县训导。上任伊始，一反常例，"尽却诸生贽"，不收见面礼。在任期间，对于县学庠生关爱有加，"推其禄以颁贫士，士之弗给于膏楮者，匮于养者，急婚嫁者，一一周济无遗，禄不足继以家橐居"[1]。去世后，县学庠生向地方官员请求将其列入名宦祠祭祀，却因为其地位卑微而不得其请。及至万历四十八年（1620年），第二任江苏学政骆骎曾就任时，江阴县儒学生员再次向学政请求，骆骎曾因为吴应芳恰好是自己的外祖父，以为这些生员是为了巴结自己，非常生气。后来，经过诸生的一再解释，按照儒家"举贤不避亲"的原则，同意在江阴县儒学西斋建立专祠祭

---

① 缪昌期：《儒学新建吴公祠碑记》，见民国《江阴县续志》卷22《石刻记》。

祀吴应芳。在立祠之时，骆骎曾还专门置祭田十亩，以其租金收入作为祭祀费用。所以，直至清雍正、乾隆时期，吴公祠仍然享有专祠奉祀。后因为日久失修，列入名宦祠一并祭祀。

双忠祠

双忠祠的祠祀对象是明代江阴两位东林党人缪昌期和李应昇。在明代东林党祸时，二人因为与魏忠贤为代表的阉党斗争而英勇就义。李应昇撰有《劾魏忠贤疏》，揭发魏忠贤十大罪状。崇祯即位后为东林党人平反，李应昇祖孙三代被赠封太仆卿，为此江阴人在文庙东建立了"三世同卿父子侍御坊"，这与为缪昌期所建的"词林正气坊"左右峙对于学宫前。二人也同时被奉祀入文庙先贤祠。清康熙时期，江苏学政许时庵奏请朝廷，在江阴文庙为二人建立专祠，并带头捐俸银30两，但由于费用不足，直至康熙四十八年（1709年）才最终建成。江苏学政魏学诚为之作《双忠祠碑记》。[①]

贡公祠

贡公祠的祠祀对象是明代江阴籍御史贡安甫。贡安甫（1472—1527），字克仁，号学静，江阴人。弘治八年（1495年），贡安甫与父亲贡斌同中举人，在江阴科举史上留下了一段佳话。次年，贡安甫又连捷进士，后历仕开州长垣令、南京浙江道监察御史。正德初年，因为执笔弹劾宦官刘瑾，被廷杖削籍。贡安甫与缪昌期、李应昇三人，都是明代江阴勇斗宦官阉党的杰出代表。早在嘉靖时期，贡安甫就已经入祀文庙乡贤祠。贡安甫父子之后，贡氏遂成为江阴望族，其后代中有多人成为江阴文庙学宫生员。清乾隆十八年（1753年），时任灵璧县令的贡震，与族人联名呈请江苏学政，希望援照缪昌期、李应昇的旧例，在文庙学宫旁建专

---

① 魏学诚：《双忠祠碑记》，见乾隆《江阴县志》卷9《祠庙》。

祠祭祀贡安甫，这就是贡公祠的由来。这是江阴文庙建立的最后一个专祠。贡震因为其为官有政声，为学有文名，且书法造诣深厚，在道光十八年（1838年）和二十一年（1841年），分别入祀灵璧县名宦祠与江阴县先贤祠。

忠义祠

清雍正元年（1723年），雍正皇帝下诏要求各地表彰忠孝节义之人："将应祠忠义姓氏年代，开列勒石，永垂不朽。"[①]雍正七年（1729年），又敕建忠义祠，具体祠祀对象不详。

今天，尽管文庙先贤、先儒的牌位，乡贤、名宦的专祠都已经不复存在，但是，在文庙大成殿后明伦堂前，依然矗立着"抗清三公"——阎应元、陈明遇、冯厚敦的塑像。传统文化爱好者和江阴文庙经常举行祭祀"抗清三公"的活动。

---

① 《忠义孝悌表碑》，此碑现存
江阴文庙。

祭祀孔子的规制与用品

文庙祭祀中有不同的对象，其祭祀时间、等级各有定例，不尽相同，这显示了文庙祭祀的丰富和多样。"从祀大典，乃乾坤第一大事。"[1]从历代帝王对孔子的追谥，到各地文庙的普遍设立，文庙祭孔作为国家重要祭祀典礼的一个重要组成部分，被看作是与国运隆替和学运兴衰攸关的大事，其祭祀典制也多有明文规定。

祭祀时日与类别

由于文庙具有不同的性质与等级，国家文庙、孔府家庙与地方文庙在祭祀典礼的内容和要求上既有相同之处，也有一些区别。比如，国家文庙可能会有告成礼，以宣扬帝王和朝廷的文治武功，地方文庙虽然会有所响应，将相关内容立石勒碑，却不会有类似的典礼。清明是中国人慎终追远、怀念先人的节日，孔府家庙的祭孔典礼带有祭祖性质，与一般文庙祭孔典礼也会有所区别。

[1] 瞿九思：《孔庙礼乐考》卷1。

通行的祭孔时间与类别，主要有春秋上丁日的丁祭与每月朔望祭拜。其中，尤其以春秋两季的丁祭最受重视，其祭祀的等级与祭品规格也最高。自清朝雍正时期开始，孔子的诞辰祭也开始受到重视。进入近代，随着春秋祭孔典礼的废弛，孔子诞辰祭、清明祭孔开始受到重视，并逐渐与原有的春秋丁祭合并。

每年春秋丁祭

所谓春秋丁祭，指的是在春、秋的第二个月，即农历的二月和八月的上丁日祭祀孔子。中国古代采用干支纪时，所谓上丁日，就是每个月的第一个丁日。这一祭礼始于晋文帝时期。当时，朝廷下诏要求各州县学以春、秋二仲月上丁释奠孔子，此后遂成为定例。所谓"释奠"，即为释奠礼的简称，是古代在学校设置酒食以奠祭先圣、先师的一种典礼，属于祭祀天、地、宗庙三礼中的"君师"之礼，除了不设"尸祝"之外，荐俎馈酌、音乐一应俱全。唐代，又专门将之设为与三礼并列的一种单独礼制。《太平御览·职官部》称："凡祭祀之名有四：一曰祀天神，二曰祭地祇，三曰享人鬼，四曰释奠于先圣先师。"[1]因此，释奠在文庙祭祀中规格最高，最具代表性，也最受重视，多由地方最高行政长官亲自主祭。

南宋时期，江阴知军王棠刚刚到任就去文庙拜谒先圣、先师，并改治学宫，簿正祭器。"乃仲秋上丁躬修释奠，备物称仪，礼成不愆。盖自复军于今七八年，士莫第者。及是前祭一日，士之被选春官，累凡四人，而报书适至。"[2]这一记载反映了地方主政官员对文庙秋祭的重视，还有意将之神话和夸大，认为在地方七八年都没有人考中科举的情况下，在兴修文庙之后，祭祀孔子之前，得到地方士人被选中春官的

---

① 《太平御览·职官部》。
② 胡珵：《绍兴奉诏新建军学记》，见正德《江阴县志》卷2《学校》。

消息，无疑是对知军王棠兴修文庙的最好褒奖。乾隆时期，江阴知县蔡澍也坚持"每岁春秋二仲上丁日，令率邑属师生致祭"①。

民国之初，江阴文庙除了1912年春祭因为文庙被占而被迫中断外，一直到1914年，始终坚持每年春秋丁祭。1914年8月，民国政府颁发了《民国礼制》七种，"祀孔典礼"为其中之一，其中规定："夏历春秋两丁为祀孔日，从大祀。"②

每月朔望祭祀

明洪武十七年（1384年），朝廷下令，"每月朔望，郡县官以下诣学行香"③，开始把对孔庙的祭祀常规化、日常化。"朔望"指中国传统历法的初一与十五。"行香"即"行香礼"，始于南北朝时礼拜神佛的一种仪式，后因其简便易行，也被作为一种通行简化的祭拜典礼而吸纳到儒家的仪式中。除了"行香"之外，通常在孔庙中举行的还有释菜礼。释菜礼最早见于《周礼·春官宗伯·大胥》："春，入学，舍采合舞。"《礼记·学记》亦云："大学始教，皮弁祭菜，示敬道也。"因此，释菜礼最初是用于古人入学拜师的尊师之礼，后来逐渐成为孔庙每月朔望祭祀的用礼之一，其礼的规格介于释奠与行香之间。

孔子诞辰祭祀

诞辰祭，主要指生辰日的祭祀，可能是从佛教的佛诞日而来。东汉佛教传入中国以后，先是在寺院举行，到魏晋南北朝时随着佛教的流行而逐渐流传到民间。清代，雍正皇帝提出："圣祖仁皇帝圣诞，旧例禁止屠宰。至圣先师孔子，师表万世，圣诞日亦应虔诚致祭。朕惟君师功德，恩被亿载，普天率土，尊亲之戴，永永不忘，而于诞日，尤当加谨，以

① 蔡澍：《重修文庙告成恭纪》，见乾隆《江阴县志》卷8《学宫》。
②《民国礼制·祀孔典礼》。
③ 乾隆《江阴县志》卷8《学宫》。

展恪恭思慕之忱，非以佛诞为比拟也。"①自此之后，孔子诞辰祭开始在各地文庙举行。

进入近代，随着封建王朝势力的衰落，作为其统治基础的儒家学说和孔子的地位也受到冲击，孔庙的传统祭祀活动遭到了严重的干扰。民国二十三年（1934年），南京国民政府颁布了《先师孔子诞辰纪念办法》，规定农历八月二十七日为孔子的诞辰日，要求全国各地在这一天开展祭孔活动。由于中华民国建立之后已经采用西方历法，在具体举行孔子诞辰纪念时，又将之换算成公历，是为公历9月28日。但不同历法中确定的孔子诞辰日，实际上每年都在变化，甚至会相去甚远，因此，即便孔子诞辰之日确凿无疑，究竟每年以何日举行孔子诞辰祭礼也始终存在争议，这成为后世各地孔子诞辰祭日期混乱的一个重要源头。今天，对于孔子祭祀日期的选择与确定，仍需要做进一步的研究和讨论。

2019年江阴文庙祭孔典礼

---

① 《钦定大清会典则例》卷78
《礼部》。

因需因时拜祭

如果说前三类祭礼都有相对确定的日期与常例，那么，文庙作为官员任职拜谒、士子科考拜祭、科举宾兴礼的重要活动场所，地方人士则可以因时因需举行相关祭祀活动。乾隆时期，江苏学政刘藻就说："学使者，受天子命，秉文衡主教铎，一以学校为根本地，其始莅也，先谒宣圣庙展礼，退坐堂皇召诸生，宣扬圣训，讲论书义，次则春秋丁祭，科岁按试，释菜行礼，率以为常。"他还谈到，自己曾奉皇上御命视学江苏，首莅澄江（即江阴），恰逢自己的同乡先辈蔡雨亭任江阴知县，二人遂一起"随谒庙学"，自己还"偕桐城张公婿为尸祝"[①]。实际上，一般的祭孔，通常并不需要"尸祝"。可见，祭孔不仅可以因需举行，而且其祭祀典礼的规格也可以根据祭拜人的身份、经济实力、心意等有所调整。乾隆年间，张廷璐奉命到江阴视学，也曾经"率诸生谒庙，升明伦堂"[②]。半年后，当文庙重修工程结束后，张廷璐"再归谒"。

民国时期，江阴文庙还曾经在清明节对孔子进行祭祀。1944年，江阴县教育局与孔教会决定于4月28日（农历四月初五）在文庙中街举行清明祭孔，事前专门致函县内各相关部门派代表参加。[③]

祭祀器物与祭品

祭孔典礼的日期、等级不同，在祭祀时的用品规格也有差异，而且不同朝代对孔庙祭典的用品要求也有一些调整，正所谓"薄海内外祀素王者：震叠罔敢载其庙食之制、陪祀之典，累朝暨圣代加隆焉"[④]。

① 刘藻：《重修江阴庙学碑记》，见乾隆《江阴县志》卷8《学宫》。

② 张廷璐：《重修明伦堂碑记》，见乾隆《江阴县志》卷8《学宫》。

③ 江阴市档案局藏，档案号：0004-10469。

④ 乾隆《江阴县志》卷8《学宫》。

祭祀用器

在中国古代，祭祀时有专门的祭祀礼器，而且根据祭祀对象及祭礼的等级，祭器也都有特定的规制。南宋时期，江阴知军王棠就任后，就曾"下令调工役，改治学宫，簿正祭器"①。明万历时期，"祭器多残失，（训导）王德俶独修补之"，教谕戴士杰也曾"修祭器"。崇祯五年（1632年），江阴训导潘洪度在重修文庙东斋时，"清出古铜盥盆，入祭器库"②。

明洪武三年（1370年），朝廷明确规定释奠祭器，各为高台，其笾豆簠簋，悉代以甒器，并颁行了"祭器图式"，要求"子长作世家称，孔氏车服礼器，不置匍于豆于登，所藉以将诚敬者哉，曩昔故未备，今购而全之，朽蠹浸蚀则典守者在"③。当然，祭祀器物与祭祀所用祭品是密不可分的。根据其承担的不同功能，祭祀器物可以分为五类。第一类是盛放谷物的祭器：簋，以盛黍稷；簠，以盛稻粱。第二类是盛放酒水的祭器，也是类型最丰富的：云雷樽，贮初献酒；象樽，贮亚献酒；牺樽，贮终献酒；樽勺，以勺酒；爵坫，置酒承爵，皆以之措诸地而平正业；罍，以贮水，作盥器。第三类是盛放羹汤的祭器：豆，以盛菹醢；登，以荐太羹；铏，以荐和羹。第四类是盛放果脯的祭器：笾。第五类是在举行祭祀仪式时用于焚香的鼎。

当然，根据文庙的等级与财力，祭祀用器的数量、材质也有差别。明初旧制，先师位笾、豆各八，成化间增笾、豆各十二。嘉靖九年（1530年）减为十："春秋上丁释奠，十笾十豆，州县八笾八豆，舞六佾，四配六笾六豆，十哲四则四司，两庑如之。"④雍正十三年（1735年），朝廷下令："省部准以铜制，今奉通行，惟正位与配享用白磁。"⑤到乾隆时

① 胡瑝：《绍兴奉诏新建军学记》，见正德《江阴县志》卷2《学校》。
② 崇祯《江阴县志》卷1《职方志·学宫》。
③ 崇祯《江阴县志》卷1《职方志·学宫》。
④ 崇祯《江阴县志》卷1《职方志·学宫》。
⑤ 乾隆《江阴县志》卷8《学宫》。

期，江阴文庙祭器的种类比原来规定的更加丰富多样，材质主要有铜、锡、铁、木、竹和帛，形状则包括圆、方，而其规格有大、中、小不等，各有不同的重量。主要包括：成化四年的爵二十五双，每双重九两；顺治十三年的爵八十双，每双重十两。同时，当时的江苏学政张楬又命令江阴购买了很多符合新制的存贮祭器，包括：铜方香炉一座，重十八斤十四两；铜净瓶二个，重十八斤七两；铜酒镈一个，重九斤二两；铜簋二个，连盖重二十二斤十两；铜簠二个，连盖重十二斤十四两；铜笾八个，重二十七斤五两；铜豆八个，重二十五斤十两；锡方大烛筌一对，重十九斤；锡方香炉四个，重二十五斤二两；锡花瓶四对，重二十七斤二两；锡酒镈四个，连匙四把，重二十二斤十三两，有木架；锡次大方烛筌二对，重二十三斤六两；锡次中方烛筌六对，重五十三斤二两；锡大圆烛筌六对，重三十八斤四两；锡小圆烛筌八对，重二十八斤七两；锡中圆香炉六个，重九斤一两；锡小

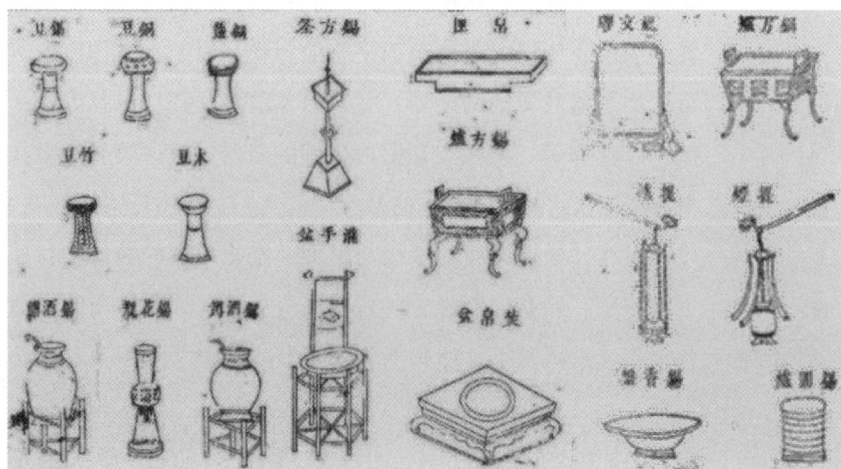

乾隆《江阴县志》载江阴文庙祭祀礼器图

圆香炉八个，重九斤四两；锡大盘一个，重六斤十三两；锡中盘四个，重十一斤十四两；锡细花酒壶一把，重二斤二两；锡沙池一个，重十二斤一两；锡毛血盆七个，重八斤一两；铜璋一个，重二斤；铜盥漱盆一个，重二斤二两，有木架；大焚帛盒一个，铁铸，有木架；木沙池六个；提灯一对；提炉一对；竹箈四十个；木豆二百五十个；帛匣九个；牲匣十八个。①

此外，文庙对于祭器的保管与领用也有严格规定，"贮取均有印接报告"，以保护祭器的完整。由于自然损毁、战乱遗失等诸多原因，文庙祭器很容易变得残缺不全。道光时期，江阴文庙的祭器、乐器均有所残缺未备，知县单浤、张南圭、萧谨、王浤、陈希敬等人，相继增益。②但经过咸丰时期太平天国运动的大破坏，到了光绪时期，江阴县的祭器大大减少，剩下的有：锡方香炉一；锡登一；铜酒镈一；勺一；簠二；簋二；铜爵三；锡爵五十；锡大方烛筌一对；锡次大方烛筌八对；锡次中方烛筌二对；锡小方烛筌十对；香烛十对；小圆烛筌一对；圆香炉二十；锡香盘十；锡花瓶四；锡大酒壶一；锡铏二；酒杯一百四十有八；焚燎炉一；铜提炉二；羊角灯二；红宫灯四；竹箈六十有六；木豆二百六十有六；帛匣九；祝文版一；太牢俎一；少牢俎十有四；供应盘九；小长盘二；收贮大橱一。③

祭品

中国古人认为，"事死如事生"，祭必有物。在举行祭祀典礼时，祭品也非常丰富，包括酒、肉、菜、粮等，后来又加入了绢帛、香烛乃至鲜花等。通常，释奠之礼以肉为主，又可分为太牢、少牢、特豕、特豚；释菜之礼则以菜、粮为主。《礼记·内则》规定："庶人特豚，士特豕，大夫少牢，

① 乾隆《江阴县志》卷8《学宫》。
② 乾隆《江阴县志》卷8《学宫》。
③ 光绪《江阴县志》卷8《学宫》。

国君世子大牢。其非冢子，则皆降一等。"这体现出了鲜明而严格的等级制度。

根据文庙本身与庙中祭祀对象各自所处的等级不同，其能够享用的祭品也有所区别。雍正三年（1725年），朝廷曾下诏郡县二祭用太牢。当然，不同时期，朝廷对于太牢、少牢的具体动物及其数量也并不完全一致。乾隆时期，江阴县额设祭品有：牛一头，猪十一口，羊七双，兔八双，以及黍、稷、稻、粱、芡、菱、枣、栗、榛、白饼、黑饼、芹、韭、菁、笋、醓醢、兔醢、鱼醢、脾析、豚拍。[①]

第一，先师位陈设

帛一；白磁爵三；牛一；羊一；豕一；兔一；登一，荐太羹；铏二，荐和羹；簠二，盛黍、稷；簋二，盛稻、粱；笾十，盛芡、菱、枣、栗、榛、形盐、藁鱼、鹿脯、黑饼、白饼；豆十，盛韭、菁、芹、笋、醓醢、兔醢、鱼醢、鹿醢、脾析、豚拍；酒鐏三。

第二，四配位陈设

每位帛一；白磁爵三；羊一；豕一；兔一；铏一；簠二；簋二；笾八；豆八。

第三，十二哲位陈设

帛一；白磁爵各一；羊一；豕一；兔一；铏各一；簠各一；簋各一；笾各四；豆各四。

第四，东庑、西庑陈设

帛一；铜爵各一；羊一；豕一；每四位一案；簠一；簋一；笾四；豆四。

祭祀用品，不仅可以反映中国礼制的精神，也与中国饮食文化的变迁有一定的关联。在崇圣祠，其陈设较大成殿等级稍低：正殿位同四配；配位陈设则另有规制，"帛二，豕首

---

① 乾隆《江阴县志》卷8《学宫》。

一，每位铜爵三，簠一，簋一，笾四，豆四，豕肉一"；从祀位则没有豕首。

祭祀乐器与乐曲

中国古代音乐比较发达，20世纪80年代，在河南漯河舞阳地区发现的贾湖骨笛，距今约有7800～9000年的时间。孔子教人重视乐教，曾闻韶乐而"三月不知肉味"。文庙祭祀，也配有专门的祭祀乐舞。

祭祀乐器

不同朝代有不同的祭祀乐器的要求。雍正时期，朝廷在全国正式颁行了新的乐器图式，对孔庙丁祭用乐的规制是：麾二，一尽升龙，一尽降龙，举升龙作乐，奉降龙止乐；琴六，瑟二，柷一，敔一，搏拊一，龙笙二，凤箫二，洞箫二，笙六，埙二，篪二，编钟一，编磬一，应鼓一，谷鼓一，旌一，以道乐；翟籥各三十六。[1]雍正十三年（1735年），江苏学政张楷要求江阴知县按照朝廷的命令将祭祀乐器、礼器购买完备。

乾隆时期，江阴文庙的祭祀乐器主要有：大红麾旌二座；旌节二竿；金钟四口，有架；玉磬四口，有架；大鼓二百；大成鼓一百，有架；大成铜钟一口，重三十斤，有架；铜编钟十六口，重十八斤，有架；铜编磬十六口，重十七斤一两，有架；柷一座，有架；敔一座，有架；瑟四张，有架；琴六张，有架；排箫二座；埙二个；篪二枝；笙六座；笛六枝；箫六枝；搏拊二百，有架；谷鼓二座，有架；黄绸盖一项，有架；羽六十四枝，有桶二；竿六十四根。[2]

① 乾隆《江阴县志》卷8《学宫》。
② 乾隆《江阴县志》卷8《学宫》。

乾隆《江阴县志》载江阴文庙祭祀乐器图

可以说，中国古代最为流行的乐器——钟、鼓、磬、柷、瑟、琴、笙、箫、敔、篪、埙、搏拊等，在祭祀中一应俱全。道光时期，江阴知县单沄、张南圭、萧谨、王沄、陈希敬，都曾对文庙残缺未备的乐器进行修整增益。[①]到了光绪时期，这些乐器相对变化不大。"麾二，有架；旌二，有架；讲钟一，有架；编钟十有六，架一；特磬一，有架；编磬十有六，架一；大成鼓一，有架；应鼓一，有架；鼗二，架二；搏拊二，架二；柷一，有架；敔一，有架；琴二，有台；瑟二，有架；龙笛二；凤箫二；笙二；埙二；篪二；龙盖一，有架；翟籥三十有六，桶二；木笏六；送神鼓一，有架；蓝衫五十件；收藏橱二；板箱一。"[②]

祭祀乐曲

祭孔音乐并不是一开始就有的。南朝宋文帝元嘉二十二年（445年），皇太子释奠孔子用乐奏登歌，是为释奠用乐之始。隋朝建立后，一度将南朝刘宋王朝的古乐规制定为孔子释奠的专用乐舞。但因为制礼作乐是王朝更迭的一种象征，历代均有"礼不相沿、乐不相袭"之说，所以虽然祠祀的对象一致，但历代王朝的祭孔音乐在继承的基础上也有所革新与调整。祭孔音乐作为大型音乐，其变化主要表现在乐章的名称、数量与乐辞的用词变化上。唐贞观二年（628年），太宗李世民取"大乐与天地同和之义，并法天之成数十二"意，创作了唐代祭祀孔子的雅乐《十二和》，每一和即为一个乐章，配以不同的颂词，配合祭祀孔子的每个步骤同步进行。唐朝灭亡之后，后汉、后周、北宋初年，均袭唐制之"十二"之数，唯其乐名分别被改为"成""顺""安"，乐辞也多有变动。

北宋崇宁四年（1105年），宋徽宗设"大晟乐府"，将祭孔音乐增加到了十四个乐章，仍以"安"命名，同时乐辞统

① 道光《江阴县志》卷5《学校》。
② 光绪《江阴县志》卷8《学宫》。

一规范为"四言八句",是为"大晟乐制",确定了后世祭孔音乐乐辞的句式原型。明洪武六年（1373年），朝廷颁发专祀孔子的《大成乐》，乐章参照唐《十二和》的定名，采"六章六奏"式，基本确定了后世释奠礼"迎神、初献、亚献、终献、撤馔、送神"的基本架构格式，在乐曲和乐辞上则沿用了宋代的曲调和"四言八句"式样。①

入清以后，顺治十三年（1656年），朝廷首颁国学释奠乐章，除将乐章之名改"和"为"平"，并重新创作乐辞外，仍采用"六章六奏"式。康熙六年（1667年），再作《中和韶乐》，取"天下太平"之意，将全乐改为"五曲七奏"。乾隆八年（1743年），又将全曲改为"六章八奏"，各章的曲名也分别改为《昭平》《宣平》《秩平》《叙平》《懿平》《德平》，同时还规定："今奉改定乐章，春祭夹钟为宫，秋祭应钟起调。"②

民国建立之后，将祭孔乐章之名改为"和"，在1914年之前仍沿用清制。1915年3月，民国政府颁发了新的文庙祀典乐章，其名分别为《始和》《雍和》《熙和》《渊和》《昌和》《德和》。

总之，文庙祭孔音乐是为了彰显孔子的圣德。虽然其乐章的名称、奏式代有改易，但其乐曲多以"和、安、宁、明、平"等为名，主要是为了体现对孔子及儒家价值观的追求，其歌词多来自孔子的言行，也是为了颂扬孔子教化士民的伟大成就，彰显音乐与祭礼的教化职能。

从音乐本身来看，配合迎神、献祭、送神等祭孔步骤，音乐也从序曲逐步展开，经过三次有节律地推进达到高潮，最终复归平静，与祭孔仪式形成了完美的律动与互和。

① 乾隆《江阴县志》卷8《学宫》。
② 乾隆《江阴县志》卷8《学宫》。

祭祀舞蹈与服饰

在中国古代，有乐须有舞。祭孔典礼中，乐舞往往并称并用。与音乐相似，祭孔大典中用到的舞蹈，也要经由国家审定颁行，任何人不得擅自更改。通常，祭孔乐舞只有在"国祭""丁祭"等重大祭孔大典时才能使用。乐、歌、舞配合于礼，是孔庙释奠礼的重要组成部分。在祭孔典礼中，舞蹈并非从头到尾贯穿始终，而只是在祭祀的主要活动——三献时才加入，多出现在初献和终献时。

祭孔用舞始于晋代文帝时，他曾经下令，要求州县学以春、秋二仲月上丁释奠，舞六佾，设轩舞之乐，后世多因袭之。明宪宗成化十三年（1477年），增祭孔乐舞为八佾，以皇帝用乐和祭祀天神礼仪的规格祭祀孔子。明世宗时又恢复"乐用轩悬，舞用六佾"。所以，文庙的舞生通常为36人，后来又加取4人，"以备疾病、事故更替之用"①。

另据县志记载，光绪时期，江阴文庙乐器项目下记有"蓝衫五十件"②，由此推测，在祭孔典礼中，至少部分人员，比如乐师和舞生，可能有统一着装的要求。

---

① 乾隆《江阴县志》卷8《学宫》。
② 光绪《江阴县志》卷8《学宫》。

作为国之大典，文庙祭祀典礼程序复杂，参与人数众多。要保证祭孔典礼井然有序地进行，除了严密的制度规定外，还需要全体参与人员的有效分工与配合。

祭祀人员

祭孔典礼是国家和地方的大事。作为儒家礼制的一种体现，祭孔大典中不同的人所担当的角色，在一定程度上也体现着他们不同的身份地位。

唐贞观二十一年（647年），许敬宗等人提出，应该由国家对祭孔典礼的参与人员及其角色加以规范，根据祭祀等级确定祭祀人员，特别是主祭者的身份："国学释奠，令国子祭酒为初献，祝辞称'皇帝谨遣'，仍令司业为亚献，国子博士为终献。其州学，刺史为初献，上佐为亚献，博士为终献。县学，令为初献，丞为亚献，博士既无品秩，请主簿及尉通为终献。"[1]这一建议经唐太宗认可后，遂成定例，各地祭孔

---

[1]《旧唐书》卷24《礼仪志第四》。

大典，担任初献、亚献、终献的人，主要由主政官员担任。比如，南宋时期，江阴文庙的仲秋上丁释奠，就是由当时的江阴知军王棠主祭。[①]江阴知县蔡澍任职期间，坚持"率邑属师生致祭"[②]。

此外，地方各级官员、儒生、士子也都得与祭。清朝就规定："府州县学其祭，各以正官行礼，有布政司则以布政司，其分献则以本学儒职及老成儒士充之。"[③]

除了直接参与祭祀的人员，祭孔大典中，也需要许多工作和服务人员的参与。比如，负责乐舞的乐舞生，负责祭品的备礼生，正式祭典当天的迎神工等。另外，举行祭孔大典期间，允许外地人前来观礼。道光年间，江阴文庙祭祀礼器、乐器完善之后，祭孔大典庄严隆重："每岁春秋致祭，习舞明礼，礼仪节度，故人皆称庙学规模宏敞肃穆，上丁释奠甚敬整齐，而邻邦问礼来者，踵相接也。"[④]

值得注意的是，早期孔庙作为地方文化中心的地位是非常神圣的，参加祭孔典礼是文人士子的特权，而普通老百姓和广大女性常常被排除在外。进入民国后，随着社会民主理念逐渐深入人心，祭孔典礼也允许女性和普通人士前往观礼。及至今天，新时代的祭孔典礼，女性的直接参与也越来越普遍。2019年江阴文庙在举行祭孔大典时，参与者中除了地方教育、文化、宣传等主管部门的领导外，还广泛邀请了当地大中小学的学生、教师及社会上的国学爱好者等，并全程向社会开放。当前，祭孔大典作为向人民展示儒家文化的一个重要活动，已经向社会各界敞开了大门，成为缅怀纪念孔子、宣传儒家文化的一种重要方式。特别是随着现代信息技术的发展，电视转播、网络直播等新的传播方式能够更直观、更快捷地把整个祭孔大典全方位地展示给感兴趣的人，

---

① 胡珵：《绍兴奉诏新建军学记》，见正德《江阴县志》卷2《学校》。
② 乾隆《江阴县志》卷8《学宫》。
③ 乾隆《江阴县志》卷8《学宫》。
④ 道光《江阴县志》卷5《学校》。

其参与对象也从线下延伸到了线上，进一步扩大了祭孔典礼的参与对象和人数。

祭祀程序

关于祭孔典礼的程序，不同时期有一些细微的差别，但祭孔当天的"迎神、初献、亚献、终献、撤馔、送神"是其主要步骤。不过，为了保证祭孔大典的顺利举行，在正式举行典礼前，相关人员往往要提前住到文庙之中，对相关典礼流程进行演练、熟悉。清朝就曾经明确规定："祀至圣先师孔子，依明制，以春秋二仲上丁日行礼，前期二日，设斋戒牌，致斋二日，宿于正寝，不判署刑杀文书，爵罚罪人，诸生皆斋于学宫，前一日行事，执事官集肄仪祝，习读祭文，及召牲畜，行事于学之讲堂，及饮福受胙，各致严仪。"[1]祭祀当天，除了祭祀孔子，还要对启圣王、四配等人进行一并祭祀，但不包括十二哲、先贤、先儒。

在丁祭前一日，先在学宫明伦堂演礼演乐，所有参加祭祀礼的官员均需出席。备礼生演礼，奏九成之曲，由礼生引主祭官至刑牲所，奠酒。祭祀当日，从四鼓开始，文武官员着朝服，诣明伦堂，金祝文，鼓三通后，举迎神乐，所有主祭、陪祭等人员一一就位，祭礼正式开始。当时的祭礼是从祭祀孔子先祖的五王殿开始，依次祭祀肇圣王、裕圣王、诒圣王、昌圣王、启圣王，与祭祀孔子一样行三跪九叩礼，并奠帛、献爵、进香三献，诣读祝文。不过程序比较简单，并无祭祀乐舞。随后，祭礼移到大成殿前，礼赞官唱奠帛，行初献，举乐舞，然后引主祭官进殿三献，诣读祝礼。在孔子神位前行亚献，献祭后，并至复圣颜子、宗圣曾子、述圣子

① 乾隆《江阴县志》卷8《学宫》。

思子、亚圣孟子神位前行分献礼。接着，复行三献礼。礼毕饮福受胙，引主祭官，诣受福胙位跪，饮福酒，受福胙。最后，撤馔，赞送。奏送神乐，视瘗位，读文帛。至此，全部祭礼结束。

相比之下，今日的祭孔大典，祭祀对象大都仅限于孔子，所以整个仪式的环节与时间都大大减少。但是，由于当代人对于祭孔大典较为陌生，其前期演练所需时间较长。

在很长的一段时间里，文庙都是采用庙学合一的制度。但是，文庙作为祭祀先圣孔子的礼制性建筑，其祠祀对象又不限于孔子，因而形成了一个相对稳定而庞大的祠祀建筑群。各个受祭祀的对象，因其地位的不同，所能够享用的奉祀典礼、用品等规制也有很大差异。而以春秋祭孔大典为核心的文庙祀制与礼仪，处处都彰显着孔子与儒家思想的道德、礼乐教化。祭孔大典，不仅是中国最宝贵的非物质文化遗产之一，也是全世界、整个人类最重要的非物质文化遗产之一。

江阴文庙的
教化功能

教化内容
教化途径

"建国君民，教学为先。"中国古代传统教育非常注重政教风化与教育感化。这种教化，以儒家士子为核心群体，兼顾对于士民工商的社会风俗敦化，形成了具有中国特色的伦理道德教化体系。

　　文庙之遍设，本就是为了教化天下。唐朝以后，各府、州、县在设立官学的同时大都建有文庙，形成了所谓"有庙即有学、有学必设庙"的庙学合一传统。从内容上来看，由于孔子"大成至圣先师"的身份，文庙教化中非常强调崇儒重教，"黉序、泮宫，风教人文攸系"①；而能否崇文兴教、为政以德、泽被地方士民，也成为检验地方官员政绩的重要标准。此外，文庙作为一地的文化教育中心，对地方人民也起着普遍的道德教化作用，在以"忠孝节义"为核心的儒家传统价值观的宣传上发挥了重要作用。从方式和途径上来看，文庙社会教化的功能，既注重庙学、书院的教育教学，也强调各种祭祀仪礼的展示体验；既注重上行下效的榜样示范，也强调勒碑记名的切实激励；既注重耳提面命的奖惩劝诫，也强调润物无声的环境熏陶。文庙中的一草一木、一举一动，均浸透着浓浓的教育意味。

---

① 乾隆《江阴县志》卷8《学宫》。

教化内容

孔子以教育开创儒家学派，对于学生，主张有教无类；对于教师，强调尊师重教；对于官员，强调"教民成俗"；对于人民，则希望他们能够"孝亲敬长"。孔子为中国以儒家为核心的传统文化提供了最重要的教化思想，正所谓"维新学校"，"以资观听"。

崇儒重教

自汉武帝独尊儒术之后，儒家在中国的地位虽然代有差异，也一度受到佛家与道家的极大冲击，但其在中国传统社会，特别是在国家治理与教化中，始终占据着主导性的地位。因此，提高孔子的地位，重视文庙的兴修与儒学的强化，就成为历代统治者崇儒重教、弘扬文庙教化职能的重要举措。这一点在江阴文庙的发展史中有着鲜明的体现。范仲淹说："吾夫子之道也……若夫衮其服，庙其神，岂吾圣之心哉？盖后之明王，尊道贵德而不敢臣，故奉之以王礼，享之于太学，昭斯文之宗焉。"①而范宗古之所以迁建文庙，也是为了保证文庙的崇高神圣。

此后，对崇儒重教行为的充分认可，成为文庙兴修合法性的基础："有天下者唯崇儒，则常治而不乱。"②崇儒重教不仅事关国家教化，也是国家治理的重要制度与举措："国家醲化，周于黉序。"③南宋莫伯镕发挥孔子"富庶教"的思想说："富庶而后教，治之序也。教一日不立于天下，则争斗之狱繁，借侈之风炽。欲富庶得乎？故教者又富庶之本也。在昔之所为治天下，志于教而已。六府三事，无非教也。皇极九畴，无非教也。历代之所因革损益，礼乐刑政，法度班列，制之可考于经者，无非教也。学者，教之本也。教行于是而已。"所以他提出："凡国之政之大者，必于学乎举焉。示教之有所本也，教成则无余事矣。是谓治出于一。"④林千之也说："大夫不说学，而君子忧焉。其忧之何？忧无以教而国无与立也。"⑤可见，无论是儒家大儒，还是普通士子，对于崇儒重教的作用都有明确的认识。

实际上，崇祀孔子，重视文庙，就是为了弘扬儒家所提倡的伦理道德。"夫经者，圣人载道之书也。……是道也，本于天，均于人，备于圣人。圣人之道，存之为德行，用之为礼乐、刑政，著之而为经，以垂教于天下后世。"⑥乔宇说："今之崇正务本……有不自学校始乎？学言学校，言教也，学之不修，则士罔攸居以成业，闻见寡昧，知识日以不广，非所以明人伦也。"⑦刘光济也说："圣人之道，载之六经，炳如日星，万世宗之，以之修身齐家治国平天下，小用之而小，大用之而大，非徒托之空言云耳也。经存则道存，尊经所以尊道也。"⑧

此外，崇儒重教还表现在文庙作为神圣的礼制性建筑所

① 范仲淹：《景祐重建至圣文宣王庙记》，见正德《江阴县志》卷2《学校》。
② 林虙：《大观新建江阴县学门记》，见正德《江阴县志》卷2《学校》。
③ 沈初：《文庙重修碑记》。此碑现存江阴文庙明伦堂内右侧墙壁。
④ 莫伯镕：《乾道修学记》，见正德《江阴县志》卷2《学校》。
⑤ 林千之：《军学命教堂记》，见杨印民辑校《宋江阴志辑佚》卷10《题泳（下）》，天津古籍出版社2016年版。
⑥ 高宾：《修奎文阁记》，见正德《江阴县志》卷2《学校》。
⑦ 乔宇：《江阴县重修庙学记》，见民国《江阴县续志》卷22《石刻记》。
⑧ 刘光济：《重修儒学尊经阁记》，见民国《江阴县续志》卷22《石刻记》。

具有的崇高、严肃的地位。文庙被誉为"儒学圣域",非常注重其内部空间的神圣不可侵犯性。在文庙前,往往建有多重坊、门以节制行人,且立有"文武官员到此一律下马"碑,寻常人等,轻易不得涉足其中。地方官员上任伊始,必须先行"谒庙行礼",并在文庙明伦堂中与地方士绅见面,才算是正式就职。南宋高宗要求各级官员就职前先拜谒学宫和先圣,将之作为国家官员任职教育的第一课,也是为了让他们能"以夫子之道以从政"[1],彰显国家 "以儒治国""崇儒兴教"的理念。

立志向学

文庙,特别是其庙学,是教人成才的地方。因此,立志向学、传承儒家文化和价值观是文庙对儒家读书人的基本要求和期许。在江阴文庙中,无论是帝王御制的训斥碑文,还是儒家名士的纪念碑文,无论是讲堂斋所的命名,还是建筑饰物的象征,都充满了对儒家生员的谆谆教诲与殷殷期许。

文庙中的碑刻,如宋徽宗所作《八行八刑》、明太祖所颁《禁例十二条》、嘉庆皇帝的《上谕训斥士子》等,都涉及对儒家生员道德行为的直接要求与不良行为的训斥禁止。比如,《禁例十二条》中就明确提出:"良家子弟,归受父母之训,出听师长之传,志在精通圣贤之道,务必成贤。"[2]

范仲淹也教育学子们说:"二三子服斯文,履斯道,存诚颜闵之际,致化唐虞之上,协吾圣之教也,岂徒庙为哉!"[3]南宋时,胡珵提出:"军兴以来,公私告匮,朝廷为之损田租,命师儒一切靡所爱惜,所望于学官弟子宜奈何?呜呼!

① 李心传:《建炎以来系年要录》,中华书局1988年版,第2454页。
② 朱元璋:《御制禁例十二条》,见正德《江阴县志》卷2《学校》。
③ 范仲淹:《景祐重建至圣文宣王庙记》,见正德《江阴县志》卷2《学校》。

克咸自勉尔矣。"①在《绍兴奉诏修学记》中，郑潈借用柳宗元批判唐代太学生的话劝勉告诫学生说："学者不负士而士负学，士不兴学而学兴士。故有累于学者，士也，非学也；而有益于士者，学也，非士也。"②

作为军学教授，方万里曾直接教诲生员说："惟学校，实关风教，故不容不书。虽然侯之所以兴学者，固可书矣。而诸生之所以承学者，当何如继？自今袂履云集，济济雍雍。出入是门，必思谁能出不由户之训。步趋是路，必思道若大路之归。登斯楼，则如瞻数仞之墙。临斯池，则依然浴沂之咏。使德仁礼义，郁然成风，犹古阙里，庶无负于侯之意。"③后来，方万里出任江阴知军后，当时的军学教授陈南一也教育生员："尔多士，岁当宾兴，励乃行，精乃业，乘百年之旺气，摅胸臆之楸媪，发经纶开济之轫。"④林千之也表达了相同的意思："命之教而学校不修，诸侯之过也。学校修而教不具，师之过也。学校修教法具行之而弗著，习矣而弗察，士之过也。尔多士诚能反身以验之，致学思问辨之功，资品节范防之力，全其所固有，而去其所本无，则教明而道修，道修而性之命于天者各正。迩之事父，远之事君，内之齐家，外之治国平天下，其谁以易之。"⑤

入元之后，史孝祥在为江阴文庙新建的君子堂作记时，先是以周敦颐赞赏莲花之高洁阐发君子堂的含义，后又对文庙与生员提出期望："游圣人之门，观君子之花，味先儒之训吾意。目击道存，心融意会，其同为成德之归，斯昭昭矣，请名君子之堂，而寓盘盂几杖之训，一为二三子进德修业之助，不亦可乎？"⑥陆文圭在《重作泮宫楼记》中提醒儒生们："高明而广大，岂徒以远眺望而已，将以进诸生于尊德性道问学之地，二三子懋敬之哉，思有以副侯之盛心。"⑦明代张

① 胡琔：《绍兴奉诏新建军学记》，见正德《江阴县志》卷2《学校》。
② 郑潈：《绍兴奉诏修学记》，见正德《江阴县志》卷2《学校》。
③ 方万里：《绍定重修学记》，见嘉靖《江阴县志》卷7《学校记》。
④ 陈南一：《重建教授厅记》，见杨印民辑校《宋江阴志辑佚》卷10《题泳（下）》，天津古籍出版社2016年版。
⑤ 林千之：《军学命教堂记》，见杨印民辑校《宋江阴志辑佚》卷10《题泳（下）》，天津古籍出版社2016年版。
⑥ 史孝祥：《君子堂记》，见崇祯《江阴县志》卷5《艺文志》。
⑦ 陆文圭：《重作泮宫楼记》，见《墙东类稿》卷7《记》。

恺在《重修文庙儒学记》中也强调："述其梗概如此，且与吾党之士勉之，期毋忘君修建之功，无负圣朝作养之意，毋愧吾圣人之道之万一云尔。"①

在重修江阴暨阳书院时，江苏学政李因培曾专门聘请著名学者卢绍弓前来任教。他激励学生说："暨阳，地虽小，有乡先生之模范，而又幸生文治昌明之会，游于此者，其可不砥砺自立哉！"②江阴知县林达泉专门将书院更名为礼延书院，并提出"吴季子礼让之俗，言氏子文学之风"③，希望师生共勉。

为政以德

"建国君民，教学为先，化民成俗，其必由学。"中国古人认为，管理教育人民是天子和地方长官的责任，也是为政之道。因此，对于一个地方官来说，要治理好地方的人民，单纯依靠严刑峻法是不行的，而是要"以德治国"。宋代以来，孔子及其创立的儒家德治思想，经过理学家的发展，更加深入人心。能否兴修文庙，致力教化，不只是检验地方官是否尊师重道的一个重要标准，还是衡量地方官政治才干与成绩的重要标准。对于儒家官员而言，能够从民生民情入手，解决百姓的生活问题，达到政通人和的理想治理境界，才是真正的好官员。只要对地方发展作出一些贡献，人们就会在文庙中将他们的事迹勒碑纪念，写入县志，直至将之请入文庙，作为名宦，接受地方人士的祭祀，被人民永世铭记，"以表前杰，以启来裔，其尊贤好德、尚友千古之意，岂不于斯而可见乎？"④。

按照儒家的理想，为政者本身，上至天子，下至地方

① 张恺：《重修文庙儒学记》，见嘉靖《江阴县志》卷7《学校记》。
② 李因培：《兴建暨阳书院记》，见道光《江阴县志》卷5《学校》。
③ 林达泉：《重建礼延书院记》，见光绪《江阴县志》卷5《书院》。
④ 周洪谟：《江阴县先贤祠堂记》，见民国《江阴县续志》卷22《石刻记》。

官，都被看作是教育者的化身，肩负着教化民众的责任。北宋莫伯镕曾主张："凡侯之所以治江阴，朝夕接吏与民，率属宾士，形于謦笑，施于号令，皆教事也。"[1]明代李贤也提出，"为令者惟当以是为期，而尽心于学校之政，持久不替，则是邑之人，虽不能尽复其性，而善类亦必多矣，不患人材之不出也。将见朝廷正而天下治者，未必不由于是。"[2]

从江阴历代从祀的名宦人员名单和县志中的传记记录来看，其中大多数人在任职期内都有兴修文庙之举。如知县杨孝孺、周斌、黄傅、刘纮、王泮，知军王棠、徐蒇、楼锷、施迈、戴溪、赵彦适、颜耆仲、史之寯，州尹李师善，江阴侯吴良，巡抚周忱，等等，这些人同时也大都有筑城修桥、疏浚河道、体恤百姓等善政。比如，杨孝孺在熙宁九年（1076年）以太子中允知江阴县，被誉为"为治有本，督农兴学，游惰皆习于业"。乾道二年（1166年），江阴知县徐蒇借转运使姜诜巡视水利的集会，"延见父老，审订其说，增浚漕渠"，"又奏本军困重敛，得请蠲十之五"[3]。颜耆仲上任伊始，江阴发生饥荒，他力请于朝廷，得米三千石，救活灾民无数。李师善主政江阴时，江阴人总结其有五善："约己清苦，一也；礼敬儒先，二也；勤恤民隐，三也；沮斥豪强，四也；期令信必，五也。"[4]江阴侯吴良，镇守江阴十年，抵御张士诚的进攻，闲暇之余则致力于文化教育，"延儒生讲论经史，新学宫，立社学。大开屯田，均徭省赋。在境十年，封疆宴然"[5]。江阴成为朱元璋政权的东南屏障。

忠孝节义

忠、孝、节、义是中国传统文化中重要的四种核心价值

---

[1] 莫伯镕：《乾道修学记》，见正德《江阴县志》卷2《学校》。

[2] 李贤：《江阴县重修儒学记》，见民国《江阴县续志》卷22《石刻记》。

[3] 正德《江阴县志》卷9《名宦》。

[4] 陆文圭：《李师善去思碑》，见《墙东类稿》卷8《记》。

[5] 正德《江阴县志》卷9《名宦》。

观。所谓"忠孝"，即指忠君孝亲。儒家文化把"爱亲"作为伦理道德的基础，子曰："教民亲爱，莫善于孝。"同时，孔子言"近人而忠""忠利之教"，孟子说"教人以善谓之忠"。"节"指气节，即人的志气与节操。孟子曰："三军可夺帅也，匹夫不可夺志也。"子曰："义者，宜也。"朱熹说："义者，天理之所宜。"义者，理义、道义、正义、公义。因此，在孔子及儒家思想中，节、义都是可贵的道德品质。

有宋一代，由于王朝的治国理念转向了"以文治国"，因此对儒家知识分子的道德要求日趋强化和提高。在文庙中表彰忠孝节义的行为和人物，是统治者强化对儒家知识分子道德要求的重要手段。莫伯镕《乾道修学记》中，在赞叹当时的江阴知军时就说："初天子命侯为饶州守，侯家吴，惧勤亲于远也。请于朝，易旁小州以便养。君子谓侯于是孝于亲矣。孝者，教之本也。"[1]

明清之际，统治者对于忠孝节义的强调日益强化。嘉靖五年丙戌（1526年），汤沐说："有司六事，学校为首，侯能急之，又孰不曰体国之忠？曰忠曰孝，政事顾不匙欤。"[2]专门兴建启圣祠，无疑是对儒家孝文化最大的彰显："故兹役举，上可以使为父者能教厥子知所以慈，下可以使为子者克事其父知所以孝。关切人伦，转移风化，非浅浅故也。仁甫乃能知为急务。克先图之，揆诸师道，其殆庶几乎。"[3]嘉靖时期，江阴顺化乡有乡人吴凤，年五十未尝读书，家庭生活贫困，但其侍母至孝，在母亲去世后，"每凤兴拜墓下，具盥盆，进饼食如初"，并且"伐树枝为屋，栖号墓侧，历十二寒暑"。在他去世之后，地方官将他的事迹上报朝廷，"赐诏旌为孝子"。当时记录者就指出，"贤令君采风而章之，以教国俗"[4]，实际上也是为了起到倡导社会风气的作用。

---

① 莫伯镕：《乾道修学记》，见正德《江阴县志》卷2《学校》。
② 汤沐：《重修儒学记》，见嘉靖《江阴县志》卷7《学校记》。
③ 吕楠：《新建启圣祠记》，见嘉靖《江阴县志》卷7《学校记》。
④ 嘉靖《江阴县志》卷17《列传第十二（中）乡贤》。

顺治二年（1645年），江阴抗清八十一日成为历史上的忠义佳话。乾隆皇帝曾明确下令为三公建祠，并赐谥号。雍正时期，皇帝认为"表忠孝节义，乃彰善大典"，同时考虑到"有力之家，尚能上达，而乡村贫穷之人，则多湮没，深可怜恻"，于是下令"将应祠忠义姓氏年代，开列勒石，永垂不朽，须至碑者"①。这就是江阴文庙《忠义孝旌表碑》的由来。其中，共列入"忠"之先贤14人，"义"之先贤11人，"孝"之先贤8人。在"义"之先贤中，既有官员、勇士，更有普通百姓，如明代旌表的义民有周伯源、陈安、陈莹、徐忞、徐愈、周珪等，他们虽为普通百姓，但能够在国家危难与需要之际，仗义疏财，因此受到朝廷的肯定，也为普通百姓树立了忠义的榜样。同治十二年（1873年），江阴知县林达泉特别强调："江阴为吴中巨邑，名卿魁儒后先相望。国初效忠抗节，阖城殉难，洎乎发逆子之乱，死义尤偻指难数。盖文章气节，争自濯磨，已非一日，礼延陵而益资观感，当必有蒸蒸日上者，是则予之所厚望。"②这表达了对于书院儒学生员忠义气节的高度认可与期许。

　　必须指出的是，经过封建统治者的有意改造和倡导，孝亲之德与忠君之道，从孔孟先儒"君使臣以礼，臣事君以忠"的对等要求，而变成了君主对臣民的单方面要求，这是有违孔孟本意的。如何剔除统治者强加给儒家倡导的忠孝节义等品质的不当成分，将之转化为爱国主义和社会主义核心价值观教育的重要思想资源，是当代人的责任与使命。

　　不仅如此，在道德教化之外，文庙儒学也注重对生员诗书礼乐的教育："古之学者，春秋教以礼乐，冬夏教以诗书。离经辨志，求弗诡乎。圣人之道若是乎，其崇且尚矣。"③

---

① 《忠义孝旌表碑》，此碑现存江阴文庙。
② 林达泉：《重建礼延书院记》，见光绪《江阴县志》卷5《书院》。
③ 刘光济：《重修儒学尊经阁记》，见民国《江阴县续志》卷22《石刻记》。

教
化
途
径

中国古代教育，注重在生活中营造教育氛围，寻找教育契机。在文庙中，讲学考校、典礼体验、榜样示范、勒碑激励和环境感染等，都是儒家推行道德和社会教化的方式与途径。

讲学考校

江阴文庙建立之初，就有学子肄业其中。自宋至清，从来自朝廷正式命令的命教堂，到后来全国通行的明伦堂，从军学到儒学再到书院的建立，江阴文庙的官学规模不断扩大。明伦堂、儒学与书院，是儒家知识分子讲学、读书、学礼、弘道、研究的主要教育空间。教官、教授与学子共学一处，是对地方儒生士子进行教育的主要途径。江南文风的日益昌盛，硕学鸿儒的教学论道，江苏学政的驻扎督饬，也为江阴文庙儒学的发展提供了重要的资源与支持。

尽管大中祥符时期，葛诱曾有"将仕郎试江阴军助教"的身份，但由于缺乏当时江阴有关儒学或军学的相关记载，江阴庙学之有无尚无法做出定论。但最晚在元丰二年（1079年）江阴文庙开河建门之后，朝廷不仅批准了江阴军设学的申请，还"自苏选教授方君允升来职是学，侯又择乡之有闻者三士以辅训导，而大集诸生"[1]。资料显示，宋代的江阴军学，有儒学教授一员，九品，月俸米五石，钞二十五贯；学正一员，月俸米三石，钞一十五贯；学录一员，月俸米二石，钞一十贯。[2]

南宋绍兴五年（1135年）秋，江阴知军王棠又向朝廷请求重建军学，"立学官、教授员"，并专门为军学设置了若干学田，"补学官弟子，其员二百有四十"[3]。可见，当时江阴军学规模已经相当可观。宁宗嘉定时期，教授方万里重建教授厅，开办小学。随后，"教授郭庭坚招徕教养文理稍优者，厚加激励"[4]。从命教堂到后来的明伦堂，虽然名称不同，但其教育功能如一。正如张廷璐所说："学宫之有明伦堂，将一为礼仪相先之地，俾士子以时讲习其中，人才于是乎出，风俗于是乎成。"[5]宋代，江阴知军和军学教授们大都能够努力兴学、倡导教育，这也是他们后来被记作地方名宦的重要原因。比如教授陈刚中，注重"兴学教士"；教授郑潍，"学问综博，志尚高明。为文力去陈腐，言多奇劲。孜孜奖诱人才，务在成就。其训存诸学记，可考也"；知军徐葳，"兴学以布条化，士多悦之"；楼锷，"以儒雅饰吏事，修建贡院，嘉惠学者，吏民敬爱焉"[6]。南宋时期，江阴"贡士之额九人"，"绍兴乙卯岁混试毗陵，而江阴预贡者乃十二人，拔其元而为举首者亦江阴人也"[7]。其文庙教学与地方科考成就已经非常突出。嘉泰四年（1204年），戴溪知江阴军，也曾"建贡院，大兴士类"[8]。

绍定时期，江阴知军颜耆仲与儒学博士、军学教授郭庭

① 黄伋：《元丰江阴县学开河记》，见正德《江阴县志》卷2《学校》。
② 正德《江阴县志》卷9《名宦》。
③ 胡珵：《绍兴奉诏新建军学记》，见正德《江阴县志》卷2《学校》。
④ 陈南一：《重建教授厅记》，见杨印民辑校《宋江阴志辑佚》卷10《题泳（下）》，天津古籍出版社2016年版。
⑤ 张廷璐：《重修明伦堂碑记》，见乾隆《江阴县志》卷8《学宫》。
⑥ 嘉靖《江阴县志》卷16《列传第十二（上）名宦》。
⑦ 葛郯：《淳熙新建贡院记》，见正德《江阴县志》卷2《学校》。
⑧ 杨印民辑校：《宋江阴志辑佚》卷2《学校》，天津古籍出版社2016年版。

坚一起兴修文庙，"教民先治小学，招童生开敏者若干人，旬月有试，春秋有补，激劝备至；又取朱文公所纂小学刻之"①。朱熹的《小学》共六卷，主要是立教、明伦、敬身、鉴古、嘉言、善行，全部是儒家最基本的道德价值观。

进入元代，儒学地位一度衰落，甚至科举制度也遭到废弃。但是，元代朝廷明确规定："各路遍行所属，如遇朔望，自长次以下正官同首领官，率领僚属吏员，俱诣文庙烧香。礼毕，从学官、主善诣讲堂，同诸生并民家子弟愿从学者，讲议经史，更相授受。日就月将，教化可明，人材可冀。"②当时，江阴知州张献非常重视学校教育，"鼎创校官之宇，新小学之庐，长栏杆以示意正途，葺重屋以凝风气"，并且还重修文庙君子堂，以"一为二三子进德修业之助"③。这一时期，江阴设儒学教授一员，月俸钞二十五贯，米五石；直学一名，月俸钞五贯，米一石；大学训导一员，月俸米二石五斗；小学训导一员，月俸米二石。元代，江阴第一所书院——澄江书院，由州人蔡以忠创建，并得到朝廷的认可，"赐澄江之额，命官以主之"。当时，澄江书院设山长一员，月俸钞一十五贯，米三石；直学一名，月俸钞五贯，米一石。蔡氏父子"皆受学于朱子"，书院中"奉夫子燕居之像以居其中"④，这也是对江阴儒学士风的引导。

明朝建立后，倡导儒学，重视科举，也带动了江阴文庙的兴修与讲学考校的兴盛。当时，江阴县学中有儒学教谕一员，训导二员，各月俸米三石。这些教谕、训导等大都能勤勉教育学生，"正己率化，谈经解疑，士皆欣欣然振起，似无负于建学设官之初意"⑤，共同促成了江阴文风之盛。在县志名宦传中，此类记录比比皆是。弘治时期，知县涂祯亲自到文庙与儒生讲学论道，"招延儒生，切剧道义。慕宋程朱之

① 方万里：《绍定重修学记》，见嘉靖《江阴县志》卷7《学校记》。

② 《庙学典礼》卷1《官吏诣庙学烧香讲书》，元代史料丛刊本，浙江古籍出版社1992年版，第13页。

③ 正德《江阴县志》卷2《学校》。

④ 虞集：《澄江书院记》，见正德《江阴县志》卷2《学校》。

⑤ 吴应芳：《江阴县儒学题名碑记》，见民国《江阴县续志》卷22《石刻记》。

学，暨本朝理学名臣，孜孜训士，非诚意正心之语，不以出诸口"。训导王镐，"言貌肫肫，教人有诚意。历八年，浑然如昨，士多爱之"。训导赵储，"勤勉诸生，日有课，月有试，而一时士心兴起"①。万历时期，教谕戴士杰，"建聚奎亭，进诸士，讲德论文，日课月程，所成就多名士"②。他自己也因为成绩突出，后升任国子监助教。天启时期，教谕张化原，为人宽厚有节，注重对生员德行的培植，朔日县令谒庙时，"诸生有长跪陈事者，掖而叱之，而上春官出箧仪牍焚诸庭，皆讼诸生长短，不以片牍行侦迅也"③。隆庆年间，儒学训导范承宠曾捐出俸禄，"为讲堂三间，修青云楼，浚沼筑台，令诸生各以地远近，分日课业，其中多所成就"④。当时，江阴县儒学有"弟子三百余"⑤。

明朝灭亡后，尽管江阴有抗清八十一日的壮举，清王朝仍然决定将江苏学政衙署设在江阴，江阴庙学再次兴复。"江邑以使者驻节，故学之制视他邑尤扩，每当试时，士子环集堂中，典书习礼，锵如肃如。"⑥顺治时期，陈镗任江阴县教谕时，带领县学学生修复文庙，"收校遗童于明伦堂，试毕即束卷三百余，危坐尊经阁校阅，诚仆从无闯入"⑦，阅卷至凌晨。康熙十一年（1672年），奚禄诒出任江阴知县，他重视文教，"每月课艺生童"⑧。

乾隆时期，江阴知县蔡澍又利用儒学空地，在旁边重建了澄江书院，并邀请名家大儒讲学其中，使得江阴文庙讲学考校更加规范化和日常化。他曾谈到："逮入本朝，当事者构讲堂于学宫射圃前以课士。然师生朔望一集，事讫散去。桐山张公视学江左，雅意作人。余以雍正乙卯冬，吏兹土，承张公指，延邑进士沈君次山主教席，拨公田五十余亩，供师生廪饩膏火。不足，又与公括俸以助。张公内擢都宪，刘公

① 嘉靖《江阴县志》卷16《列传第十二（上）名宦》。
② 康熙《江阴县志》卷11《名宦传·未祀名宦》。
③ 康熙《江阴县志》卷11《名宦传·崇祀名宦》。
④ 康熙《江阴县志》卷11《名宦传·崇祀名宦》。
⑤ 张恺：《江阴学义田记》，见民国《江阴县续志》卷22《石刻记》。
⑥ 张廷璐：《重修明伦堂碑记》，见乾隆《江阴县志》卷8《学宫》。
⑦ 康熙《江阴县志》卷11《名宦传·未祀名宦》。
⑧ 康熙《江阴县志》卷11《名宦传·未祀名宦》。

继任，分俸一如张公，又亲临书院训迪之。于是学者迪迪然来矣……嗣是沈君谒选去，延金匮钱君在郊继席。钱为余分校南闱，所得士偕学博。田、李二公先与邑士兴文励行，岁科护售，食饩游庠者多出院中。"[1]在论证书院为什么迁到文庙时，蔡澍说："夫物有以类而相从者，书院之建于黉宫者，宜也。"可见，书院、儒学与文庙，其传承与弘扬儒家学说与文化的精神和使命是一致的。不仅如此，蔡澍还仿照古代书院的学规制度，专门拟订了《书院约条》《训书院生童约》。在书院建成后，学政、知县更是经常亲自莅临书院讲学，从蔡澍的《督学西江刘公按临书院恭记》《改建澄江书院落成示诸生四首》中均可见一斑。江苏学政刘藻也说："学使者，受天子命，秉文衡，主教铎，一以学校为根本地，其始莅也，先谒宣圣庙展礼，退坐堂皇召诸生，宣扬圣训，讲论书义，次则春秋丁祭，科岁按试，释菜行礼，率以为常。"[2]

随后，江苏学政李因培又重修书院，并将之更名为礼延书院，"复为诸生求师，得钱塘卢绍弓学士，惠然肯来，拥皋比谭经，一时人士竟向风焉"。他也以此激励学生，并表达自己的期许："予宫于兹，前后凡八年，恒以时至书院，与多士相见，察其行谊，第其学业，见夫循循自好，能养膏希光者，私心窃喜之。"[3]

道光时期，知县陈延恩刚到任，就着手端正士林学风："先期饬合邑生童领卷，期以十日集卷，择尤分日覆试。平日恒以先行后文，严义利，重廉耻，谆谆劝戒。书院除逢县课躬诣闱试，逐卷批阅，拔尤加奖外，恐诸生心纷外务，每月加字课六卷，恭默圣谕广训，隆学校以端士习，一条不惟，籍以习楷，深望目击道存，束身轨物。更设署课，招致文士，集宾厅，讲论道艺，因恐妨寒俊，塾课未多举行。斯

---

[1] 蔡澍：《重建澄江书院记》，见乾隆《江阴县志》卷8《学宫·书院》。
[2] 刘藻：《重修江阴庙学碑记》，见乾隆《江阴县志》卷8《学宫》。
[3] 李因培：《兴建暨阳书院记》，见道光《江阴县志》卷5《学校》。

邑为人文渊薮，积年得山长教官，启迪之盛，贤士大夫，观摩之益，士习颇蒸蒸日上。"①

由于有了学政的驻扎和亲临谒庙、选聘名师、讲学考课，江阴文庙及其儒学、书院得到了快速的发展，特别是暨阳书院，实质上变成了江苏全省的书院。

典礼体验

文庙，既是学子进学的学习空间，也是培植人才、教化风俗的施教空间。仪式是"组织化的象征活动和典礼活动，用以界定和表现特殊的时刻、事件或变化所包含的社会和文化意味"②。作为中国传统的祭祀性建筑，在文庙内举行的祭典仪式，因其宏大、庄重而具有较强的社会教化性："礼乐行乎庙中，风教行乎化下。"③

在江阴文庙中，除了每月朔望、春秋丁日的祭孔典礼外，还有其他专祠的祭祀典礼、官员就职拜谒礼、儒学生员入泮礼、崇敬地方耆老的乡饮酒礼和鼓舞科举士子的宾兴礼。所有这些礼仪，生员士子都可以参加观礼，通过直接的体验获得儒学的教诲。

祭祀典礼

孔子强调礼仪教育，注重礼乐教化。因此，祭祀典礼，特别是祭孔典礼，作为中国礼仪制度的重要组成部分，是展示儒家教化思想的最重要的表现方式。它"将儒家的社会秩序建设理念巩固于仪程范式中，以经典化的仪式形式为天下人作出礼仪的示范"④。文庙作为祭祀孔子的主要场所，无论是一年春秋两祭的祭孔仪式，还是每月朔望的日常祭拜，都是对天下读书士子重要的教化活动。

① 道光《江阴县志》卷9《风俗·士风》。
② 约翰·费斯克：《关键概念：传播与文化研究辞典》，新华出版社2004年版，第243页。
③ 范仲淹：《景祐重建至圣文宣王庙记》，见正德《江阴县志》卷2《学校》。
④ 张璨：《祭孔礼乐文化的形态与价值传承研究——以浏阳文庙祭孔礼乐为例》，载《湖南社会科学》2017年第1期。

南宋时期,江阴知军富元衡,"吉月必偕郡吏钦谒于先圣之庭"①。元代皇庆元年(1312年)重修文庙后,"春丁上日,释奠礼毕,在泮饮酒",当时知州曹侯与众人聊天提出:"殿崇而庑卑,势不相及,弗称为笑。顾吾力惫矣,孰能为我成之?"②在座众人当时表示尽力赞助,后在三个月内就将东西两庑46间房屋修葺一新。这是借助文庙祭典借机教育生员重教劝学的典型事例。

乾隆时期,知县蔡澍坚持"每岁春秋二仲上丁日,令率邑属师生致祭"③。道光年间,由于江阴文庙的大规模整修,使得庙学气象为之一新。"每岁春秋致祭,习舞明礼,礼仪节度,故人皆称庙学规模宏敞肃穆,上丁释奠甚敬整齐,而邻邦问礼,来者踵相接也。"④所谓"问礼",其实就是观礼学习。祭孔典礼,首先在于明"礼"。"仪礼"既是儒家重要的教育内容,也是主要的教化方式。相对于单纯的口耳相传与经典释读,典礼往往融合了文行乐舞,是一种更为丰富多样、生动直观的教育方式,正所谓"闻乐知德,观舞澄心,识礼明仁,礼正乐垂,中和位育"⑤。在祭孔大典这样的大型仪式中,典礼所用的器、乐、歌、舞,全都紧紧围绕"礼"而展开,并借助富有感染力的艺术形式,全面表现"必丰、必洁、必诚、必敬"的儒家崇敬向道之心,形象地阐释了孔子与儒家学说中的"礼乐教化"的思想内涵。

乡饮酒礼

相比于文庙祭孔礼,乡饮酒礼的历史更加悠久,早在周代已经成为一种主要的风俗礼节,其主要目的是向国家推荐人才。通常由乡大夫作为主人设宴招待来宾,受邀请的人主要包括地方耆老、名士等,后来逐渐演化成由地方官主持招

① 郑滁:《绍兴奉诏修学记》,见正德《江阴县志》卷2《学校》。
② 陆文圭:《江阴重修学记》,见《墙东类稿》卷7《记》。
③ 蔡澍:《重修文庙告成恭纪》,见乾隆《江阴县志》卷8《学宫》。
④ 道光《江阴县志》卷5《学校》。
⑤ 乾隆《江阴县志》卷8《学宫》。

待的尊贤重才的活动与仪式。通常，乡饮酒礼的举办地点并不固定，可以是郊外山水秀美之处，也可以是地方官员的衙署所在。但学校作为培植人才之所，就其教育目的而言，无疑是举办乡饮酒礼的最佳场所。

在宋代时，江阴文庙是举行乡饮酒礼的主要场所。咸淳时期，江阴军学教授林千之曾说："古之教者，家有塾，党有庠，遂有序，国有学，释奠于斯，祭菜于斯，养老乞言于斯，乡人饮酒于斯，化民成俗，常必繇之一。"当时的江阴知军赵孟奎，"斥宫墙之隙地，元日大集耆老，与寓公邦人，舍采于先圣先师，行乡饮酒"①。绍定时期，乡饮酒礼一度废而不举，江阴知军史寯之又大力推行。有资料记下了绍定壬辰春日在学宫举行的一次乡饮酒礼的盛况："凡仕隐爵齿之尊，乡曲贡举之彦，国学京庠之隶籍，堂校月评之莘声，与夫名阀故家之勋与德，寓公时贵之子若弟，文武僚属共事观礼，各尽敬恭。是日也，冠带班列，豆笾有楚。主宾之揖逊踰再，歌笙之升间以三。济济跄跄，雍容和乐，献酬交错，情文灿然，燕席有序，登乐无算，纯音缛礼，皆畴昔耳目之所未接，礼义之心油然以生。"②几十年后，知军赵孟奎再次自出经费，慨然行之，"元日举行，仪文既闲，礼意尤浃，衣冠在列，余七百人，故老皆谓增光于昔"，"后之好古崇教者举而措之可也"③。

可见，乡饮酒礼的教化职能及其与学校之间的关联，早已为宋人所接受并奉行。

元至正年间，由于文庙儒学一度衰落，江阴人蔡以忠创建的澄江书院成为乡饮酒礼的举办地。"其讲会之所曰义德堂，堂有铭。时何礼部镛、萧扬州琼、刘总管若水、侯治中邦、郡判官邓定、知事陈文杰、教授翁仁实行乡约礼于

① 林千之：《军学命教堂记》，见杨印民辑校《宋江阴志辑佚》卷10《题泳（下）》，天津古籍出版社2016年版。
② 杨印民辑校：《宋江阴志辑佚》卷2《学校》，天津古籍出版社2016年版。
③ 杨印民辑校：《宋江阴志辑佚》卷2《学校》，天津古籍出版社2016年版。

此。"[1]元明之后，由于路学、社学、义塾的设立，乡饮酒礼的举办地逐渐改在了乡间。江阴学者王逢专门有诗《赴澄江义塾行乡约礼次韵》："术序行乡约，衣冠集寓公。骏奔多秀彦，瞻仰及愚蒙。化煦芹边日，仁行草上风。盟卑齐相管，礼鄙汉臣通。义变延陵俗，心归吕氏功。题诗重起废，非敢玄雕虫。"[2]

进入清代，随着朝廷对社会控制的加强，乡饮酒礼也例有定制："训俗型方，莫善于行乡饮酒礼，行斯礼必慎选邑中高年硕德之人为宾介，不得以虚誉无实者滥与斯列，久经移学选举，未准议覆。"[3]

生员入泮礼

所谓"入泮礼"，即是古代学生的入学礼。明清时期，州县考试新进生员，必须入学宫拜谒孔子，因称入学为入泮或游泮。其内容与流程包括：正衣冠—跨泮池—拜孔子—拜先生—净手—亲供等。如同科举殿试后举行释褐礼一样，地方文庙的入泮礼，实际上是通过科举考试进入县学学习的生员的一次集体亮相，带有表彰的性质，是其改变身份的重要标志和象征，因而为科举士子所重视。无论家境如何，均要举行入泮礼节，即择定佳期，设宴酬谢亲友、邻居、授业老师，名曰开贺，而亲友亦送贺礼，参加宴会。

此外，生员满六十年，逢其原入学时，亦要隆重举行"重游泮水"的庆典，地方官员亦要到场作贺。今天，江阴民间仍然保有"走泮桥"的习俗。在大年初一这一天，城乡的大人小孩要到泮桥、泮池走一走、看一看，尤其要跨过鲤鱼跃龙门石雕，祈求学有所成、鸿运高照、仕途顺畅。

科举宾兴礼

所谓"宾兴礼"，原本是指在开科考试之前，"府州县地方

---

[1] 虞集：《澄江书院记》，见正德《江阴县志》卷2《学校》。
[2] 王逢：《赴澄江义塾行乡约礼次韵》，见正德《江阴县志》卷2《学校》。
[3] 道光《江阴县志》卷9《风俗》。

官为参加乡试的科举生员举行的送别典礼"①，此礼大都在文庙举行。南宋嘉熙改元之际，江阴军学教授徐琳就曾倡导举行宾兴会。"每遇秋贡，预期立盟泮宫，举行斯会。"②最初，集会的经费主要由准备参加科考的预试者志愿集资。淳祐时期，郡守赵崇候又倡导"登云会"，由地方官员、士绅捐资，为乡人登第归来举行欢庆会。后来，随着科举制度重要性的提高，地方政府逐渐开始用公费资助科举生员，并举行欢送和庆祝仪式，这就是宾兴礼。清代宾兴礼的情况是："大比之年，凡督学科试优等者，行宾兴礼。先期，儒学官将奉准红批移送县官，择期具书启集诸生。至日，集学宫明伦堂，同拜谒先师，祭奎星。儒学官具酒果于明伦堂饯送。酒一行，儒学官亲送诸生至县堂，县官张彩幄缚彩桥，设酒肴鼓乐。县官亲奉觞授几，拜揖如仪。"③江阴文庙现存碑刻中，还有一块雍正五年（1727年）的《李公宾兴田碑》，亦足见宾兴礼与孔庙的关系之密切。

　　中国儒家向来注重礼乐教化，祭孔庆典则是儒家礼乐最好的展示时机。实际上，作为一种教育手段，典礼不仅是文庙实行儒家教化的重要方式和手段，其在皇家的各种庆典、民间的祠堂祭祖中也发挥着重要的教育作用。

　　抗日战争胜利后，江阴县政府曾于1945年11月在文庙内专门举行追悼大会，以纪念在抗战中作出牺牲的阵亡将士，以表彰他们浴血沙场、前赴后继的抗敌精神。④

榜样示范

　　在文庙中，除了奉祀孔子外，还有许多杰出的贤人德士。文庙中陪祀孔子的儒家历代先贤人物，从四配、十二哲

① 毛晓阳：《清代宾兴礼考述》，载《清史研究》2007年第3期。

② 杨印民辑校：《宋江阴志辑佚》卷2《学校》，天津古籍出版社2016年版。

③ 嘉庆《东台县志》卷13《祠祀志·典礼》。

④ 江阴市档案局藏，档案号：0002-2-121。

到众多先儒，再到对江阴地方作出贡献与带来荣誉的名宦先贤，再到各个为人景仰的忠孝节义人物，无不对进入文庙的观者产生深深的触动，激发出他们内在的"成贤成圣"之志。这些乡贤名宦也成为对儒家知识分子进行教育的榜样。正所谓"乡贤主德而德欲盛，名宦主功而功欲长"①。

在宋代文庙初建之际，季子墓与文宣王庙同在江阴，当时人就谈到了季子之风与孔子之圣："庙食一方，千岁相望，遗风固可想也。学官弟子员，朝夕肄业其中，克究师友，渊源所自。如射者有鹄，如御者有策，勿贻前闻人羞，则为无负。"②明代周洪谟也说："惟先贤者，后觉之表率，所谓乡先生殁而可祭于社者也，为治者实当尊敬崇奉，以起后人仰慕效法之意，则由是而有益于风化也，不少矣。"③明正德五年（1510年），为了激励县学生员用心向学，知县王鈃等人专门在文庙立了一块《江阴县学科第题名记碑》，以"使后进之来游者，朝夕瞻慕"④。此外，江阴文庙内附设的名宦祠、先贤祠、双忠祠等众多祠庙，所立《忠义孝旌表碑》《皇清部定乡贤碑》等各类碑刻，都是为了"以表前杰，以启来裔"，以期达到榜样激励的效果。正如张廷璐所说："合境之士，束身修行一振励于学，则乡里之中，耳濡目染，皆胜任汇训，其有不翕然向化者，鲜矣遵斯道也。"⑤而从北宋时期就建立的御书阁、奎文阁、尊经阁等藏书阁，所收藏的御书、御制学规及御制告成碑、《上谕训斥士子碑》等，也都努力在学子中营造出"为国为民""成圣成贤"的读书观。

勒碑激励

作为一个重视历史经验与记忆的民族，中国古人每逢重

① 正德《江阴县志》卷2《坛祠·名宦祠》。
② 胡珵：《绍兴奉诏新建军学记》，见正德《江阴县志》卷2《学校》。
③ 周洪谟：《江阴县先贤祠堂记》，见民国《江阴县续志》卷22《石刻记》。
④ 《江阴县学科第题名记碑》，此碑现存江阴文庙明伦堂内。
⑤ 张廷璐：《重修明伦堂碑记》，载乾隆《江阴县志》卷8《学宫》。

大事件，必然会"勒碑以记名"。碑刻除了存史之外，还发挥着重要的表彰和激励作用。在历史发展过程中，江阴文庙留下了众多的碑记，且大都出自儒学名士之手，其中既有对于习业于文庙的儒家士子的谆谆教导与告诫，也隐含着对参与文庙兴修、以成就荣耀乡里的地方士人的表彰与鼓励。

传统中国社会的地方治理，虽然由地方官员主导，但大多数时候往往要依赖地方士绅、耆老的共同治理。这种做法，一方面便于地方官了解民情，发挥地方知识精英的智慧，同时，也是一种对地方文化尊重的姿态，有助于调动地方士民重学兴教之心。历次江阴文庙的兴修，尤其是明清时期，从最初的动议，到兴复工程的实施，再到最后修复工程结束时的作文乃至勒碑纪念，既是对参与其中的士人的一种感激与铭记，更是对地方士人尤其是后世知识分子的一种教育，其中隐含着一种精神的传承与延续。在历史上，有太多普通人，终其一生都默默无闻。而通过捐建文庙，普通人也有机会青史留名。因此，文庙勒碑的激励对象，从地方官员、儒家士子，扩大到了普通百姓，这是文庙教化功能彰显并延续永久的一种方式。

明正德九年（1514年），江阴知县刘纮看到江阴文庙"或敝或陋"，"欲撤而新之"，希望能够兴修庙学，而当时在县学读书的生员"侦君之志有足为也，因以请"，知县欣然同意。然后他"召义民陈谱、陈天祥、汤楷、蒋钰兴之，规划经费，相度地宜，乡人乐之，士输其财，民布其力，同寅协恭，捐俸效谋，鸠工市材，卜日兴事"。可见，在知县意志之外，庙学的兴修也得到了地方生员的认可和地方义民士绅的支持。不仅如此，为了表彰地方人士在文庙兴修中的积极助建，方谟等人专门刻立了一块《民劳次第碑》，详细地记录了这次儒学兴修的参与人员及其贡献，其中特别提到："于谱等，有不可泯者，以石请立于公。公判曰，修学一事，邑中诸大家尚义乐施，固难，而陈谱独殚力竭虑，以抵完成，尤不易得。据称欲纪其劳，以垂诸后，是亦激劝之一端也。……故瘠石表谱于前，而列乡诸义于后也。"①根据碑后所立的名单来看，这次兴修文庙，有23人捐助了建筑所用的"土田木石"，有9人捐助了建筑所用的"领甓钉灰"，有58人捐助了建筑所需的"丹绮金穀"，还有些人直接捐助了银两和米粮。其中，义官陈谱捐"银二百二十四两，米三十四石，助奎文阁砖瓦工食"②，是这次捐赠者中捐赠财物最多的一位。从捐赠者的身份看，有在职官吏，如推官、恩例指挥等，有义官、义民，有国子生、庠生等生员，捐赠名单近100人。

自此以后，义民参与文庙兴修的积极性得到了极大的鼓励，而勒碑记名、传之久远也成为江阴文庙的传统。比如，正德年间，高宾在《修奎文阁记》中就说："率作表章，刘侯、王侯之力也；愿出私钱并力成事者，义民黄金与其季父澜也，例得附书。"③正德十六年（1521年），登进义民夏夔等人积极助修江阴文庙，江阴教谕耿光及训导戎斌、陈思顺也提议："维兹盛举，匪托金石，曷以昭远。"④嘉靖时期，江阴文庙新建启圣祠，吕楠在其所作碑记中说："是役也，诸董工及捐赀助役之义民皆列碑阴，亦为从事各工者劝。"⑤

在发挥激励倡导作用的同时，对于不作为的官员，勒碑记名实际上也有反向鞭策之意："夫名之不传，固为可慨；名勒于石而人或指之曰，某亦与是耶？未必不可惧也。"⑥

① 《民劳次第碑》，此碑现存江阴文庙外墙。
② 《民劳次第碑》，此碑现存江阴文庙外墙。
③ 高宾：《修奎文阁记》，见正德《江阴县志》卷7《学校》。
④ 乔宇：《重修庙学记碑》，见民国《江阴县续志》卷22《石刻记》。
⑤ 吕楠：《新建启圣祠》，见嘉靖《江阴县志》卷7《学校记》。
⑥ 吴应芳：《江阴县儒学题名碑记》，见民国《江阴县续志》卷22《石刻记》。

环境感染

中国文化注重"观物取象""以物比德",强调天人合一的感应与联想。作为礼制性建筑,文庙中的建筑及其装饰、植物等并不是随意选取的,往往富有儒家道德教化的深意,体现着孔子与儒家文化的教育理念与价值追求,让游息其中的生员士子时时处于环境的熏陶教育之中。

比如,中国古人之所以强调学校设泮水,主要是为了学习水之大德:"然观水之环流,不舍昼夜,终必至于海,亦足以自反。"[①]所谓上善若水,水之刚柔并济、激浊扬清等特性,也是陶冶人性品格的重要源泉。江阴教谕刘瑛节衣缩食,于弘治三年(1490年)在教谕廨专门建造了一个水月窗,"通明整洁,类其为人,号之水月,盖以德德"[②]。

明天顺前后,经过多次兴修整治,文庙内部环境大为改观。在儒学学门通往泮池的方向设立了一个三间制式的门,将这条道路及其周边空地取名"礼仪相先之地",其周围"环池高柳","清风绿阴,水光相济,入门则襟袍肃清,翕然生教矣"[③]。正德年间文庙重修后,乔宇称赞道:"入其庙,肃如也,而宗主之心生;行其庑,翼如也,而畏慕之念作;登其阁,廓如也,于是乎虚以达矣;升其堂,旷如也,于是乎广以大矣。室以安其止,坊以树其声,祠以别功贤,而人又于是乎知所以向方矣。诸生曰:'学尽于是乎?'侯曰:'未也。'我国家网罗俊彦,碑曰科贡者,端仕进之机也;墩曰三台者,著尊崇之象也;河曰玉带者,取其形示源泉之有本也。"[④]嘉靖重修文庙后,汤沐也说:"宫墙可以譬吾道之浅深,堂室可以喻入道之次第,高明中庸,广大精微,故修德疑道所从事也。承学者来歌来游,得其门,践其域,能不

① 黄佖:《元丰江阴县学开河记》,见正德《江阴县志》卷2《学校》。

② 正德《江阴县志》卷2《学校》。

③ 正德《江阴县志》卷2《学校》。

④ 乔宇:《重修庙学记碑》,见民国《江阴县续志》卷22《石刻记》。

反观近取、静存动察，以求得乎圣贤之依归，以无负乎君师之养育，而敢暴弃、安于卑小粗僻之为？"①

文庙建筑的教育含义在文庙中的建筑物名称及其装饰上体现得更加直观。

明清之际，随着科举文化的盛行，儒学教育与科举制度之间的关联日益密切，因而文庙儒学建筑也非常注重对学生追求仕途的鼓励与祝愿。明正德二年（1507年），知县刘纮复修学宫时，在泮池上架设了三座桥，主桥正中桥面镶嵌"鲤鱼跳龙门"石雕一块，寓意"仕途高升"。泮桥的栏柱一度建成竹节形，"表示高风亮节，毛笔笔头状的柱头，则指文云昌行"②。

此外，文庙中建筑物的命名、匾额楹联的书写，通常也会邀请地方大儒或主要学官负责题写，这进一步强化了对学子的教育。比如元大德五年（1301年）对文庙环境的整治，泮池中的荷花启发人们"世道混浊，荷花独清"，于是有"君子堂"之名，希望文人士子能够"游圣人之门，观君子之花，味先儒之训吾意，目击道存，心融意会，其同为成德之归"，并达到"二三子进德修业之助"的效果。③作为儒家礼制建筑的重要主体，江阴文庙建筑本身无不体现着儒家的教育理想与追求。这种通过建筑、文字和符号系统而构建的概念化的空间，也因此成为儒家教育文化与知识系统的重要载体。

如果说讲学考校、观礼体验展现的是直接而动态的教化过程，那么碑刻题记、祭祀位制、建筑景观则营造了一个静态的教化空间，它们在一动一静之间，共同促进了儒家道德礼乐教化的完成。正如江苏学政张能麟所说："使诸学者于起居饮食之间，既无事而非学；于藏修游息之地，亦无学而非事。苟可以为天下国家之用者，则无不备于学；苟不可以为天下国家之用者，则不以为教也。"④

---

① 汤沐：《重修儒学记》，见嘉靖《江阴县志》卷7《学校记》。
② 李鸿渊：《孔庙泮池之文化寓意探析》，载《学术探索》2010年第2期。
③ 史孝祥：《君子堂记》，见崇祯《江阴县志》卷5《艺文志》。
④ 张能麟：《增修江阴县儒学记》，见民国《江阴县续志》卷22《石刻记》。

江阴文庙的
建筑及文化
内涵

与其他祠庙不同的是，中国古代文庙采用庙学合一的制度，在崇祀孔子的同时，也注重发挥其社会教化的作用。因此，祠祀建筑和教学建筑构成文庙最重要的两大建筑群。在每一个建筑群中，文庙建筑又能够做到主次分明，除了承担主要功能的殿、堂、祠、阁，通过附属建筑如门围、走廊、斋、舍、庑、廨、坊、墙、井、池、亭、库、所、台等，为突出主体建筑营造一个广阔、丰富、多样的活动空间。同时，再辅以能够凸显文庙教化功能的碑刻、楹联、雕刻等人工要素，能够营造文庙庄严肃穆氛围的松、柏、杏、莲、水、山、花、石等自然要素，使得文庙建筑成为中国天人合一价值理念的代表之作。

不仅如此，为了便于文庙祭祀与教化活动的开展与管理，江阴文庙内还有兼具教育行政性质的教谕、训导廨署，具有科考功能的贡院与号舍，这些也成为江阴文庙建筑的重要组成部分。

自北宋以来，江阴文庙在千年的发展中，经过了多次的兴修、改建，文庙建筑发生了很大的变化，但整个建筑群在相对稳定中不断得到发展。

门
围
建
筑

中国传统建筑大都采用封闭式结构，有门有墙。文庙的门围建筑也主要由这两部分构成。其中，门作为建筑空间的开端，其不但起到分隔空间的作用，还起到引导空间的作用，是空间的起止点；墙更多的是起到一种区隔和保护的作用。

庙门与学门

随着历代的增修与扩建，江阴文庙的外围空间不断扩大，外围建筑也逐渐增多，最典型的表现就是众多各式各样、各种材质的门。

棂星门

棂星门，通常是进入文庙的第一道大门。棂星门，原名"灵星门"。宋仁宗天圣六年（1028年），"帝命筑郊台外垣，始置灵星门"，这是郊坛设灵星门最早的文字记录。后来，人们开始在文庙前设灵星门，借"灵星"以喻孔子为天上文曲星下凡，隐含着要像尊神尊天一样尊孔，像祭天一样祭孔，灵星门逐渐成为文庙建筑的标志性大门。由于古代文字经常通用，"灵星"逐渐写成了"棂星"。也有一说是，人们鉴于文庙的门形如同窗棂一般，故改"灵星门"为"棂星门"。清代学者余兆曾说："凡有坛而无宫室者则设棂星门，以为宏义，取乎疏通也，圣庙亦设是者，所以尊夫子同天地也。"[1]

江阴文庙棂星门，始建于南宋嘉泰时期，由军学教授王益祺主持其事。不过，由于文庙外部空间有限，当时新建的棂星门，"外迫泮池，内连戟门"[2]，明显位于泮池内。理宗绍定二年（1229年），知军颜耆仲与教授郭庭坚将棂星门迁到了文庙南边升俊坊的旧址，"琢石作柱，为门者三，端挺轩豁，仰瞻者肃焉"，棂星门作为文庙第一道大门的地位才得以确立。由于棂星门在文庙前更多地承担着象征功能，除非朝廷规制变化，历史上兴修的记录很少。明弘治年间，文庙棂星门仍沿旧制，但六柱三门间装有木门，"东西广六丈"[3]。

道光元年（1821年），江苏学政姚文田曾对文庙的棂星门进行过一次整修，采用了"三门六柱华表石坊牌楼"的款式，正所谓"三桥之南，斫石为柱，朱栏，门三，门制内外绕以周垣，涂以丹艧"[4]。同治六年（1867年），江阴文庙在重建的过程中，"先建棂星门、戟门"[5]。

1995年，江阴市政府重修棂星门石坊时，根据实际条件，新址向北移了数十米，并改华表式为冲天柱式，同时保留了三门六柱的基本制式。修复后的棂星门东西长13.5米，高6.6米；斫石六柱；三门均安设朱红栅栏，左、右接墙垣，垣旁各置"一应文武大小官员至此下马"碑。石柱前后用石抱鼓夹抱，额坊两面为篆书阴文"棂星门"三字。额坊上层刻

① 余兆曾：《圣庙通记》，转引自张亚祥、刘磊《孔庙和学宫的建筑制度》，载《古建园林技术》2001年第4期。
② 正德《江阴县志》卷2《学校》。
③ 正德《江阴县志》卷2《学校》。
④ 道光《江阴县志》卷5《学校》。
⑤ 光绪《江阴县志》卷8《学校》。

江阴文庙棂星门

月兔和金乌图，反面为"日""月"两字，意寓孔子的德行与日月同辉。同时，江阴文庙棂星门前采用了八字形山门的形式，形成了一片比较开阔的空间，在迎接参拜者的同时，也为参拜者营造了良好的品赏门楣、楹联的空间。

戟门、仪门、大成门

文庙戟门位于棂星门之后，泮池之北，通常作为文庙的第二道大门。戟是我国古代独有的一种兵器，是戈和矛的合成体，它既有直刃又有横刃，呈"十"字或"卜"字形，具有钩、啄、刺、割等多种用途，故其杀伤能力胜过戈和矛。早在远古时代，与军事有关的斧钺，是军权和王权的象征。《左传》说："国之大事，唯祀与戎。"①在唐代，随着军事技术的发展，戟作为军用兵器的功能减弱，转而成为一种表示身份等级的礼兵器。唐玄宗开元时期首次规定，三品以上的官吏允许在门前立戟为仪仗，以示荣宠，立戟的数量则随官

①《左传·成公十三年》。

员品级的降低而减少。同时，在太庙、社坛等祭祀性建筑前也允许立戟："太庙、社、宫殿各施二十四戟，一品十六戟，郡王以下十四戟至十戟。"[1]文庙立戟，可能始于宋初。据道光《济南府志》中所载："庙门旧名戟门，宋太祖建隆年间诏用正一品礼，立十六戟于文宣王之庙内，徽宗大观四年诏用王者制，庙门增二十四戟，此戟门之名所由来也。"[2]

北宋大观四年（1110年），江阴知县曾"穴墉作门"，在内城南门观风门东侧新开学门，其前或有设戟，但未见明确记载，因为"庙门用戟二十四"[3]的诏令，也是在这一年颁发的。绍定改元之年（1228年），新任江阴知军颜耆仲与博士郭庭坚迁建文庙棂星门时，明确谈到是因为此时文庙"灵星门外迫泮桥，内连设戟，浅隘弗称"。据此推测，此前江阴文庙应该遵照了大观时期的王制，庙门前设有二十四戟，所以才会显得棂星门内的空间特别局促。

从门前设戟到专建戟门，又从门到屋，仅取其象征意义在屋顶饰戟，其中间的具体演化不得而知。但到明洪武时期，江阴文庙戟门已经改为三间房屋制式，泮池与戟门之间相距"八十步"[4]。此后，三间房屋制式成为江阴文庙戟门的定制。明正德二年（1507年），新任江阴知县刘纮"构大成门，展其两隅，左右各增其楹若干"。同时，又有记录说，戟门位于泮桥桥北，"左右为两翼。戟门北中为正殿"。据此推测，江阴文庙也曾把戟门称为"大成宫门"[5]，二者通用。嘉靖二十一年（1542年），知县吴维兵曾对戟门进行过维修。

乾隆五十三年（1788年），戟门又一度改称"仪门"，"自大成殿而外，则月台、两庑、仪门、泮池、石桥、棂星门、

---

[1] 夏晓臻：《唐代棨戟制度考述》，载《东南文化》1994年第6期。

[2] 道光《济南府志》卷17《学校》。

[3] 道光《济南府志》卷17《学校》。

[4] 正德《江阴县志》卷2《学校》。

[5] 张恺：《重修文庙儒学记》，见嘉靖《江阴县志》卷7《学校记》。

文庙坊"①。所谓"仪门",即整理衣冠、保持仪表端庄之门。既然戟门是进入文庙大成殿祭祀区的直接屏障,将戟门称为仪门自然也不无道理。所以,后世往往出现大成门、戟门、仪门混用的情况。道光十五年(1835年),江阴文庙"戟门有倾圮之虞"②,遂对戟门进行了修缮。同治六年(1867年)重建文庙时,"先建棂星门、戟门"。

1915年,江阴县议会停止,在地方士绅的主持下,曾对戟门等一干建筑进行了大体修葺。

20世纪80年代的文物普查中,江阴文庙戟门为龙吻脊式屋顶,单檐,面阔三间,进深六架。戟门左右有两翼,各面阔四间,进深六架。

值得注意的是,由于江阴文庙建筑群较大,在不同时期,"仪门"也可以用来指称文庙内的其他门。比如,明洪武三十年(1397年),江阴知县蒋宥曾在棂星门与泮池之间增建仪门,三间房屋制式,距离棂星门"六十二步"③,后来很快废弃。由于戟门同样可以用于太庙等其他祠祀、宫殿性建筑,因大成殿而得名的"大成门",或许更能够突出文庙祠祀孔子大成至圣先师的特点。1996年修复文庙时,江阴市政府将棂星门与大成殿之间的戟门,仿曲阜孔庙式样,大门上方悬清雍正皇帝题书的"大成门"竖匾,大门两旁悬其御书对联"先觉先知为万古伦常立极,至诚至圣与两间功化同流"。大成门仍为三间式样,东西宽20米,边上有耳房,分别题额为乡贤祠、名宦祠,但仅存其名。正门用朱漆,门上有门铜钉,左右各为7排9列。

---

① 沈初:《文庙重修碑记》。此碑现存江阴文庙。

② 顾翔云:《重修戟门、大成殿记》。此碑现存江阴文庙。

③ 正德《江阴县志》卷2《学校》。

江阴文庙大成门

庙门与石坊

北宋大观四年（1110年），因为"患墉压其前，面势不直"，曾经"穴墉作门，且设观台，内外二桥，而南其路"[1]。在地方官员的支持下，江阴文庙不仅新建了县学学门，还大大拓展了县学前的空间，畅通其道路，并将县学前的街道命名为进贤坊、升俊街。

此后，经过历代江阴主政官员和地方士绅的努力，江阴文庙不断向南拓展，有了戟门、棂星门等文庙标志性建筑。到明正德二年（1507年），知县刘纮复修学宫时，还专门在棂星门外建了一座石制坊门，作为文庙的庙门，即"外为石坊门，入为棂星门，又入为泮池"[2]。石坊两边，东有兴贤坊，西有育俊坊，以节行人。嘉靖二十一年（1542年），知县吴维兵修戟门，撤庙门石坊为学门，扁"斯文在兹"。

乾隆二年（1737年），江阴知县蔡澍开始大规模扩修文

[1] 林虑：《大观新建江阴县学门记》，见正德《江阴县志》卷2《学校》。
[2] 嘉靖《江阴县志》卷7《学校记》。

庙。鉴于文庙石坊倾毁已久，蔡澍对其进行了重修，筑垣一带，以严内外，"增建两坊于左右，东曰金声，西曰玉振，立栅门为限，以节行人，非祭谒不轻启，规制有加，为从前所未备"[1]。坊门重新书榜"文庙"二字。道光元年（1821年），学政姚文田倡议重修文庙，在文庙玉带河南面的中街正中建石坊门，为三间架构，正中的门上书写有"文庙"二字，以此彰显文庙所处位置之尊显。石坊两侧改为"德配天地"和"道冠古今"两坊，作为日常进出文庙的通道。直至光绪时期，此石坊门仍在，但今已不存。

县学学门与儒林坊

北宋大观四年（1110年），因学宫面贴古城墙，地势狭隘，再加上每到雨季，学前河河水暴涨，学子行走不便，当时的江阴知军特别在观风门东侧开设学门，以整治文庙环境。经此调整，江阴内城的城墙变成了文庙学宫的宫墙，江阴文庙也因此显得异常雄伟壮观。政和三年（1113年）以后，徐以耆亲书"学门"二字。此时，江阴文庙的庙门与学门是统一的。南宋绍兴复军，榜曰"泮宫门"，淳熙（1174—1189）初易为"观祈"，后复故。明天顺六年（1462年），知县周斌因为文庙"外门湫隘，不称百全之制"，于是购地拓建，在棂星门东六十五步、北四十步的地方设立"儒学之门三间"，入门折向泮池和戟门的地方，设有礼仪相先门与正尔容门，前者三间，后者一间。[2]在儒门旁有科第题名坊，刻有洪武以来登科者的姓名。从此，江阴文庙进入了庙制与学制一体两制的格局。此时，文庙庙门与儒学学门分设，但明伦堂依然在大成殿后，从学门进入文庙，中间有礼义相先门与正尔容门相通。礼义相先门又被称为礼仪门，是县学的第二道门；正尔容门循庙而北，可以直通明伦堂。这种一体两

① 乾隆《江阴县志》卷8《学宫》。
② 正德《江阴县志》卷2《学校》。

制、既相互联系又彼此独立的布局，是江阴庙学建筑的一大特色。

嘉靖二十一年（1542年），知县吴维兵修戟门，一度撤庙门坊为学门，扁"斯文在兹"。但到清乾隆时期知县蔡澍重修文庙时，庙门石坊重新榜书"文庙"，而改原儒林坊为汇征坊，学门上直接书写"儒学"二字。此时的儒学学门也称为仪门，二间建制。另外，在戟门外的东侧还有一个黉门，作为进出儒学与文庙的侧门，旁设下马碑。儒学中黉门对面还有一个外门，"初时与黉门遥对，乾隆五十三年重建，改为南向，加以围墙，左右立栅门、下马碑"。道光七年（1827年），陈培因曾"重修黉门，通行加高宫墙"。同治六年（1867年），江阴县重修文庙时，"先建棂星门、戟门、东西官舍、黉宫门、明伦堂、东西旁屋、崇圣祠"[1]。

1914年，江阴县儒学门头的三间旧屋毁于火灾。由于修建资金匮乏，且此时新式学堂早已取代儒学，所以江阴政府并未对之进行重修，而是直接改建成了围墙。

书院院门

江阴之有书院，始于元代，但属于私人创设，后经朝廷赐匾派官，改为官办。明成化五年（1469年），常州府同知谢庭桂到江阴署理兵政，发现江阴县衙署位于城隍庙右边，其门东向，出入都要经过城隍庙，"厥地且庳隘"[2]，于是决定把县衙重新迁回到宋时衙署旧址，即西北爱日门内，同时决定利用原城隍庙县衙署旧址筹建延陵书院。嗣后，知县黄傅、王銈、李元阳、孙应奎等人相继增修。但到了清代，已经衰落。

乾隆三年（1738年），知县蔡澍决定利用文庙儒学房舍创办书院，暂时沿用古名"澄江"，聘沈涛为首任山长。经过

① 光绪《江阴县志》卷5《学校》。

② 嘉靖《江阴县志》卷7《学校记》。

几年的兴修，在儒学东面建成了一个院舍完备、规模宏大的书院。书院的院门由明代所建的聚奎亭改造而来。该亭始建于明万历三十七年（1609年），是由当时的江阴知县许达、教谕戴士杰和训导李应锽、王德淡等人所建，最初位于启圣祠之东南。[①]所谓聚奎亭，本为祭祀魁星、祈求科举的祭祀场所，将之作为书院院门，也表明了这一时期书院与科举之间关系密切。

乾隆二十三年（1758年），江苏学政李因培不满意于儒学与书院的规制，促成了一次新的修整扩建，把聚奎亭改建为魁星楼，作为书院的正门。魁星楼后来与文庙一起毁于太平天国运动。同治七年（1868年）开始筹划恢复书院，在复建过程中，林达泉将原来的魁星楼改为奎星阁，继续作为书院的大门。

可见，随着江阴文庙规模的不断扩大，文庙庙学日益发达，形成了文庙、儒学和书院三大建筑群。三大建筑群既各有门墙，相对独立，内部又有仪门相连互通，形成了江阴文庙独有的建筑布局结构。庙门、学门、书院门，或为坊，或为房，或为亭、楼、阁，其制有三开间、两间和单门，反映了中国古代建筑的丰富性与多样性。

泮池与泮桥

除棂星门外，作为中国古代学校最典型的标志性附属建筑，泮池、泮桥也是江阴文庙重要的组成部分。

中国古代学校曾被称为泮宫，与周天子辟雍类似，它是古代中国国家最高学府的象征，同时也是按时举行祭祀、庆功等多种礼乐活动的场所。《礼记·王制》中说："大学在郊，

---

① 光绪《江阴县志》卷5《学校》。

天子曰辟雍，诸侯曰泮宫。"辟雍中央为高台建筑，四面环水，而诸侯泮宫等级逊于辟雍，仅有三面环水。郑玄说："泮之言半也，半水者，盖东西门以南通水，北无也。"这种半圆形的水池被称为泮池。为了方便行走，泮池上往往会架桥，称为泮桥。后来，随着各地兴学运动的开展，人们就用泮宫代指地方学宫，是地方官学的集中表现。也正因为如此，科举时代生员入学称入泮。由于文庙兼具学校与祭祀场所的双重职能，因此，泮水、泮池、泮桥就成为文庙建筑的标配之一。而古代学校之所以环水，主要是为了以水喻德。"百川学海而至于海，丘陵学山而不至于山。故君子恶夫山而取诸水者，以其浑浑不舍昼夜而已。"①

通常，大成殿的大门面向南方，因此泮池与泮桥多位于大成门南边，棂星门之北，是进入大成殿的必由之路。但与其他地方文庙不同的是，江阴文庙的泮池并不是一开始就有的，且其形状、位置、数量也多有变化，从玉带河逐渐演变成了内泮、外泮并存的局面。

北宋元丰年间，江阴科考成绩不够理想，有人认为其主要原因在于文庙直面城墙，空间逼仄，且庙前水旁流而不顾，风水不好。所以，地方人士决定在县学前开挖河道，利用旧有河道改良风水和环境。最后在江阴文庙开挖出了一条"长千尺，其阔二十尺"的水壕，其制已经超出了泮宫，而更类似辟雍，实际上不无僭越之嫌："考之于古，固不合乎先王之制。"②大观四年（1110年），江阴文庙又新开学门，"穴堙作门，且设观台、内外二桥而南其路"③，则此处"内外二桥"已具有泮桥性质。南宋绍兴三年（1133年），江阴知军崔颂对文庙加以修葺，拓泮桥、泮宫。绍定二年（1229年），知军颜耆仲拓辟泮宫外门，迁建棂星门石坊，其原因

① 黄佖：《元丰江阴县学开河记》，见正德《江阴县志》卷2《学校》。

② 黄佖：《元丰江阴县学开河记》，见正德《江阴县志》卷2《学校》。

③ 林虙：《大观新建江阴县学门记》，见正德《江阴县志》卷2《学校》。

是文庙内部空间狭隘，导致"棂星门外迫泮池"①，则此时文庙内部当已有泮池。

元大德五年（1301年），张献主政江阴时，对废弃的文庙泮水及其上之凉亭进行了修葺。明代前期，沿用元制，泮池面积未变，"界泮池为甬道，径池为大堤，堤上承外门为三道，道各一桥，桥下东西池水流通"②。到了明正德二年（1507年），知县刘纮复修学宫，易弊鼎新，崇高辟隘，由是庙学大治。此时的江阴文庙泮池面积相当可观，方圆十五亩，"甃石两崖。池上架石为桥者三，穿为九洞"③。

嘉靖七年（1528年），知县张集重修文庙，"购庙南民舍为通衢，曰外泮"，进一步扩大了文庙的范围，并增设了一些建筑。但这里的外泮，与泮池半圆形的水塘的制式可能有所区别，甚至不一定有水。嘉靖十二年（1533年），知县李元阳奉例建启圣公祠在观德堂前，正南为殿，并且把原射圃迁移到外泮。

清乾隆二年（1737年），在兴修文庙时，也曾经"疏浚泮池及周边河道，筑石驳岸"，不过，此时的江阴文庙泮池"方广亩许，界地位甬道者，三道各一桥"④，虽然规制大体与明代类似，但其面积显然大大缩小了。

道光元年（1821年），江苏学政姚文田认为，江阴庙学"阴阳失调"，难出状元，出路在于整理周边河道，以调整风水。在他的倡议下，在庙学前重新开挖出了一条环形河道，取名"玉带河"，在河的起点，架上一座"鸿渐桥"，以便利南北行人。此时的玉带河，在一定程度上类似外泮，与文庙棂星门内的泮池构成了一定的呼应。道光七年（1827年），陈培因重修黉门，通行加高宫墙，修葺泮池三桥，易木栏以石建。

---

① 方万里：《绍定重修学记》，见嘉靖《江阴县志》卷7《学校记》。

② 嘉靖《江阴县志》卷7《学校记》。

③ 嘉靖《江阴县志》卷7《学校记》。

④ 乾隆《江阴县志》卷8《学宫》。

由于自乾隆时期，文庙与儒学实行两门各立，到了道光时期，在文庙东部的儒学部分，与文庙棂星门和泮池相对，在崇圣祠和五王殿前，还有一个三台墩与小的外泮池。从道光时期保存下来的江阴文庙学宫书院图中可以看出，这一时期，除了江阴文庙的泮池，在文庙儒学与书院中间，还有一个外泮池，只是面积明显比文庙泮池小很多，且没有泮桥在其上，可能更多地体现为一种象征性的功能。当文庙儒学和书院改为新式学堂之后，儒学内的泮池不复存在，但文庙内的泮池依然存在。

进入民国之后，江阴文庙曾在1915年、1940年进行过简单修葺，但彻底的整修是在20世纪80年代以后。1985年，相关部门对江阴文庙泮池、泮桥进行整修，整修后的泮池直径30米，池上泮桥为三穿九洞石桥，青石桥身，麻石桥面，西、中、东三桥各有石阶38、37和39级，并重建水泥栏杆。1995年，江阴市人民政府在整修文庙时，力图保持文庙泮池、泮桥的原貌，重新疏浚泮池，并增设坐式石栏。

今天，江阴文庙前的泮池，东西弦长44米，弓高17.7米。泮桥复原为三穿九洞石拱桥，桥长17.7米，中孔跨径为6.5米，两边孔跨径为5米。中间正桥宽3.3米，东西两辅桥宽2.76米。正桥与辅桥之间的间隔为1.8米。主桥略高于辅桥。泮桥为青石结构，主拱圈、侧墙均为青石砌筑，桥面和桥栏亦为青石铺设架构，体现明代建筑风貌。其主桥拱圈还保留了数块宋代建桥时的石材，其特征是褚红色多孔花岗岩。桥栏柱为青石镌刻的莲花顶，造型朴实精美。泮池的栏杆柱为褐黄色花岗岩镌刻的莲花顶，造型与桥栏柱相同。主桥正中桥面镶嵌"鲤鱼跳龙门"石雕一块，寓意"仕途高升"。两侧辅桥正中桥面各镶嵌一块"水旋"吉祥石雕一块，与江阴的其

江阴文庙泮池、泮桥

他古桥所嵌"水旋"吉祥石雕相似。文庙泮桥,建造年代久远,造型别致,是江阴极为重要的文物遗存,也是江阴文化底蕴深厚的象征。

宫墙与照壁

　　文庙中的门围建筑,除了上述的棂星门、戟门和牌坊之外,还有宫墙与照壁。在中国古代,墙是对建筑及生活在建筑之内的人的最好保护。因此,下至黎民百姓,上至国家防御,墙在中国人的生活和建筑中都扮演着重要的角色。就文庙而言,学宫宫墙不仅具有通常的区隔、防御功能,还与孔子作为至圣先师的崇高地位有关。在儒家知识分子看来,"宫墙可以譬吾道之浅深,堂室可以喻入道之次第,高明中庸,广大精微,故修德疑道所从事者也"[1]。所以,人们通常用"万仞宫墙"来形容孔子学问的博大精深,用"登堂入室"

---

[1] 汤沐:《重修儒学记》,见嘉靖《江阴县志》卷7《学校记》。

来形容人们的学识境界。因此，加高加固宫墙，不仅仅具有普通的建筑意义，也具有一定的教化色彩。

宋初江阴文庙从内城南门外迁移至城内，虽然主要是出于"比邻监狱，有碍风教"的考虑，但内迁子城后无疑也有助于提高江阴文庙的安全性。不过，由于内城空间有限，江阴文庙大门距离内城城墙过近，以至于文庙内地势狭隘，无法彰显圣门之地的宏大庄严。所以，北宋大观四年（1110年），江阴知军徐以耆专门在观风门东的城墙处打开一个缺口，增设一座文庙学门，把内城的城墙改为文庙与学宫的庙墙与宫墙。以城墙作为文庙庙门与宫墙，除了曲阜孔庙，在全国各地尚不多见。

南宋理宗绍定时期，当时的江阴知军颜耆仲重新修学，把棂星门外移，同时，把泮宫与原有宫墙打通，并在泮宫城墙门上建有城楼："宸奎杰阁，泮宫城楼，华扁新题，照映霄汉。"[1]宝祐（1253—1258）时期，当时的江阴主政者赵彦适又特别"增广宫墙"，进一步扩大了文庙的基址。此后，历次文庙的扩建，均涉及文庙宫墙的拓展与修建。元代时，泮宫宫墙上的城楼因岁久失修，一度成为危楼，后经重修，"高深长广，视昔有加，栏槛凭虚，檐牙飞动，丹碧焕出云表，前对笔峰，旁资丽泽，芳莲净植，芹藻相依，光风徐来，生香不断"[2]。不仅增加了文庙宫墙的巍峨，而且也成为文庙登高赏景的一处绝佳宝地。

明嘉靖六年（1527年）冬，知县张集鉴于文庙学宫前居民杂处，决定对文庙外部环境进行整治，专门"直南为屏，计若干仞"[3]，率先在文庙前建起了照壁。清乾隆时期重修文庙时，也在文庙南面，"建筑照壁，也称屏墙，内设雨穴，为龙眼"[4]。道光元年（1821年），学政姚文田又在文庙前中街

① 方万里：《绍定重修学记》，见嘉靖《江阴县志》卷7《学校记》。
② 陆文圭：《重作泮宫楼记》，见《墙东类稿》卷7《记》。
③ 汤沐：《重修儒学记》，见嘉靖《江阴县志》卷7《学校记》。
④ 汤沐：《重修儒学记》，见嘉靖《江阴县志》卷7《学校记》。

的南侧，重建文庙大照壁，不设中门，只有东西两个圆顶门洞，一米多宽，四米左右高，名曰"龙眼"。道光七年（1827年），陈培因重修簧门，通行加高宫墙。从道光时期的江阴文庙图中可以清晰地看到，文庙内外共有照壁三面，除了庙门外中街前的照壁外，在泮池和戟门之间，在书院魁星阁门前，也各有一面照壁。光绪五年（1879年），重修文庙时，戟门、两庑、宫墙、照壁都在重修之列。1915年，江阴地方士绅对江阴文庙进行修葺时，三桥、戟门、宫墙、泮池也被纳入修葺计划，而照壁石已经不见于记载。

通过文庙前的止步街、金声玉振坊、下马碑的提示，文庙庙门、儒学学门与书院院门的区隔，连同文庙内棂星门、泮池、戟门的连续烘托，文庙内安详幽静的祠庙气息，与文庙外热闹嘈杂的市井生活之间，形成了一种鲜明的对比，不仅营造了一个巨大的活动空间与引导空间，也在人的心中形成了一种庄严肃穆的心理氛围，为进入文庙礼拜先圣先贤、崇德缅怀、酝酿情绪奠定了良好的基础。直至今日，跨进文庙大成门内，一门一墙，就隔开了城市的喧嚣，进入了一个幽静典雅的世界，让世人有一种在传统与现代之间穿越转换的感觉。

文庙，原本就是为了祭祀孔子而兴建的祭祀性建筑，庙制建筑是文庙建筑的核心。不过，随着历史的发展，孔子地位不断抬升，文庙建筑也不断丰富，形成了以大成殿为核心的文庙祭祀建筑群。在这个建筑群中，祭祀孔子及历代大儒的祠庙是其核心。同时，供奉孔子先人的启圣祠、祭祀地方先贤和名宦的先贤祠和名宦祠，以及不同历史时期存在的其他专祠，也是文庙庙制建筑的重要组成部分。

大成殿

作为祭祀孔子的孔庙或文庙，居于核心的主体建筑无疑是大成殿。由于历代对于孔子的封号有所改变，大成殿早期曾被称为文宣王殿、宣圣殿，后来被称为大成殿、大成宫等，其中以大成殿最为常用。

江阴文庙大成殿始建于北宋初年，后经元、明、清及民初几十次扩修，成为苏南地区规模较大的文庙。北宋早期，江阴文庙大成殿还被称为文宣王殿，在高大的殿堂外，有围廊、平台与台阶，以便举行祭祀仪式："堂焉巍焕，廊焉徘徊，大厦斯清，高门有闶；乃圣乃贤，俨乎其位；阼阶以进，依然金石之音。"[1]崇宁三年（1104年），宋徽宗赵佶取孔子集古圣先贤之大成之意，下诏曰"辟雍文宣王殿以大成为名"，赐额太学文宣王殿为"大成殿"，并要求天下文庙一体奉诏，均称"大成殿"。江阴文庙也曾得赐"大成殿"额。

南宋时期，江阴知军赵彦适考虑到庙学合一，进出学堂都要从先贤像前经过，容易失去尊崇之义，专门在大成殿外设置了栏杆，不到祭祀之日不开，而另外开辟通道通到后面的学斋学堂。

元时，江阴称州，军学改为州学。皇庆元年（1312年）重修文庙时，进一步扩大了大成殿的基址与建筑规模："遂毁故庙，增博其基，广硕其础。筏木于仪真，辇石于苏台，是断是斫，是寻是尺，高甍巨桷，摩切霄汉，丹碧绚丽，观者目眙。"[2]可惜的是，至正十二年（1352年），泰州张士诚派高邮义军攻江阴，文庙再次被毁。

入明之后，江阴降州为县，江阴侯吴良在文庙原址恢复庙学，后经过多次拓展兴修，江阴文庙不仅恢复迅速，而且其庙制较之前更加完备。

明代宣德六年（1431年）重修文庙时，为了突出大成殿的宏伟高大，"筑土累石为基，基高四尺一寸，基上为殿，凡五间，高三丈二尺，深三丈六尺，广四丈九尺，像设四配十哲，其制俱坐。殿东西为两庑，每庑为屋二十间，处中未门，像设七十子及从祀诸贤"[3]。经过兴修，"大成殿十有六楹，东西两庑各三十有四楹"。此时，从戟门到大成殿的大庭，"东西五丈一尺，南北十一丈二尺"[4]。殿前设有月台，"高视殿基减一尺，南北二丈六尺，东西三丈八尺，左右有阶"①。

正德二年（1507年），知县刘纮再次对文庙进行大修。此时，大成殿前有月台，"甃为陛，环以石闸，中左右三阶"，"露台中墀，轩敞倍昔"②。月台台阶设有丹墀，"甬道三条，拜台两方，其西南有瘗坎"③。

清兵入关南下后，因为江阴士民坚决而激烈的抵抗，清军攻占江阴后，屠城三日，以至于城内幸存的老幼人数不足百人，庙学建筑中也只有大成殿与明伦堂残存一些屋廓。这从侧面反映出，大成殿与明伦堂作为文庙的核心建筑，其坚固程度非其他建筑所比，其在世人心目中的地位也非其他建筑可比。所以，即便是战争时期，大成殿与明伦堂的毁坏程度也相对较轻。

清雍正四年（1726年），江阴知县祁文瀚倡捐整修文庙，时任礼部尚书兼云贵总督的江阴人杨名时，捐献千金修葺大成殿。后又经过乾隆时期的两次大修，江阴文庙大成殿规制日益完备："中设先师神位，座前立石刻像，旁列四配，益以有子、朱子共十二位，每岁春秋二仲上丁日，令率邑属师生致祭，东西各增翼，以通廊腑力，飞栋榱桷，梁楹背极壮丽，为圣城之伟观。"④大成殿前有月台，甃石为陛，且周围环以石制栏杆，左右有台阶，供祠祀者进出。道光十五年（1835年）秋，一场大风拔起了文庙内的大树，落到大成殿的屋脊上，造成了屋脊的损毁。江阴文庙管理人员"逐处查勘"，重点对大成殿屋顶进行了修葺。⑤

可惜，咸丰十年（1860年），在太平军与清军展开的拉锯战和争夺战中，江阴文庙遭到破坏，再加上太平军信仰拜上帝教，排斥贬低孔孟为代表的儒家学说，在太平军统治江阴近3年的时间里，江阴庙学陷入了极大的危机和困境中，

① 杨士奇：《江阴县重修庙学记》，见正德《江阴县志》卷2《学校》。
② 张恺：《重修文庙儒学记》，见嘉靖《江阴县志》卷7《学校记》。
③ 张恺：《重修文庙儒学记》，见嘉靖《江阴县志》卷7《学校记》。
④ 乾隆《江阴县志》卷8《学宫》。
⑤ 顾翔云：《重修戟门、大成殿记》。此碑现存江阴文庙。

以至于在太平军撤出以后，由于大成殿损毁严重，随后恢复的祭孔典礼不得不在城隍庙进行。待到江阴县真正恢复稳定后，知县颜云阶才开始组织人员清理文庙废墟，奏请复建。在此次复建中，不知是大成殿损坏并不严重不急于修理，还是损毁过于严重以至于兴修费用过多，抑或者是科考对于学制建筑的需求更加迫切，当时重修的顺序是先学制后庙制：同治六年（1867年），先行修建了"棂星门、戟门、东西官舍、黉宫门、明伦堂、东西旁屋、崇圣祠、头门、仪门"等学制建筑，而直到光绪元年（1875年），才开始着手修建"大成殿及左右旁廊、东西两庑、祭器乐器房、名宦乡贤两祠、宰牲亭"①等庙制建筑。

1915年，江阴文庙虽然也曾对大成殿、崇圣殿、明伦堂、名宦祠、乡贤祠等主要建筑进行了修葺，但由于经费有限，且建筑物众多，其所起作用有限。日本侵华战争全面爆发后，江阴很快沦陷，文庙建筑遭受了重大损失，仅明伦堂与大部分破旧的文庙殿堂得以幸存。

中华人民共和国成立后，大成门、大成殿、明伦堂、东西庑房等主体建筑和泮池三桥尚存，但终因年久失修、风雨侵蚀和人为改建等原因，大部分已破败不堪，岌岌可危。1949年，文庙成为江阴县立中学的校舍，大成殿作为废旧物资储藏处，沦为危房。县立中学曾对大成殿、明伦堂分别作抢险加固。在1981年的文物调查中，大成殿损毁比较严重，尤其是屋顶破损厉害。大成殿内外装修，如门窗挂落、藻井天花、匾额、雀替、地坪、粉刷、彩绘等，剥落严重。因此，1993年开始的文庙建筑修复工程中，大成殿是重中之重。

新修复的文庙大成殿，建筑为重檐歇山顶，抬梁式屋架，器宇轩昂，宏敞肃穆。

① 光绪《江阴县志》卷5《学校》。

江阴文庙大成殿

　　从外观来看，重檐正脊饰有双龙戏珠图，两端以皇宫规制饰龙吻，垂脊塑龙、狮、马、牛等传统吉祥物。飞檐的角落处有石刻的持刀武士，意为大成殿的守卫者。飞檐的主脊间隔有黄瓦装饰，上面装饰有花纹。飞檐的正中装饰有瓶插三戟，莲花底座，寓意平升三级。在大成殿的朱漆正门上，也雕刻有鎏金的龙凤图案。

　　整个大成殿面阔五间，宽16.2米，深12.28米，高 15 米。在大成殿重檐正中悬挂"大成殿"贴金匾额。"大成殿"三字是从曲阜孔庙摹写而来，传说为清雍正皇帝的手笔。大成殿殿门外两侧，有雍正御书对联"德冠生民溯地辟天开咸尊首出，道隆群圣统金声玉振共仰大成"。进入殿内，正中是清康熙皇帝题书的"万世师表"，两边的对联是"气备四时与天地鬼神日月合其德，教垂万世继尧舜禹汤文武作之师"。"万世师表"匾额的南面，在大成殿中门内上方，悬挂着清光绪皇

大成殿屋脊装饰

帝题书的"斯文在兹"匾额。一殿之内，集清代数位帝王的御笔书法及其对孔子的褒扬，无疑成为江阴文庙一笔重要的文化遗产。

大成殿内，在先师孔子坐像前的地砖处，是一块刻有莲花的石砖。大成殿内梁、栋、椽、额枋均为彩绘龙纹虎皮，系光绪十年（1884年）遗迹。殿内藻井处装饰有精美的排鹤图案，旁边的梁架上则有苍树、翠竹、幽兰、祥云、鹿、塔、人物等彩绘图案，这是江阴文庙文物古迹的重要组成部分。在20世纪90年代的修复过程中，专门聘请南京博物院文物保护研究所的文物修复专家，对大成殿内近百年的梁、枋及其上百余平方米的彩绘进行了化学保护。

通常，大成殿前均设有露台，作为举行祭祀孔子的仪式的祭坛，称为月台。实际上，大成殿前的月台，既为祭祀活动提供了场所，同时也让人无法一览殿内情境，实现了视

江阴文庙大成殿内藻井排鹤图

江阴文庙大成殿内梁架彩绘

线的遮挡，自生景仰之意。在举行祭孔大典时，通过设置月台，大成殿殿内奉祀区、月台上的祭祀仪礼区与台下的观礼区之间，形成了层次分明的区隔。20世纪80年代，江阴文庙大成殿前月台长19.5米，宽10米，青石垒成；90年代重建时有所调整，改建后的月台长12.7米，宽8.7米。

月台前设有丹陛石，即可以到达月台之上的两列阶梯之间的精美石雕，一般长度为两米以上，宽一米左右，用好几块石头雕刻组成。丹陛石又称陛阶石、御路、螭陛，是古代帝王身份的象征，被建造在月台前，也是象征着孔子与文庙至高无上的地位。丹陛石上的雕刻也都有题材的限制，一般都以云龙为主，或在其下刻上鲤鱼龙门。台阶虽短，但象征意义十足。

由于孔子弟子众多，除了四配、十二哲能够与孔子同享大成殿，其他众多先师先儒，则居于大成殿两侧的配祀厢房，称为两庑。在历次整修文庙中，两庑也是整修的重要内容。不过，由于其从属于大成殿，故留下的记录并不多。明崇祯十年（1637年），学政倪元珙对文庙所有殿、堂、门、庑、阶础、墉垣进行了全面整修，使之俱极坚精。清光绪元年（1875年）开始，继续兴建"大成殿及左右旁廊、东西两庑、祭器乐器房、名宦乡贤两祠、宰牲亭"[①]等。

在孔庙拓建的历史上，大成殿的基址、规模和格局相对比较稳定，而两侧的厢房规模随着文庙空间的拓展、从祀先贤先儒的增多而不断拓展。不过，并非所有厢房都用来供奉先贤先儒，因而并不能把大成门内两侧的厢房统称为两庑。比如，道光时期，江阴文庙大成门内的东西两侧共有厢房40间，但按照古制，东西厢房中都只有中段七间叫庑，用于奉祀先贤先儒。

在东西厢房的南端，传统上各有三间，分别充作祭祀典礼所需要的刑牲所与祭器库。所谓刑牲所，即为准备祭祀用品的杀牲所。按照中国古代礼制，春秋丁祭前，需要先把祭祀用牲养在刑牲所内，然后在祭祀前处理。这主要是为了保证祭品的卫生洁净，因为在祭祀典礼完成之后，祭肉等祭品会由参与祭祀的众人分食，这也体现了中国古代物尽其用的理念。据记载，清道光七年（1827年），陈培因重修黉门，通行加高宫墙，修葺泮池三桥，易木栏以石建，宰牲亭于乡贤祠之南。可见，相比于主要建筑来说，这类附属建筑是可以根据实际情况进行调整的。

今天，江阴文庙东西两侧的厢房依然完整，但不再奉祀先贤先儒，而是成为江阴文庙开展传统文化教育的活动空间。

中国祠庙建筑营造素有"视死如生"的传统，宫室建筑采用"前朝后寝"的格局。在文庙中，大成门与大成殿，连同东西两侧厢房，共同构成了一个相对封闭的祭祀空间，成为孔庙最为核心的祭祀区。其院内空间，自然成为祭祀朝拜区，而大成殿殿内，则为至圣先师孔子神位。院内空间开

---

① 光绪《江阴县志》卷5《学校》。

阔，旁边的松柏营造了庄严肃穆的氛围，是今日祭孔大典观礼嘉宾的主要活动场所。在从大成门到大成殿的中轴线上，临近月台丹陛石前，放置着一个大香炉，以便日常供奉。

启圣祠

启圣祠，也称崇圣祠、启圣殿，最初用来奉祀孔子的父亲叔梁纥的专祠，其祠创建时间较晚。北宋大中祥符元年（1008年），宋真宗到山东曲阜祭孔，亲拜"叔梁父堂"，追封叔梁纥为"启国公"、颜征在为"鲁国太夫人"，在曲阜孔庙建专祠祭祀叔梁纥，以彰显孔子与儒家对孝道的尊崇。但此时，启圣祠还仅限于曲阜孔庙。

全国文庙遍设启圣祠，始于明嘉靖九年（1530年）。当时，大学士张璁上奏《孔子祀典疏》称："叔梁纥乃孔子之父，颜路、曾晳、孔鲤乃颜、曾、子思之父，三子配享庙庭，纥及诸父从祀两庑，原圣贤之心岂安？"[1]请求重新厘定文庙祭典，建立启圣祠。嘉靖皇帝欣然采纳，改封叔梁纥为"启圣公"，建启圣祠，并且颁布旨意，令国子监、各地的文庙都要设立启圣祠来祭祀启圣公，同时，仿效四配陪祀孔子之例，由四配之父配享启圣祠，称为"先贤"。后又追加"二程"之父程珦、朱熹之父朱松从祀启圣祠。

嘉靖十二年（1533年），江阴知县李元阳在文庙观德堂正南面建造启圣祠，祀孔子父叔梁纥，并按照朝廷规定，以颜回、曾参、孔伋、孟轲、"二程"和朱熹之父配享。祠前也有专门的碑亭。由于启圣祠建设较晚，所以其在文庙中的位置并无定制，只能择空地相机而建。当时，李元阳是将文庙原有射圃迁至文庙外泮，才为启圣祠腾出了空间。但是，由

---

[1] 张璁：《孔子祀典疏》，见李之藻《頖宫礼乐疏》卷1《历代褒崇疏》，四库全书本。

于原射圃是在文庙东侧的教学区，实际上与文庙祭祀区并不相属。随后，地方官员先是建聚奎亭于启圣祠之东南，其后知县宋光兰又建讲习堂于聚奎亭后。[①]可见，明代启圣祠并不如大成殿那样，构成一个相对独立的祭祀建筑群或祭祀区，而只是一个单独的祭祀祠堂。

清雍正元年（1723年），雍正诏令改启圣祠为崇圣祠，祭祀孔子的五世祖，又追封孔子以上五代祖先为王，所以，崇圣祠也被称为五王殿。乾隆二年（1737年），知县蔡澍大兴土木，扩建明伦堂，奉例扩启圣祠为五王殿，其地在进贤门外，澄江书院之西。[②]位置基本未动，但规制有所扩展。同治六年（1867年）重建文庙庙学时，崇圣祠与棂星门、戟门、明伦堂等是第一批兴建的建筑。光绪五年（1879年），再修明伦堂、五王庙、戟门、两庑、宫墙、照壁。

由于江阴文庙崇圣殿在空间位置上处于文庙的学制区域内，因此，在清末新式学堂兴起后，崇圣殿所在区域被划归江阴第一高等小学，后为江阴县中所有。改革开放后，江阴县中扩建时，曾一度要拆毁崇圣殿，被江苏省文物管理委员会及时制止。负责此事的无锡市城乡建设管理委员会曾在1985年6月20日专门发文，决定将崇圣殿移地拆建，并按原式样、原规模、原结构建造。当时，崇圣殿屋顶为单檐歇山式，面阔五间，进深六架。但随后因为诸多原因，崇圣殿未能复建。

江苏省文物管理委员会《关于加强江阴县文庙保护的意见》

---

① 崇祯《江阴县志》卷1《职方志》。
② 乾隆《江阴县志》卷8《学宫》。

名宦祠与乡贤祠

与启圣祠相比，名宦祠与乡贤祠在文庙中出现较早。事实上，早在文庙出现之前，地方上祠祀先贤的现象早已存在。《周礼》有云："凡有道者有德者使教焉，死则以为乐祖，祭于瞽宗。"春秋时期，吴国公子季札，以其"三次让国"的高尚德行得到江阴地方人士的祠祀。在江阴申港，至今仍存的延陵季子庙，规模宏大。正所谓"乡先生殁，则祭之于社"[①]。

江阴文庙建立不久，就开始在文庙中祠祀先贤。南宋理宗绍定二年（1229年），江阴知军颜耆仲曾在文庙讲堂旁建清孝公祠、先贤祠。绍定四年（1231年），知军方万里也曾"大治夫子庙，肇先贤祠"[②]，祠祀范文正公与前郡守王棠、楼锷、戴溪、赵彦适等人。从祭祀对象看，这时，文庙中乡贤与名宦并没有做特别的区分，其祭祀标准相对模糊。

明朝礼部要求，"天下府州县学各立乡贤名宦祠"，"乃度地建祠"[③]。成化六年（1470年），常州府同知谢庭桂、江阴县县尹王秉彝，在江阴文庙县学内东南角建先贤祠，"以祀季子及宋三公，而增以圣朝洪武初国子司业、邑人孙公作"[④]。第二年，谢庭桂毁祠而奉迁诸主并祀文昌祠，但"设文昌像正中而猥厕诸贤其侧"[⑤]，引起了地方士人的不满。弘治七年（1494年），知县黄傅撤掉文昌祠，在棂星门东西两侧建名宦、乡贤二祠。两祠的建筑规制相同，均有门、厅、殿堂、厢房，并各有围墙保持相对独立："两祠之制俱为周垣延缭，前为门，门内有大厅，大厅北为前堂，前堂北为正堂，各有三间；正堂东西为两厢，各有三间，俱为步廊。"[⑥]由于建筑规模较大，直至弘治十一年（1498年）才真正落成。

① 《后汉书·郑孔荀列传第六十》。
② 陈南一：《重建教授厅记》，见杨印民辑校《宋江阴志辑佚》卷10《题泳（下）》，天津古籍出版社2016年版。
③ 正德《江阴县志》卷2《坛祠·名宦祠》。
④ 周洪谟：《江阴县先贤祠堂记》，见民国《江阴县续志》卷22《石刻记》。
⑤ 正德《江阴县志》卷2《坛祠·乡贤祠》。
⑥ 正德《江阴县志》卷2《坛祠·名宦祠》。

　　清康熙时期，江阴名宦祠损毁严重，"木主仅存三五"，教谕荆子迈曾将之修葺一新，但雍正十三年（1735年），教谕田有伊又将该祠鬻与门斗刘衡居住，后遭到县学诸生邢炳、严学诚等人的控告。①乾隆时期重修文庙时，名宦、乡贤两祠被改置于大成门左右两翼，各面阔四间，进深六架。光绪时期，规模有所减小，均为三间，并重新安置在棂星门外左右两侧。民国时期，在地方士绅的主持下，乡贤、名宦两祠也一度得到修葺。

　　到了1985年，仅有泮池东边的名宦祠尚存，"面阔三间，进深六架"。祠东还有名宦祠的扩建部分，面阔四间，进深四架。20世纪90年代重修时，将名宦、乡贤设在大成门左右两翼，其门东西相对，但由于只是耳房，空间狭小，已经不复祠祀名宦、乡贤。而在棂星门与大成门

原名宦祠位置，现为文物市场

之间，泮池东侧原名宦祠的建筑，现在作为江阴市古玩市场，成为销售钱币、字画、文房四宝、旅游纪念品等文化商品的营业场所。但从外观与建筑风格上，依然可以想见当年名宦祠的状况与气势。

其他专祠

江阴文庙在名宦、乡贤祠建立前后，也建有其他纪念地方先贤或名宦的专祠，如宋代建立的清孝公祠、颜侯祠，明代建立的吴公祠、双忠祠、贡公祠，清代建立的忠孝祠等。这些祠祀建筑因为属于附属祠制建筑，所以，存续时间、建筑规制不一。比如，明代吴应芳专祠中，"旧有石刻圣像，高不碣几，崇祯元年，训导冯启旦加石砆起之"①。康熙时期，江苏学政许时庵向朝廷请求兴建双忠祠，最初位于学宫西偏处，雍正年间，改建于文庙内，"其制前为门，正堂三间，中肖缪文贞、李忠毅二公像，故曰双忠，以同死环难者也"②。后又重迁回原址。同期所见的忠孝祠，"其地址在县学偏东方向，前门三间，正祠三间，向系敬一亭故址，在讲堂之前"。据此推测，这些专祠可能都是三间建制。

1985年进行文物普查时，江阴文庙名宦祠东南向双忠祠、贡公祠尚存，后或因城市建设需要而被拆毁。

① 崇祯《江阴县志》卷1《职方志·学宫》。
② 乾隆《江阴县志》卷9《祠庙》。

教学建筑

由于文庙实行"庙学合一"的制度，地方文庙与地方官学难以区分，因此，文庙通常也被称为县学、儒学或学宫。实际上，由于中国古代建筑的特点，文庙中的教学建筑群与祭祀建筑群有着明显的区分。教学建筑是指文庙中实施教育教学活动的主要场所。与祭祀建筑群一样，教学建筑群中的建筑也各有分工，呈现出主次分明的特点。比如，举行重要教学典礼、考校的明伦堂，进行具体教育教学的讲堂或学斋，具有藏书、刻书功能的尊经阁，开展军事体育训练的观德堂等。

明伦堂

明伦堂是文庙教学建筑群的核心建筑，也是大成殿之外，文庙最重要的标志性建筑。江阴文庙设明伦堂始于何时，现已不可考。但可以肯定的是，在江阴文庙创设后不久，就建有专门用于教学的讲堂，当时承担教学职能的建筑被称为"命教堂",而不是明伦堂。

命教堂

北宋时期,江阴文庙初建,虽有学子肄业其中,但并没有关于讲堂的记载。

南宋建国之初,为了抵制金军南下,江阴因其重要的军事战略地位而有大量驻军,文庙与学宫一度废为营屯。南宋绍兴五年(1135年)八月,新任江阴知军王棠到任后拜谒文庙,看到文庙的衰败破落,"恻然改容",随即向朝廷请命建学,要求设立学官、选任教授、选拔生员。得到批准后,他迅速"下令调工役,改治学宫,簿正祭器。未几讲堂穹宏,两序端直,舍次靖深,庖湢洁具,一钱不以费县。官不以扰民,学则大备"。此事受到朝廷的嘉奖,当时有从事陈刚中说,"礼,天子命之教,国以学请",提议将新讲堂命名为"命教堂",众人均认为此名很好,于是遂用此名。①这是目前江阴文庙讲堂最早也是最详细的记录。但是,也有资料说,命教堂之名是王棠所聘军学教授范雱提出的,"命教堂者……此王侯棠实作之……名之王侯,时博士范雱也"②。同时,王棠还在讲堂前建东西两序四斋,分别题名"诚身""逊志"和"进德""育英"。这是江阴儒学(当时称"军学")有相对独立的专门建筑之始。

及至绍定时期(1228—1233),文庙讲堂可能已废。知军颜耆仲在文庙内修建了一座御书阁,下设有学堂,扁以"时习"。③次年,又重建命教堂。经过修建,讲堂与东西斋序"整饰邃严",以至于"黉宇改观"④。随后,文庙还曾立清孝公祠于讲堂之右,建先贤祠于讲堂之左。⑤可见,此时讲堂周围建筑开始增加,但祠祀建筑与讲学建筑的区分并不明显。绍定五年(1232年),前江阴军学教授,时任江阴知

① 郑滂:《绍兴奉诏修学记》,见正德《江阴县志》卷2《学校》。

② 方万里:《绍定重修学记》,见嘉靖《江阴县志》卷7《学校记》。

③ 佚名:《修学御书阁》,见杨印民辑校《宋江阴志辑佚》卷2《学校》,天津古籍出版社2016年版。

④ 方万里:《绍定重修学记》,见嘉靖《江阴县志》卷7《学校记》。

⑤ 方万里:《绍定重修学记》,见嘉靖《江阴县志》卷7《学校记》。

军的方万里，再次重修教授厅。咸淳时期，江阴知军赵孟奎再次重建命教堂。"巨楹隆栋，修梁重拱，洞户广庭，文砖扣砌。旧楩楠之林，可存者存之，余皆所架。讲席巍巍然，摄齐而升，顿易旧观矣。"新的命教堂，"堂之楹二十有四，得大木为梁，撤前楹二而势益宏。其工易，其材良，其栋隆，施板覆箔于椽上而瓦之，以支百年固可也"①。

元代元贞改元（1295年）之际，江阴文庙得以重修。"庙南向前峙三门，东西列两序，绘先贤像，冠缨甚肃，后馀八斋，中立讲堂，翼以二夹室，崇其北为藏书之阁，东序之东建学官厅事，西序之北筑小学。"②这时，江阴文庙基本沿用宋制，为前庙后学，且学制建筑也较为完善，但仍未以"明伦"命名讲堂。

明伦堂

明伦堂是取"学以明人伦"之意："学宫之有明伦堂，将一为礼仪相先之地，俾士子以时讲习其中，人才于是乎出，风俗于是乎成。"③

明洪武二十六年（1393年），江阴县教谕蔡允升、县丞贺子徽议为左庙右学，乃更建于讲堂址，而以庙址为明伦堂。因此，讲堂统称明伦堂，可能始于明朝。宣德六年（1431年），江南巡抚周忱与江阴知县朱应祖重建明伦堂，改规制为"前庙后学"。此时的明伦堂："三十有六楹；左右为两斋，各四十有四楹。庖廪门垣咸备以固，高敞弘丽加于旧规。"④正德时期，经过两次重修，江阴文庙明伦堂，共有三间，此后基本上均保持这一规制。

入清之后，抗清斗争固然给江阴带来了"忠义之邦"的美誉，庙学的建筑群却也付出了沉重的代价。在那场艰苦卓绝的抗争中，江阴县学的训导冯厚敦是领导义军的"三公"

① 林干之：《军学命教堂记》，见杨印民辑校《宋江阴志辑佚》卷10《题泳（下）》，天津古籍出版社2016年版。
② 陆文圭：《江阴修学记》，见《墙东类稿》卷7《记》。
③ 张廷璐：《重修明伦堂碑记》，见乾隆《江阴县志》卷8《学宫》。
④ 杨士奇：《江阴县重修庙学记》，见正德《江阴县志》卷2《学校》。

之一，江阴文庙及其明伦堂被选为义军的指挥所，庙学的一切设施都服从了兵事争斗的需要。城破以后，除大成殿、明伦堂残存屋廓外，江阴文庙的建筑均成瓦砾一堆。

清乾隆二年（1737年），知县蔡澍重修文庙，"首建明伦堂，以振纪纲"①。重修后的明伦堂，"三间两翼，屏门刻'孟子居天下之广居'一节，历朝碑石，具厝于壁，旧有'同年十五举子''一秋两京解元'二额，道光时新增探花季芝昌、会元夏子龄、解元郑经三额，历朝文武乡会、贡举题名两翼，左右设鼓钟，凡讲学、行礼、丁祭、习仪在焉"②。

据记载，在春秋丁祭时，祭祀典礼从明伦堂开始，经启圣祠，然后才来到大成殿。③因此，明伦堂与一般的讲堂不同，它不仅仅是讲学修业之所，更是重要的教学典礼、论课考校之地。而且，明伦堂内的讲学论道，多由主要官员发起、主持。乾隆五十五年（1790年），张廷璐奉命到江阴视学，就曾经"率诸生谒庙，升明伦堂"④。此后，乾隆、光绪年间均有兴修。

日军侵华时，明伦堂也遭到了严重的破坏。江阴解放以后，江阴县立中学复校，明伦堂经过修缮，一度成为县立中学的"饭厅"。

1949年后，江阴县立中学也曾对明伦堂作抢险加固。1996年，由于条件限制，新修复的江阴文庙明伦堂，采用了最低等级的硬山顶式，屋顶没有任何装饰，体现了平实的风格。整个明伦堂面阔三间，进深十六架。中门为六扇，门厅上悬有宋代理学家朱熹的手迹仿件"明伦堂"横匾，黑字白底，两侧则是借用清代南菁书院（今南菁高中）第二任院长黄以周给南菁书院题写的对联："七十子六艺兼通，文学溯薪传，北方未先于吴会；九百里群英毕萃，礼仪表茅葭，东林

① 刘藻：《重修江阴庙学碑记》，见乾隆《江阴县志》卷8《学宫》。
② 道光《江阴县志》卷5《学校》。
③ 乾隆《江阴县志》卷8《学宫》。
④ 张廷璐：《重修明伦堂碑记》，见乾隆《江阴县志》卷8《学宫》。

江阴文庙明伦堂

以后有君山。"

明伦堂内没有隔断，空间开阔，便于在大型活动时人群聚集。其三面墙壁和明伦堂右外侧，为明清碑刻陈列墙。文庙已经对碑刻进行了保护，均加盖了玻璃罩。

君子堂

除了明伦堂之外，随着江阴文庙儒学的拓展，儒学内还有其他的讲堂。

元代，文庙泮池东南曾建有一座君子堂，本为赏景悦心的游息之所。明宣德六年（1431年），江南巡抚周忱与江阴知县朱应祖重建大成殿、明伦堂、君子堂和时习、日新二斋。此时，由于文庙建筑的扩建与调整，君子堂之名虽存，但其位置已经发生了变化，功能也超出了游息之所的范围，开始承担了部分的教学职能。正德二年（1507年），知县刘纮复修学宫，明伦堂东西两侧为时习、日新二斋，二斋南边分别对应君子堂与养贤堂，二堂后面各有训导东西二廨。此后，直至清光绪时期，君子堂都是文庙儒学内的附属建筑之一。光绪时期,君子堂与教谕廨都在时习斋内,"教谕廨:在时习斋内,中为君子堂,三间,其前有门,南向"[1]。根据清代的文庙布局图来看,君子堂成为位于文庙儒学中心轴线上与明伦堂相对应的建筑物。

1905年科举制度正式废除后,文庙儒学转办学堂,是为礼延高等小学。1907年,又在君子堂前添筑教室,以扩充规模。1914年,君子堂本身也被改造为教室。

除了讲堂之外,明万历三十七年(1609年),江阴知县许达、教谕戴士杰和训导李应铠、王德淡等人,还曾建聚奎亭于启圣祠之东南,其后知县宋光兰建讲习堂于聚奎亭后。[2]这是对县学教学场所的一种拓展与扩充,成为以后江阴文庙书院建筑的基础。

尊经阁

尊经阁,也称为藏经楼或藏书楼,是文庙学宫的配套建筑,主要收藏儒家经典书籍、文庙重要碑刻等,相当于现在的学校图书馆。与明伦堂一样,在江阴文庙创设藏经建筑时,其名字并不叫尊经阁,而是称为御书阁。

南宋高宗绍兴时期,江阴知军富元衡曾经专门在文庙内建藏书室,"扃三传以谨其拿,合诸史以护其旁,此前日之所无,而今创建者也"[3]。

理宗绍定二年(1229年),江阴知军颜耆仲在江阴文庙建御书阁。据记载:"御书阁,始于前郡守王秘监时期,当时,秘监王楠,尚书戴(溪),寺簿叶(延年),权郎苏(十能),前后助以缗钱。至玉牒赵(彦适),以沙田六顷,拨隶养士。资其余以助费,阁乃告成。期间风雨侵蚀,

---

光绪《江阴县志》卷5《学校》。

崇祯《江阴县志》卷1《职方志·学官》。

郑滁:《绍兴奉诏修学记》,见正德《江阴县志》卷2《学校》。

备尝艰辛。赵侯（孟奎）捐己俸十八界，官会一千六百贯，米二十石，命学校修焉。椽题之上，旧编芦涂垩之，今枢板覆箔，钉头瓦缝，举以法故，匾篇四周，门扉隐映，炳如也，翼如也。"①从名字来看，此阁是为了珍藏宋代皇帝御令或御书的碑帖而专门建造的。当时，其藏书内容有两大特点：一是碑或书多为皇帝御笔亲作，如皇帝御制《文宣王赞》，徽宗《付河北糴便司御札》，大观元年（1107年）徽宗皇帝御笔《八行八刑》，政和丙申（1116年）徽宗遍赐天下的"大成殿"额，绍兴己未高宗御书《孝经》，以及南宋理宗所作《新士风》。②二是内容多与颂扬孔子、教谕士子有关，应该是两宋时期读书人必读的权威材料。

元代重修文庙时，也如宋制，"中立讲堂，翼以二夹室，崇其北为藏书之阁"③，将藏书阁置于文庙讲堂即明伦堂后。

明正德二年（1507年），知县刘绖再次在明伦堂后兴建藏书阁，称为"奎文阁"，但已有尊经之意："圣人之道，存之为德行，用之为礼乐、刑政，著之而为经，以垂教于天下后世。故经之所在，道之所在，圣人之所在，天之所在也，而可不知所尊乎？"④正德十五年（1520年），知县王泮也曾修葺奎文阁，时人曾感叹："始，江阴未有阁，学制未称，识者叹为阙典。正德戊辰，安福刘侯绖始构之。越若干年而阁就以圮。岁庚辰，上党王侯泮至，乃大饰治之。"⑤可见，当时奎文阁或尊经阁已经成为文庙庙学的标准建筑之一。"阁之制，凡三十楹，高三十六尺有奇，广七十二尺，深四十三尺。户牖洞达，梯衡截然。登而望之，云汉昭回，城外内之胜概，尽在俯视矣。阁之后，垒土为峰，杂树松柏，交荫其上，命曰'三台'，助阁之势尊甚，兴学者望道之心，愿治之

① 佚名：《修学御书阁》，见杨印民辑校《宋江阴志辑佚》卷2《学校》，天津古籍出版社2016年版。
② 佚名：《修学御书阁》，见杨印民辑校《宋江阴志辑佚》卷2《学校》，天津古籍出版社2016年版。
③ 陆文圭：《江阴修学记》，见《墙东类稿》卷7《记》。
④ 高宾：《修奎文阁记》，见正德《江阴县志》卷7《学校》。
⑤ 高宾：《修奎文阁记》，见正德《江阴县志》卷7《学校》。

志跃然矣。"①至于为什么将此阁命名为"奎文阁",按照当时人的解释,"曰奎文者何？言其道之宣著若奎宿然,辉亘于天,人所共仰也"。

万历元年（1573年）,江阴文庙儒学尊经阁重修完成,其重修背景是,"儒学明伦堂之后,故有尊经阁,岁久不葺"②。可见,江阴文庙尊经阁之称,当在明正德至隆庆年间。经过此次重修,江阴文庙尊经阁气势宏伟,不仅使江阴文庙建筑更加完整,布局更加完善,而且成为江阴文庙登高望远的绝佳赏景之处。当时人形容文庙："前而秦望凤凰,诸峰蜿蜒逶连,或隐或见,环列左右,则又叹曰,是育才造士之地,风气攸萃也。"将"奎文阁"改为"尊经阁",更多的是为了突出对儒家经典的推崇,也或许是受到了佛教的影响："佛老之教,世之所谓异端,而其徒尊之,朝斯夕斯,诵习不懈……况于圣人之道乎？"③所以刘光济说："经存则道存,尊经所以尊道也。"

乾隆时期,知县蔡澍在明伦堂后重建尊经阁。"高阁三间,雄峙堂后,峥嵘高耸,四望空远,北接君山,南屏由里,杳定秦舜,映带左右……上列文昌像,内制纂诸书籍经史子集,以备邑士观览也。"④后经过扩建,道光时期,尊经阁上下有五间。

太平军占领期间,文庙主体建筑均遭到不同程度的毁坏,尊经阁仅留下基址一座,后未能恢复。当时在明伦堂后尊经阁前,"有四只大石龟",进入民国后,大成殿与明伦堂,"均归县中学使用,尊经阁址辟作运动场,此四大石龟不复存矣"⑤。

① 高宾：《修奎文阁记》,见正德《江阴县志》卷7《学校》。
② 刘光济：《重修儒学尊经阁记》,见民国《江阴县续志》卷22《石刻记》。
③ 刘光济：《重修儒学尊经阁记》,见民国《江阴县续志》卷22《石刻记》。
④ 乾隆《江阴县志》卷8《学宫》。
⑤ 陈昌言：《鲰员》,见《江阴文史资料》（第1辑）,内部印刷物,1983年,第96页。

进学斋

南宋绍兴五年（1135年），江阴知军王棠在文庙建命教堂作为讲学场所的同时，又建了东西两序四斋，分别题名"诚身""逊志"和"进德""育英"，这是文庙儒学有相对独立设施的开始。随后，知军颜耆仲重修军学，在御书阁之下设有学堂，扁以"时习"，东西斋序"整饰邃严"[①]。此后，历次文庙兴修，均未改变二斋的位置，但名称、规模历代不一。元代重修时，"后余八斋，中立讲堂"[②]，学斋比宋时规模有所扩大。入明之后，宣德六年（1431年）重修文庙时，明伦堂、君子堂外，时习、日新二斋，"各四十有四楹"[③]。清乾隆六年（1741年），经过修缮："日新斋：堂之东，有楼，上下凡六间，前为步廊，通教谕廨；时习斋：堂之西，制同日新，通训导廨。"[④]在随后江阴文庙的历次重修中，学斋也是修葺的重点。

民国建立之后，把礼延高等小学改为江阴县第一高等小学，并进行扩建，将文庙原有教谕、训导两廨，东西时习、日新两斋，均归入该校。1937年年底，日军开始向江阴进犯，时习、日新两斋舍在内的小学校舍被彻底焚毁。

今天，文庙不再承担教学和祭祀功能，文庙两侧的东西二斋，其西边改为文庙保护管理所的办公室，其东边改造成了拓碑与茶艺等技艺的教学体验室，仍然发挥着传统文化的传承与教育功能。

书院建筑

书院，最早始于唐代集贤殿，逐渐从藏书机构变为讲学

① 方万里：《绍定重修学记》，见嘉靖《江阴县志》卷7《学校记》。
② 陆文圭：《江阴修学记》，见《墙东类稿》卷7《记》。
③ 杨士奇：《江阴县重修庙学记》，见正德《江阴县志》卷2《学校》。
④ 乾隆《江阴县志》卷8《学宫》。

机构，既是中国私学发展到高峰的产物，也是明清以来中国地方官学的代表性机构。江阴书院之设，始于元代。当时，江阴人蔡以忠在家创设义学，后被朝廷得知，赐名澄江书院，其山长一如学官，享受朝廷俸禄。当时，"许北郭恕为山长，益用实学厉多士，士风以振"①。

明英宗天顺年间（1457—1464），周斌到江阴任知县，在任六年，曾在江阴修儒学、书院、察院，因为政绩被擢开封知府。②这是江阴官方正式设立书院最早的记录。嘉靖时期，书院名为"延陵"，在文庙儒学北边，与儒学之间隔着察院与药局，并不相隶属。

清乾隆三年（1738年），江阴知县蔡澍率先利用文庙儒学房舍创办书院，暂时沿用古名"澄江"，聘沈涛为首任山长。随后几年里，他利用儒学东面的空地，逐渐建成了一座颇具规模的书院。乾隆二十三年（1758年），江苏学政李因培把书院扩建成了一个三门五进的建筑群：建魁星楼做书院正门；进门为讲堂，敞厅三间；其后有志士先厅，再后有怀德楼、敬业乐群楼，均三间二层；楼西有辈学斋、后书房等书舍19间。这一时期，江阴儒学与书院一起，构成了与文庙祭祀主体建筑相匹配的一个教学建筑群。

同治七年（1868年），江阴知县汪坤厚捐置漕田，清理废墟，筹划恢复被太平天国运动破坏的书院，最终由接任知县林达泉于同治十二年（1873年）复建完成。他将原来的魁星楼改为"奎星阁"，继续作为书院的大门；将书院更名为"礼延书院"，取"礼祀延陵季子"之意，并在怀德楼中供奉延陵季子的牌位。之后，彭毓麟又将怀德楼改为"景贤楼"。书院建成当年，林达泉聘任重光为书院第40任山长。此时的礼延书院，又恢复到了与文庙相称的程度。清代诗人陈安曾

---

① 李因培：《兴建暨阳书院记》，见道光《江阴县志》卷5《学校》。
② 正德《江阴县志》卷9《名宦·守令》。

写有组诗《江学八景》，对书院的讲堂、厅事、书斋、藏书楼、奎星阁以及假山、古树名木等均有赞叹。

射圃与观德堂

射圃，即供士子射箭习武的场所。孔子以"礼、乐、射、御、书、数"六艺教人，因此，"射御"所代表的古代军事体育教育，也是儒家士子应该修习的一项内容。江阴因为重要的军事战略地位，在历史上多次为独立军制，其官学有相当长的一段时间称为军学，军学与儒学常常交织在一起。因此，射圃之建，也是江阴文庙的一个重要特征。

南宋淳熙元年（1174年）后，江阴知军把原来文庙东北方向的熙春园改造成了供军学学子习武健身的射圃。后来，一度废弃，佃为民居。开禧元年（1205年），改创贡院。

明永乐年间，主政江阴的蒋宥再次复建射圃。弘治七年（1494年），知县黄傅重修文庙，专门用五十尺的栏杆为射圃增加了一道门。正德二年（1507年），知县刘纮再修文庙时，将射圃改在了教谕廨的东边，并在其地建了一个堂，名为"观德"，可能类似今天体育场看台的功能，也是欣赏文庙周边风景的一个好去处。嘉靖十二年（1533年），知县张集为在观德堂南建启圣祠，把射圃改建于文庙外泮，请御史闻人铨为之书匾曰"射圃"。"门内两旁为亭，左方一亭刻道统圣贤赞，巡抚都御史陈凤梧著。"[1]后学台倪元珙又稍增建筑，命名"序贤""观德"，"历任学台，试诸生儒步骑射于此"[2]。可见，射圃不仅是文庙游息赏景的好去处，也是儒生们锻炼身体、体育考校之所。

进入清代，江阴知县蔡澍大修文庙时，重新将射圃迁回

① 嘉靖《江阴县志》卷7《学校记》。
② 崇祯《江阴县志》卷1《职方志·学宫》。

文庙右侧儒学内，其位置在儒学君子堂与观德堂之东，五王殿之后，介于书院与文庙儒学之间。

由于射圃本身空间较大，很容易成为文庙增设新建筑的牺牲者。所以，其设立地点多变，且面积日益缩小，也就不难理解。晚清学堂兴起之后，射圃也是最早被江阴第一高等小学征用的地方。

教育行政与
科考建筑

按照明代官制，国家最高学府国子监的最高长官国子监祭酒，仅为三品品级。地方上的教谕、训导，俱属没品的不入流小官，地位较低。但其所承担的人文教化、培植人才的职能却又异常重要。或许是为了更好地履行其教育职责，教谕、训导的办公、休息场所，大都设在文庙明伦堂两侧的斋舍中。与此同时，明朝中后期以来，江阴成为江苏学政衙署的所在地，在科举考试中的地位与作用也越来越重要。为了便于士子修学课考，江阴文庙的科考建筑也日渐发达。包括教谕廨、训导廨、贡院、号舍等在内的教育行政建筑与科考建筑，也是江阴文庙教育建筑群的重要组成部分。

学署建筑：教谕、训导廨

江阴地方官学始于何时，已经很难考证，但宋代江阴军学设有教授或助教，却是不争的事实。早在北宋大中祥符年间，葛诱就曾担任江阴军学助教。不过，考虑到当时文庙的记载中学制建筑还不完备，且葛诱是江阴本地人，文庙中是否有其办公建筑尚不得而知。元丰二年（1079年），上级曾经从苏州选聘方允升充作江阴军学教授，江阴知县杨孝孺又在地方上选聘"乡之有闻者三士以辅训导，而大集诸生"[①]。按照中国古代学校的惯例，书院山长、私塾塾师大都有住在任教之所的传统。此时，文庙县学教官来自外县，文庙中或已经有其办公场所。南宋绍兴时期，江阴再次新建军学，并聘请左儒林郎范雱任军学教授，当时军学学额有240人，且文庙内"讲堂穹宏，两序端直，舍次靖深，庖湢洁具，学则大备"[②]，教授与生员自然可以食宿于庙内。至绍定四年（1231年），方万里重建文庙，"（泮）桥外于门，甃足于砌，旁夹以吏舍"[③]。此时教授办公建筑或在文庙棂星门外。元代重修文庙时，其建筑布局是"庙南向前峙三门，东西列两序"，"东序之东建学官厅事"[④]，则此时学官办公建筑与宋代大体相当，在文庙棂星门附近。

明正德二年（1507年），经过江阴知县刘纮对庙学的大修，在学制建筑部分，"由正尔容门出而东为教谕廨，君子堂后为训导东廨，养贤堂后为训导西廨，并教谕廨而东为射圃，有堂曰观德"[⑤]。文庙学官的办公、生活建筑开始围绕讲堂斋舍设置，其在学制建筑群中的位置也基本确立，此后遂成为定例。

清乾隆六年（1741年），知县蔡澍在文庙右侧大兴土木，修缮原有儒学建筑群，把教谕、训导二廨分别设在了日新、时习二斋之内。道光十五年（1835年），教谕蔡云翔重修教谕廨："在时习斋内，中为君子堂三间，其前有门，南向，其东书房四间，其后内屋四间，从屋三间，厨房二间。"[⑥]训导廨在日新斋内，"中为养贤堂三间，侧厢二间，

① 黄伾：《元丰江阴县学开河记》，见正德《江阴县志》卷2《学校》。
② 胡珵：《绍兴奉诏新建军学记》，见正德《江阴县志》卷2《学校》。
③ 陈南一：《重建教授厅记》，见杨印民辑校《宋江阴志辑佚》卷10《题泳（下）》，天津古籍出版社2016年版。
④ 陆文圭：《江阴修学记》，见《墙东类稿》卷7《记》。
⑤ 嘉靖《江阴县志》卷7《学校》。
⑥ 道光《江阴县志》卷5《学校》。

其前书房四间，庭有门，东向，其后向内屋三间，厨房一间"[1]。训导刘铭起又新建后屋三间。教谕廨和训导廨的东西方向，还有书房和生活起居用房。[2]同光之际重修时，也沿用乾隆旧制，但规制有所调整：教谕廨内屋减少至三间，从屋减少至一间，厨房二间，训导廨之门则改为南向。[3]

进入民国之后，礼延高等小学改为江阴县第一高等小学，并进行扩建，文庙原有教谕、训导两廨和东西时习、日新两斋均归入该校，同时在训导廨设立习艺所。

科考建筑：贡院与号舍

自宋代科考兴盛以来，贡院与号舍成为继文庙儒学之后地方最为重要的官方教育建筑。南宋时期，随着王朝政治、经济、文化重心的全面南移，地处长江中下游的江阴，逐渐成为文风昌盛之地，被誉为"浙西望郡"，参加科举考试的人数竟然可以多达数千人。这就对考试所需号舍、学生考试期间的食宿产生了巨大的压力，造成"试无其所"，学子们不得不"寓于僧舍"的局面。当地人"至率私钱增创廊庑"，可惜由于缺乏统一规划，这些私人建筑的房屋，"卑陋褊迫，试者病焉"。南宋绍兴时期，知军富元衡就任后发现，江阴文庙"尝为秋闱战艺所，蔺轹伤夷，讫事无省，因陋就简，日益不治"[4]。淳熙元年（1174年），正逢大比之年，刚刚调任江阴的楼锷，看到文庙"倾屋毁墉"，忧心不已，决定寻找一块开阔之地兴建号舍，后最终于淳熙七年（1180年），在县城东北角爱日门外、祥符寺之侧，寻得一块"秀气磅礴之地"，开始营建江阴贡院。新建成的贡院风光秀丽，"坐席帽峰而东望，君山拱揖于其前"，"重门叠庑，堂室庖湢，莫不具备。合七十楹，显敞宏丽，翠飞云蠹"[1]。有宋一代，江阴金榜题名的进士达227人，占江阴自宋至清所取进士总数之半。仅以高宗、孝宗两朝为例，各有两科连续录取进士5到6人。其中葛邲、邱崇在隆兴元年（1163年）同登进士第，后相继在朝列于中枢机构的"宰执"高位。南宋开禧元年（1205年），知军戴溪遵照"贡院之址应设于城内东南方"的要求，将贡院迁建于文庙军学之东，即射圃旧地。"贡院"二字，为丘文定公崇书。[2]

入元后，科举举行的时间有限。元世祖忽必烈虽重儒学，但不重科考。直到延祐四年（1317年），才在南方恢复乡试。十余年后又"诏罢科举"。元末江阴文庙遭到战乱的破坏，贡院也不复存在。

明清之际，随着朝廷对科举考试的重视，文庙中有关科考的建筑也得到增建、扩建。明正德二年（1507年），知县刘纮在复修学宫时，专门在时习斋、日新斋的左右翼建立了

江阴文庙学政文化广场科举放榜群雕

① 葛邲：《淳熙新建贡院记》，见正德《江阴县志》卷2《学校》。
② 程以正：《江阴史事纵横》，上海古籍出版社2011年版，第55页。

专供科考的号楼。嘉靖十八年（1539年），知县孙应奎重修两号楼。万历四十二年（1614年），江苏学政驻扎江阴后，由于学政要按试下江（江苏地区）八府三州生员，江阴贡院的作用就更加重要，其号舍需求也更大，而文庙空间有限，贡院和号舍后遂移出文庙。

作为国家考试选拔人才的重镇，贡院还专门有兵士守卫。嘉靖时期，贡院有"统制一员，秉义将官一员，正军二百人听候调遣"[①]。

此外，江阴文庙中的科考建筑还包括与科考密切关联的科第坊，科、贡二碑亭，魁星阁，奎星石等，均旨在激励与祝愿儒学生员致力科考，取得佳绩。明正德十六年（1521年）夏六月，知县王沣兴修文庙："其为功，凡大成殿、两庑、戟门、奎文阁、君子堂、东西号楼、射圃亭、养贤堂、科第坊、乡贤名宦祠、仓库、外号，总若干楹，则因旧绩也；科贡二碑亭、三台墩、玉带河，子筑于濬，次第毕举，则新功也。"[②]

---

① 嘉靖《江阴县志》卷10《兵卫记》。

② 乔宇：《重修庙学记碑》，见民国《江阴县续志》卷22《石刻记》。

中国古人为学，讲究藏息相辅、张弛有度。对于教育类
建筑，尤其强调其有主有辅，注重良好教育环境的营造。同
时，古人又强调知行合一，注重日常生活的修养，因此，游
息和生活建筑也处处体现着儒家的价值理念，服务于文庙祭
祀教化的礼制要求，成为文庙礼制建筑的重要补充。

光风霁月亭与君子堂

北宋江阴文庙新建后不久，就利用学前开河与新建学门
的机会，"穴塘作门，且设观台"，营造出了"观台临池"的赏
景佳地。时人称赞说："每藕花盛发，弥望云锦，柳堤中通，
形胜视它郡甲。"南宋宝祐元年（1253年），江阴军学教授赵
汝沓又在泮池左右各建一亭，扁以"观德""咏仁"，"为矜佩
燕息游之所"。后两亭更名，左曰"光风"，右曰"霁月"。①

元大德五年（1301年），江阴知州张献鉴于泮池年久失
修，污秽不治，重新整修，在泮池东南角"筑堂三楹"，在泮

① 佚名：《修学御书阁》，见杨
印民辑校《宋江阴志辑佚》卷2
《学校》，天津古籍出版社2016
年版。

池中遍植荷花，并感慨"世道混浊，荷花独清"，取周敦颐之《爱莲说》，名之曰"君子堂"。希望文人士子，能够"游圣人之门，观君子之花，味先儒之训吾意，目击道存，心融意会，其同为成德之归"[1]。同时，元代还曾重修文庙泮宫楼，既增添了文庙本身的气势与景观，也成为文庙登高抒怀的赏景佳地："栏槛凭虚，檐牙飞动，丹碧焕出云表，前对笔峰，旁资丽泽，芳莲净植，芹藻相依，光风徐来，生香不断。"[2]

三台墩

明正德十五年（1520年），江阴知县王泮重修文庙奎文阁后，为了突出奎文阁的宏伟气势，又专门修建了三台墩。"阁之后，垒土为峰，杂树松柏，交荫其上，命曰'三台'，助阁之势尊甚，兴学者望道之心，愿治之志跃然矣。"[3]嘉靖六年（1527年），鼓城张集来治县事，决定重新庙学，"举子坊鼎新，以建三台墩复增筑之"[4]。万历二十四年（1596年），彭膺驻节江阴，重修文庙，"敬亭尊显，经阁崔巍，三台列其北"[5]。可见，有明一代，奎文阁与三台墩在江阴文庙建筑群最高峰，登临其上，可以北望君山与长江，是欣赏美景、抒发胸臆、壮怀古今的最佳场所。

入清之后，江阴知县蔡澍重建奎文阁，并改称"尊经阁"，但三台墩未见记载。最晚在道光时期，三台墩已被移到了儒学学门之后、外泮池之前。此时的三台墩，规模很小，或许仅是为了存史而保留。

① 史孝祥：《君子堂记》，见崇祯《江阴县志》卷5《艺文志》。
② 陆文圭：《重作泮宫楼记》，见《墙东类稿》卷7《记》。
③ 高宾：《修奎文阁记》，见正德《江阴县志》卷7《学校》。
④ 汤沐：《重修儒学记》，见嘉靖《江阴县志》卷7《学校记》。
⑤ 季科：《重修江阴县儒学记》，见民国《江阴县续志》卷22《石刻记》。

养贤堂

养贤堂，实际上是文庙的食堂与仓库。中国向有养士传统。官学之中，为了让读书士子专心向学，往往会设立学田，厚给膏廪。同时，文庙祭祀也需要大量谷物酒食等。因此，自宋代江阴军学设立，文庙中就有用于储存、加工祭祀物品与生活所需的庖舍斋湢等建筑，仓库、厨房、宿舍、浴室一应俱全。南宋绍兴时期，江阴文庙经过富元衡等人的重修，"门施棨戟，殿列轩楹，洁室高廪，整庖增斋，物物具举焉"[①]。随后，方万里在重修文庙时，还增设了菜圃和家具："会友有轩，读书有帷，蔬茹有圃，翼翼严严，规制愈伟。中调度如家故之所有必具，其无也，乃今有之。"[②]应该说，这些生活建筑与设施，虽然不是文庙的主体建筑，但对于文庙的日常活动却是必不可少的。元代重修文庙时，也特别注意，"米廪庖湢，内外缮修"[③]。

与教谕、训导廨一样，文庙内仓库、食堂类生活建筑享有专名，可能也始于明代。明正德二年（1507年），知县刘纮复修学宫时，专门将日新斋南边的部分房屋辟作"养贤堂"，以为"师生会馔之所"，"堂南为廪，为储存粮食之所"[④]。在历代文庙修缮中，各仓库、食堂等生活建筑，也均在兴修之列。比如，明正德十五年（1520年），王泮在兴修文庙时，同时对大成殿、两庑、戟门、奎文阁、君子堂、仓库、外号等进行了修缮。当时，江阴地方人民承担的徭役中，也包括县学杂役在内，主要有仓库、食堂、门丁等："儒学斗级[⑤]四名，每名银七两二钱；儒学库子二名，每名银五两；儒学门子三名，每名银三两；启圣祠门子一名，尊经阁门子一名，每名银三两；儒学斋夫六名，每名银一十二两，

① 郑滂：《绍兴奉诏修学记》，见正德《江阴县志》卷2《学校》。
② 陈南一：《重建教授厅记》，见杨印民辑校《宋江阴志辑佚》卷10《题泳（下）》，天津古籍出版社2016年版。
③ 陆文圭：《江阴修学记》，见《墙东类稿》卷7《记》。
④ 乔宇：《重修庙学记碑》，见民国《江阴县续志》卷22《石刻记》。
⑤ 主管官仓、务场、局院的役吏。

有闰月加一两；儒学膳夫二名，每名银五十两。"①由此也可知其生活设施之规模。崇祯时期，文庙祭器库改入正斋，刑牲所一度废为菜畦。②

清代重修文庙时，儒学建筑群基本上沿用明制。光绪时期："教谕廨：在时习斋内，中为君子堂，三间，其前有门，南向，其东书房四间，其后内屋四间，今少一间，从屋一间，厨房二间。训导廨：在日新斋内，中为养贤堂，三间，庭内有门，南向，堂之东为书房一间，后东向侧厢二间，内屋三间，厨房一间。"③

碑亭

碑亭，是用来陈列文庙内众多碑刻的专门建筑。江阴文庙之有专门的碑亭，时间较晚。据记载，南宋时期，江阴文庙已经有不少碑刻，但当时是与文庙藏书一起，存放在御书阁。明太祖朱元璋颁布《禁例十二条》时，则明确规定要置卧碑在明伦堂内。所以，早期碑刻多为零星存放。

正德元年（1506年），新任知县刘纮对文庙进行了一次大修，除了大成殿、明伦堂、奎文阁等主要建筑外，"祭库、牲庖、斋馆、僚廨、馔堂、廪庾、射圃、碑亭莫不毕具，秩秩然翠跂也"④。文庙专设碑亭，或许肇始于此。正德十五年（1520年），知县王泮曾置士科贡题名碑亭于明伦之两阶。嘉靖六年（1527年），张集决定整治文庙的外部环境，在泮桥两侧重新建起两个小亭，"左贮刻赞，右以贮计石"⑤。嘉靖八年（1529年），知县刘钦顺奉皇帝命令，在明伦堂与尊经阁建立敬一亭："奉例建敬一亭，介明伦堂、奎文阁间，立石碑奉刻嘉靖皇帝御制敬一箴，并钦谕及先儒心箴、视听言动

① 嘉靖《江阴县志》卷5《食货记·徭役》。
② 崇祯《江阴县志》卷1《职方志·学宫》。
③ 光绪《江阴县志》卷5《学校》。
④ 崇祯《江阴县志》卷1《职方志·学宫》。
⑤ 汤沐：《重修儒学记》，见嘉靖《江阴县志》卷7《学校记》。

箴凡七道。"[1]不过，到崇祯时期，敬一亭已废。嘉靖十二年（1533年），知县奉例建启圣公祠在明德堂前，在室前也有专门的碑亭。

此后，文庙历经变迁，碑亭不复存在。今日，江阴文庙的碑刻主要集中在明伦堂内外的墙壁上，形似碑廊。

井

水和井在古人的生活中占据着重要的地位。文庙常年举行祭祀活动，自然有对洁净水源的需求。对于江阴这个南方水城来说，其背靠长江，城内河道众多，水资源丰富，开挖水井并不困难。在文庙这种礼制性建筑中，水井不仅具有实用功能，更具有象征意义。

所谓"仁者乐山，智者乐水"，清清流水，也被看作有荡涤心灵的妙用。所以，中国学校传统才会强调天子辟雍、诸侯泮宫，均有水环绕。文庙泮池，也兼顾象征、观赏、风水、实用等多重作用。

南宋咸淳时期，江阴军学教授赵汝沓曾在明伦堂前的古杏树下，"沓下甃坛"[2]。此处，"坛"意应同"潭"。理宗宝祐四年（1256年），江阴教授徐元积认为，江阴学宫的形势，"以浮图为笔峰，以两池为研沼，棂星门内一街有卧龙之状，宜开双井，以映左右"。于是，他按照中国传统风水学说，在泮池之南、棂星门之北的中间地带，命人打了两方水井，因为其深碧洞然如龙两眼而得是名。此井每遇夏旱清冷不枯，一方之民汲于河者尤德之。[3]崇祯十一年（1638年），江阴儒学教谕谭振举在疏浚江阴文庙前印池时，"得古井阑，为宋太宗治平间物"[4]。

① 崇祯《江阴县志》卷1《职方志·学宫》。
② 杨印民辑校：《宋江阴志辑佚》卷2《学校》，天津古籍出版社2016年版。
③ 杨印民辑校：《宋江阴志辑佚》卷2《学校》，天津古籍出版社2016年版。
④ 崇祯《江阴县志》卷1《职方志·学宫》。

明正德二年（1507年）复修江阴文庙时，在养贤堂之南，除了有仓库，还专门有一口水井。1645年夏，江阴人民抵制清军剃发令的"江阴八十一日"抗争失败之际，江阴县学训导冯厚敦之妻王氏与其嫛姊均投此井，以身殉节。随后，训导黄恩、孙澍徽题名表之，并在井上建屋，以示纪念。今日文庙内，"抗清三公"塑像前，仍有古井一口。

石

中国古代审美，向来注重山水之乐。文庙泮池里水有启发"学""思"之意，但作为一个祭祀性礼制建筑，文庙与园林不同，其山石的营造相对较少。江阴文庙虽然有三台墩之建，但主要是垒土为墩。不过，也有资料表明，江阴文庙曾专门设石启志。明正德十六年（1521年）夏六月，文庙重修后，为了纪念知县王泮的功德，当时有儒学生员称："夒家有峰石丈余，端直峭立，众请移之讲学之堂，命曰廉石，以永侯休。"[①]这是文庙立石的最早记录。清乾隆六年（1741年），蔡澍在重修文庙时，也曾在文庙坊前立一孤石，命名为"奎星石"，四周围以朱栏。"廉石"之名，是为了表彰江阴知县王泮之德；而"奎星石"之设，可能更多地代表了对生员科举成就的期望与祝愿。考虑到这一时期江南园林的营造达到了一个高峰，孤石之设，或许也受到了这一潮流的影响。

植物景观

中国人信奉"天人合一"，主张人与自然的和谐相处。植

---

① 乔宇：《重修庙学记碑》，见民国《江阴县续志》卷22《石刻记》。

物不仅具有装点建筑、美化景观的实用功能，而且还被中国古人赋予不同的道德人格意蕴，比如体现文人士大夫风骨的梅兰竹菊。因此，不同的建筑物饰以不同的植物，易于借助特色鲜明的植物景观，突出建筑物的象征意义。在中国文人看来，松柏之常青象征永恒与风骨。因此，作为祭祀性礼制建筑的文庙，也多植以松柏。明弘治年间修建江阴名宦祠、乡贤祠时，明确谈到二祠东西各种柏树。正德十五年（1520年）修奎文阁时，也在阁之后，"垒土为峰，杂树松柏，交荫其上"①。乾隆时期，文庙宫墙周边，"绕以垣墙，植以松桧，庙学之盛炳焉咸备"②。当时，江阴文庙戟门到大成殿的庭院中，"有古桂树四株，银杏一株，金络索梧桐一株，新植松柏成林，参差茂密，蔽日干云，肃穆之状与萧光缭火，令人心生敬心焉"③。在新建的书院内，"多植桃柳松柏，为文坛点染"④。

1996年江阴文庙重修时，专门从曲阜孔庙移植了几棵松柏，以示对孔子精神及孔庙传统的继承与延续。

如果说松柏是祠祀性建筑常见的植物，那么杏树作为孔子教学杏坛之象征，则属于文庙的独有景观。《庄子·渔父》载："孔子游于缁帷之林，休坐乎杏坛之上。弟子读书，孔子弦歌鼓琴。"于是，后人遂以"杏坛"代指孔子讲学。宋代，孔子第四十五代孙孔道辅增修祖庙，"以讲堂旧基甃石为坛，环植以杏，取杏坛之名名之"，即为今天曲阜孔庙杏坛的前身。而宋时的江阴文庙明伦堂前，也植有杏树。南宋理宗宝祐改元（1253年），江阴儒学教授赵汝沓在明伦堂前植有古杏树，"直径达八尺，春夏绿阴如幄"⑤，实现了植物景观与人文教化的完美统一。

宋代，周敦颐作《爱莲说》，莲花开始成为中国知识分

① 高宾：《修奎文阁记》，见正德《江阴县志》卷2《学校》。
② 沈初：《文庙重修碑记》。此碑现存江阴文庙。
③ 乾隆《江阴县志》卷8《学宫》。
④ 乾隆《江阴县志》卷8《学宫》。
⑤ 胡珵：《绍兴奉诏新建军学记》，见正德《江阴县志》卷2《学校》。

子高洁的象征。泮池养荷，也是江阴文庙重要的景观。元大德五年（1301年），江阴知州张献重新疏浚泮池，在池中遍植荷花，并感慨"世道混浊，荷花独清"，希望文庙儒学士子能够"游圣人之门，观君子之花，味先儒之训吾意，目击道存，心融意会，其同为成德之归"①。莲花高洁的形象，蕴含着对于文人士子的熏陶感染之意。

柳树，因其旺盛的生命力，在中国文化中也具有多重象征意义，比如情意绵绵和挽留追思之意，前程似锦的祝福之意等。江阴为江南水乡，文庙泮池外还有学前河环绕，河边植柳也是寻常景观。明代弘治正德时期，在泮池周围，"高柳数十株，荫盖池上"②。

清代，经过乾隆时期的重修，江阴文庙的植物景观极富美感："泮池方广亩许，界地位甬道者，三道各一桥，亦闸合匝如虹飞，内浮空，倒影池内，活水伦涟，文鱼泼刺，芹藻交磺，历历可数。旁则古柏高耸，天光云在，杏坛泗水，以柳和风披拂接一同光。"③在后来兴修时，也曾"环学前后，缭以石垣，植松柏桃柳以庇"④。同时，文庙内明伦堂中庭也种植有银杏、古柏，苍翠蔚然。清代诗人陈安曾吟《江学八景》，一一描绘江阴文庙东侧延陵书院的讲堂、厅事、书斋、藏书楼、奎星阁以及假山、古树名木等，足见当时江阴庙学自然环境之美。

今天，江阴文庙的植物也颇具特色。江阴文庙除了泮池中的荷花，庭院中种植有江阴市的市树和市花——香樟树和芙蓉花，同时在大成殿与明伦堂之间的庭院中种植有专门从曲阜孔庙移植的柏树，这既体现了江阴市的地方文化特色，又兼顾了与儒家圣地曲阜孔庙之间的文化渊源与承继关系。

从曲阜孔庙移植的柏树

---

① 史孝祥：《君子堂记》，见崇祯《江阴县志》卷5《艺文志》。
② 正德《江阴县志》卷2《学校》。
③ 乾隆《江阴县志》卷8《学宫》。
④ 刘藻：《重修江阴庙学碑记》，见乾隆《江阴县志》卷8《学宫》。

江阴文庙的
文化传承

藏书编志
勒碑立石
匾额楹联
雕塑绘画

作为儒家文化传承的一种主要载体与象征，文庙对儒家文化的彰显，体现为无处不在的儒学氛围营造。在主要建筑物之外，文庙还特别注重儒家经典书籍的收藏，文庙儒学师生也积极参与地方志书的编纂。记录文庙、儒学兴衰变迁的碑刻，体现儒家理念、赞叹儒学先辈的楹联、匾额、雕塑、绘像等，借助实物与文字，通过直观与抽象相结合的方式，让儒家文化教育理念深入人心，以完成从视觉到人心的教化过程，实现儒家文化的传承。

藏
书
编
志

在古代社会，自文字发明以后，书籍就成为传承文化的主要载体。学校也是在文字和书籍出现之后才逐渐形成和发展的。孔子在教育之余，曾亲自编订《诗经》《春秋》等文化典籍，开启了后世圣贤大儒和教育机构教书、编书、著书、藏书的传统。汉代蔡伦改进、完善造纸术后，造价低廉、便于携带的纸张促进了书籍的传抄。唐宋之后，印刷术发展成熟，极大地推动了书籍的流通与文化的传播。同时，上至皇家内苑，下至普通百姓，无不以敬惜字纸、爱护书籍为念，以至于中国出现了许多著名的藏书家与藏书楼。江阴文庙及其儒学非常重视书籍与碑刻的文化传承功能，不仅积极藏书、刻书，而且，儒学师生也成为历次江阴县志编纂的主力军，为江阴一地文化与文脉的传承，作出了重要的贡献。

藏书刻书

在藏刻儒家经典、弘扬儒家文化方面，江阴文庙曾一度积极作为。绍兴年间（1131—1162），江阴知军王棠在复兴军学时，曾经将"《春秋》三传雠校板刻，列置学官"[①]。7年后，新任知军富元衡再修文庙时，还专门建藏书室，"扃三传以谨其拿，合诸史以护其旁，此前日之所无，而今创建者也"[②]。当时的藏书主要是《春秋》三传等史书。咸淳元年（1265年），南宋著名书画家赵孟奎出任江阴知军。在任三年间，他重建命教堂，修葺御书阁，并大集耆老与寓公、邦人，"舍采于先圣先师，行乡饮酒。摭前言往行，序而镂其板，归之学官。又大书晏子言礼，以遗博士"[③]。此时，江阴文庙的藏书，包括独立刻印的乡邦言论与儒家之外的诸子（如晏子）之言。宝祐改元（1253年），郡守陈协继续举行庆祝学子科考成绩的登云会，也曾专门"亲书其事，锓付梓于学"[④]。在徐蒇担任知军时，刊书也多，比如教授郭庭坚刊刻《小学》，林千之刊刻《东家杂记》等。[⑤]

入元之后，重修文庙时，也曾在明伦堂后设藏书阁。明清两朝，高度重视文庙的建设与拓展，文庙藏书机构奎文阁、尊经阁成为标志性建筑，此时文庙中藏书较之前应该有较大的扩展。不仅如此，江阴文庙的藏书，从一开始就不是封闭的，而是为了教化士子，其所藏书籍都是向儒家知识分子开放的，并没有太多的阅览限制。光绪时期，江阴文庙的尊经阁，"上下五间，尊岁奉颁御纂诸书及经史子集，以备邑士观览"[⑥]，这应该是文庙尊经阁与私家藏书楼最大的区别，其更类似于今天的图书馆。

当时江阴文庙所藏书籍主要有：《钦定书经传说汇纂》二部；《诗经传说汇纂》二部；《春秋传说纂》二部；《三礼仪疏》；《四库全书考证》；《学政全书》三部；《大清通礼》二部；《礼部则例》二部；《科场条例》；《文庙乐谱》；

① 胡珵：《绍兴奉诏新建军学记》，见正德《江阴县志》卷2《学校》。
② 郑滂：《绍兴奉诏修学记》，见正德《江阴县志》卷2《学校》。
③ 林千之：《军学命教堂记》，见杨印民辑校《宋江阴志辑佚》卷10《题泳（下）》，天津古籍出版社2016年版。
④ 杨印民辑校：《宋江阴志辑佚》卷2《学校》，天津古籍出版社2016年版。
⑤ 杨印民辑校：《宋江阴志辑佚》卷2《学校》，天津古籍出版社2016年版。
⑥ 道光《江阴县志》卷5《学校》。

《四书文》二部；《墨卷》；《御纂周易折中》二部；《周易述义》；《诗义折中》；《春秋直解》；《日讲四书解义》二部；《性理精义》二部；《朱子全书》二部；《御定孝经衍义》二部；《御批资治通鉴纲目》二部；《日知荟说》二部；《乐善堂赋》；《盛京赋》；《武英殿聚珍板书》；《补笙诗》；《采蕨得米诗》；《改教诗》；《世宗上谕》；《圣谕广训》；《南巡盛典》；《十三经注疏》；《二十一史》；《明史》；等等。①

从藏书目录中可以看出，当时江阴文庙的藏书可以分为六类。第一，代表皇帝意志的御制书或与皇帝有关的书籍。主要有《钦定书经传说汇纂》《御纂周易折中》《御定孝经衍义》《御批资治通鉴纲目》《世宗上谕》《圣谕广训》《南巡盛典》等。第二，有关国家礼制与文庙祀典的书籍。主要有《文庙乐谱》《三礼仪疏》《大清通礼》《礼部则例》。第三，儒家经典。主要有《诗经传说汇纂》《春秋传说纂》《四书文》《周易述义》《诗义折中》《春秋直解》《日讲四书解义》《性礼精义》《朱子全书》《日知荟说》《十三经注疏》《武英殿聚珍板书》等。第四，文学诗赋。主要有《乐善堂赋》《盛京赋》《补笙诗》《采蕨得米诗》《改教诗》等。第五，史书。主要有《二十一史》《明史》等。第六，科考用书。主要有《墨卷》《科场条例》《学政全书》等。

由此可见，江阴文庙的藏书内容丰富，既有代表国家意志的御定书籍，也有代表个人兴致的文学诗赋；既有中国传统经史典籍，也有科考实用书籍。同时，大量有关礼制与文庙祀典的书籍，也突出了文庙自身作为国家礼制性建筑的特性。不过，明清之际的江阴文庙，并没有刻书的相关记录。

今天，修复后的江阴文庙，专门在大成门内左侧开辟了一个阅览室，收藏与江阴地方文史有关的书籍，并常年向社

① 道光《江阴县志》卷5《学校》。

会开放。阅览室内的藏书，大都来自社会捐赠，阅览室的管理与运营由文庙保护管理所负责，并通过向社会招募志愿者的方式选拔阅览室的服务人员。现在的江阴文庙，继续发挥着文化传承的功能。

江阴文庙泮池书房

编志存史

文庙儒学是地方儒家知识分子最为集中的地方，因此，文庙不仅拥有专门的藏书供生员学习，而且还把编书和修书作为参与地方文化活动、对生员进行教育的一种重要方式。在历史上，几乎每次江阴方志的纂修，都离不开文庙儒学师生的参与。

江阴地方志书的撰写，始于北宋早期。成书于南宋中期的地理总志《舆地纪胜》，曾引《江阴军旧经》12条。北宋大中祥符时期，江阴知军宋皋曾主持编修《江阴军图经》。南宋绍熙四年（1193年），知军施迈把纂修军志的任务委托给了当时的军学教授郑应申，此志书后称为"施志"，"此志是江阴最早以'志'为名的志书"①。俞巨源曾谈到，"巨源尝以幕僚摄承泮宫，诸生佥以锓木为郑君请，因赞其成"②。可见，儒学师生在县志编定与刻印中多有贡献。绍定时期，江阴知军颜耆仲、史俊之又先后委托军学教授郭庭坚等人继续编纂《江阴军志》。"当时参与校订工作的还有学宾曹崧、掌书吴天成、学谕贡士丁时发。"③元至元二十三年（1286年），浙江永嘉人朱子昌任江阴路儒学教授期间，又重加校正，命工侵梓，始为全书，并加《题识》。明洪武九年（1376年）春，江阴知县饶元德，鉴于江阴经过长期的战事，"架阁无文，厅壁无记，招集遗老，延致儒流，胥会于学

<hr>

① 正德《江阴县志》卷9《名宦·学职·宋教授·郑应申》。
② 俞巨源：《宋绍熙中创编江阴志序》，见崇祯《江阴县志》。
③ 杨印民：《整理说明》，见《宋江阴志辑佚》，天津古籍出版社2016年版，第4页。

宫，搜葺散亡，掇拾残断旧书，前后续编总一十三卷"①。洪武二十四年（1391年），贺子徽就任江阴县丞，又任命江阴县学训导贺贤纂修校正《江阴续志》，简称"贺志"。永乐十六年（1418年）六月，朝廷下诏修天下郡县志。第二年，陈赟出任江阴县训导，"乃与许用升在洪武《江阴续志》基础上，审其是非，采其遗逸修之，至永乐二十年（1422年）书成，世称'陈志'"②。尽管这些志书的全本今已不存，但江阴所有县志的编纂几乎都有学官、生员参与。

明弘治时期，知县黄傅决定续编县志，他先是请前来江阴游学的江西人罗辅负责，后又委托县学庠生方谟、苏峦、顾康等人续修，遍索宋绍熙以后各志，"大刊其旧"，"得肯綮，揭纲领"，于弘治十一年（1498年）修就。因黄傅调升监察御史而离任，所以县志未能付印。正德十五年（1520年），王泮来任知县，始刊刻行世。③此志也是江阴现存最早的完整县志。高宾在为该志所作序言中说："集诸生苏峦、顾康、张简及谟，给事蒐讨，曰制治曰人物属谟，曰疆土曰风俗属简，曰名宦月宦达属康，曰杂传曰异端曰物产属峦。"④序言中明确地记录了县学生员在县志编修中的分工与作用。

嘉靖二十六年（1547年），在上级的催促下，江阴知县赵锦聘请国子祭酒、主持国史修纂的张衮续修县志，将延陵书院作为修志的场馆，并遴选刘硅、林文焕、徐鸣玉、吴胤等优秀学生协助张衮。此时，延陵书院已经官学化，其地虽不在文庙，但书院中诸多学子多为县学生员，享受膏廪。在此过程中，参修人员大都谢却了必要的经济报酬与补助，其中生员刘珪、林文焕甚至中途去世。赵锦在后记中专门指出了他们的贡献："刘生珪、林生文焕中以病亡；蒋生龙复与计偕，孜孜夙夜，克相厥成者，则多徐生鸣玉、吴生胤之功焉。皆读志者之

① 饶玄德：《明洪武中重刊宋志序》，载崇祯《江阴县志》。
② 徐复，季文通主编：《江苏旧方志提要》，江苏古籍出版社1993年版，第271页。
③ 徐复，季文通主编：《江苏旧方志提要》，江苏古籍出版社1993年版，第271页。
④ 高宾：《江阴县志序》，见正德《江阴县志》。

所不可不知也。"①崇祯十一年（1638年），江阴知县冯士仁又延请县学生徐遵汤、周高起续纂县志。在刊刻过程中，教谕谭振举、沈浣先，训导刘世用、洪懋曾及江阴众多举人、贡士、官生、恩选贡士、庠生等20余人参与了捐助、参订等。②崇祯《江阴县志》在每一卷后均有编订者的署名，对庠生们在县志编修中的贡献进行了全面展示。实际上，编修县志既是儒学士子们了解地方文化传统、民俗风情的最好途径，也是对他们历史考订、文字表达的良好训练。

清康熙十一年（1672年），江阴知县龚之怡奉命修志，请县学庠生陈芝英就"故明万历所遗旧志，远稽近考，芟芜补遗"，至康熙十五年（1676年）即将完成时，因军兴与龚之怡罢官而中断。康熙二十二年（1683年），知县沈清世奉旨修志，他聘请进士朱廷铉主持，由贡生薛日宣、刘匪居、殷祁雷、陈其难和庠生陈玫等人共同编修，世称"沈志"。③

道光十九年（1839年），江阴知县陈延恩续修江阴县志，主要依靠的是暨阳书院山长李兆洛及书院、县学学生。在修志人员名单中，有教谕顾云翔，训导刘铭，书院山长李兆洛，书院或儒学生员杨景曾、周仲简、朱九成、苏干、汪征、祝陛芸、苏逢盛、刘瓒、沙纪堂、徐思锴、夏均槎等。他们不仅帮助搜集资料，而且亲自担任分纂、分校等工作。④光绪二年（1876年），代理江阴知县的卢思诚又委托礼延书院山长季念冶、县恩贡生夏炜如续修县志。这也是中国封建王朝所修的最后一部江阴县志。光绪《江阴县志》列有长达100多位参与编志的人员名单，其中，主要以江阴本地的生员、举人、监生、贡生、廪生、增生为主，甚至还有个别的童生与武生。⑤

① 赵锦：《书江阴县志后》，见嘉靖《江阴县志》。
② 崇祯《江阴县志·凡例》。
③ 朱廷铉：《江阴县志序》，见道光《江阴县志》。
④ 《江阴县志修辑姓氏》，见道光《江阴县志》。
⑤ 《修葺姓氏》，见光绪《江阴县志》。

勒碑立石

在古代，人们不仅重视纸质书籍，也重视实物碑刻。实际上，在纸质书籍发明之前，中国古人往往会把重要的诰命、史实、经文刻石纪事，成为"石质之书"。比如，中国最早的石刻文字石鼓文，就有记叙秦王出猎场面的诗文，被称为"猎碣"。东汉灵帝熹平时期，曾由朝廷组织人员，用隶书将儒家经典刻于石上，这就是中国历史上最早的官定儒家经典刻石——《熹平石经》。因为石经刻成后被立于洛阳太学，所以也被称为《太学石经》。此后，中国著名的石经还有三国曹魏时期的《正始石经》，唐代的《开成石经》，也都分别立于太学、国子监之中。因此，文庙庙学刻石勒碑的传统，可以说是渊源有自。

江阴文庙自北宋建立之日起就注重刻石记叙文庙的历史。江阴文庙历史源头的追溯，首先得益于范仲淹所作《景祐重建至圣文宣王庙记》；元丰时期县学开河，因为"众请为之记，无得以辞焉"，就有了黄伯礼所作《元丰江阴县学开河记》。此后，历代文庙的重要兴修，大都注重勒碑纪事。

江阴文庙自创立起至民国建立止，所藏碑刻数量众多，御书阁、奎文阁、尊经阁，不仅是藏书之所，更是列碑之地。在江阴文庙御书阁创立之初，其内所藏实以碑文为主。御书阁，顾名思义就是供奉御书的阁楼，江阴知军颜耆仲在文庙建御书阁，主要就是为了供奉御赐碑文，如宋真宗《文宣王赞》等。可惜的是，随着历史动荡与文庙兴废，早期那些珍贵的碑刻早已不见踪迹。

当前，江阴文庙仍存明清碑刻31块。其中，明代碑刻14块，清代碑刻17块，有些不乏名人手笔，是重要的历史文物，具有珍贵的历史文化价值。1993年，江阴文庙修复后，在大成殿两侧新辟了一个当代碑廊，并邀请当代著名书法家，手书历代名人吟咏江阴的名篇佳作，并描摹刻碑。有关部门还特别邀请了当代苏州碑刻的非物质文化传承人等，按照《江阴县志》古书版本老宋体，新刻了范仲淹的《景祐重建至圣文宣王庙记》。新碑碑体庄重，碑文清晰深刻，浓淡相宜，触角逼真，碑帽、碑身、碑座完整一体，祥云仙鹤图案刻制栩栩如生。百年之后，当为江阴文庙历史上留下新的碑刻记忆。

作为传承庙学文化的重要载体，碑记含有丰富的社会政治、经济、文化信息，具有重要的资治、考史、教化、赏析等功能。结合县志所载历代碑记与现存碑刻，江阴文庙历代主要碑记有56篇，其中，宋代16篇，元代5篇，明代18篇，清代17篇。从记录的内容来看，主要有上谕学规类、御制告成类、文庙兴修类、庙产学产类、题名类、旌表类，此外还有与像赞或差役相关的内容。兹在此作简单分析，部分碑记可见书后附录。

上谕学规类

宋代以来，理学、心学相继兴起，对传统儒家学说进行了许多创造性的发展，但也引发了儒学内部的一些纷争。最高统治者为了倡导儒学，引导舆论，平息争端，往往会亲自撰文，阐发自己对儒家经典的学习与理解，或者亲笔书写儒家经典，以示对该经典的推崇。宋真宗的《文宣王赞》抬高了孔子的地位，而宋高宗御书《孝经》则明显抬升了《孝经》在儒家经典中的地位，表明了朝廷以儒家、孝道治理天下的态度。《文宣王赞》是北宋大中祥符元年（1008年）十一月，宋真宗封禅泰山、恭谒孔庙、追封孔子为玄圣文宣王时，亲自为孔子撰写的赞词，其内容是："立言不朽，垂教无疆。昭然令德，伟哉素王。人伦之表，帝道之纲。厥功茂实，其用允臧。升中既毕，盛典载扬。洪名有赫，懿范弥彰。"[①]短短的48字，道出了孔子"立言垂教"的伟大功绩与儒家学说作为"人伦帝道"的重要价值。

宋徽宗所作《付河北籴便司御札》《八行八刑》、宋理宗所作《新士风》、明太祖颁发的《禁例十二条》、清顺治帝颁布的《钦依卧碑》、康熙皇帝的《御制训饬士子文》和嘉庆皇帝的《上谕训斥士子》，都是为了规范庙学生员的言行而提出的具体要求，具有国家教育法规和学校教育规则的性质。

北宋大观元年（1107年）三月十九日，宋徽宗鉴于当时的学校"有教养之法，而未有善俗明伦之制"，亲作《八行八刑》一文颁行天下。其中明确规定了士子应该践行的八种行为，即孝、悌、睦、姻、任、恤、忠、和，并说善事父母为孝，善兄弟为悌，善内亲为睦，善外亲为姻，信于朋友为

---

① 此碑现存于汉魏碑刻陈列馆（东屋，北起第2石）。

任，仁于州里为恤，知君臣之义为忠，达义利之分为和；同时又提出了与之相反、应当受到惩处的八种行为，即不孝、不悌、不睦、不姻、不任、不恤、不忠、不和之刑。当时，江阴地方人士曾按照八行的倡导，推荐吴范应诏，但他"独守其志，辞不就"①，后来乡人也以"八行先生"称之，并将之请入文庙乡贤祠。

南宋晚期，宋理宗"甚患士大夫清谈多，实用少"②，多次对士大夫的空谈表示不满，倡导实践。比如，他说："自体用之学不明，士大夫高虚者不省，马曹琐屑者或执牙筹，雅俗判为二致，朕甚患之尔。诣理而不充清谈，迈往而府同群碎，固尝进于朝，而与闻省阃之事矣。"③又说："朕鉴昔人清谈废务、淳文妨要之敝，虽位置馆阁之士，亦必先实践而后虚。"④此碑应该就是在此情况下所作。

相比于宋朝皇帝的有倡有刑、以倡为主，明清两代更加强调对于读书人的警告和约束。明洪武十五年（1382年），朱元璋明确要求礼部向所有学校颁发《禁例十二条》，镌勒卧碑，置于明伦堂之左。这是江阴文庙现存最早的一块实物碑，其在江阴文庙明伦堂的位置一如洪武时期的规定。其主要内容是要求各地生员一心向学，孝亲敬师，勤学修身，严禁干预国家政治、参与诉讼等行为，"军民一切利病，并不许生员建言。果有一切军民利病之事，许当该有司，在野贤人，有志壮士，质朴农夫，商贾技艺，皆可言之，诸人毋得阻当，惟生员不许"⑤。从中可以看出明代对读书人思想和行为的控制。其中，还特别谈到，"江西两浙江东人民，多有事不干己代人陈告者。今后如有此等之人，治以重罪"⑥。这与后来东林书院所提倡的"风声雨声读书声声声入耳，家事国事天下事事事关心"，形成了鲜明的对比。

① 嘉靖《江阴县志》卷17《列传第十二（中）·乡贤》。
② 刘克庄：《录圣语申时政记所状》，见《后村先生大全集》卷51《奏议》，四部丛刊本；刘克庄：《承议郎告院翁窆转一官》，见《后村先生大全集》卷61《外制》，四部丛刊本。
③ 刘克庄：《刘良贵太府丞》，见《后村先生大全集》卷63《外制》，四部丛刊本。
④ 刘克庄：《陈淳祖著作佐郎》，见《后村先生大全集》卷61《外制》，四部丛刊本。
⑤ 《御制禁例十二条碑》，此碑现存江阴文庙。
⑥ 《御制禁例十二条碑》，此碑现存江阴文庙。

清嘉庆《上谕训斥士子碑》拓片

入清之后，顺治帝要求全国各级学校刻立《钦依卧碑》，其内容与洪武禁例相同。康熙四十一年（1702年），鉴于当时许多读书人在道德品行方面出现了很多违背儒家道德的行为，"宅心弗淑，行己多愆。或蜚语流言，胁制官长；或隐粮包讼，出入公门；或唆拨奸猾，欺孤凌弱；或招呼朋类，结社要盟"，"标榜虚名，暗通声气，夤缘诡遇，罔顾身家。又或改窜乡贯，希图进取，嚣凌腾沸，网利营私"[①]，如此种种，康熙专门撰文训饬，要求士子求学应"先立品行，次及文学学术"。

但是，皇帝的训饬并不能从根本上扭转士风。嘉庆时期，苏州吴江发生了一件漕粮舞弊大案：吴江县吴景修等314名生监，在地方士绅王云九的煽动和带领下，聚集到吴江县漕仓闹事，逼迫时任吴江县知县的王廷瑄挪移库银二万余两。事后案发，嘉庆帝在处理完王廷瑄和王云九等人后，对于吴江一县竟然有314名生监涉案感到非常震惊，却又难以将他们全部处理。因为生员之所以参与漕运贪腐，是因为当时地方官学生员的月廪，有相当一部分是来自地方官员多收的漕粮。这是当时清廷政治和经济窘况导致的顽疾。除了漕粮之外，国家对于生员的补助已经别无他项开支来源。于是，嘉庆皇帝只好以训斥的方式，对参与闹事的生员进行道德上的谴责："生监身列胶痒，不守卧碑，辄敢恃符寻衅，挟制官长，吵闹漕仓，强索规费，此直无赖棍徒之所为。岂复尚成士类？"[②]十一月，两江总督铁保、江苏巡抚汪志伊、江苏学政莫晋将嘉靖帝的上谕勒石立碑，轰动一时的吴江三百多生监闹漕仓事落下帷幕。

---

① 康熙：《御制训饬士子文》，见乾隆《江阴县志》卷8《学宫》。
② 嘉庆《上谕训斥士子碑》，此碑现存江阴文庙。

御制告成类

《左传》有言："国之大事，在祀与戎。"因此，取得重大战争胜利后，往往要举行盛大的祭祀仪式，告慰天地与列祖列宗。不过，到文庙举行告成礼并且明确要求勒碑太学的，则始于清圣祖康熙皇帝。

康熙此举，表面上是要恢复周代的礼制，释奠于学以告成天下，实际上则是借用古制表明自己对儒家的推崇与尊重，在宣扬自己的文治武功的同时，达到笼络收服汉族儒家知识分子的目的。因为满族入主中原，很多汉族知识分子并不认可，而借用恢复古制，特别是祭祀孔庙，可以显示康熙及清王朝对于孔子及其所代表的正统儒家思想的认可、尊重与践行，可以赢得汉族知识分子的好感。康熙皇帝曾明确谈到："受成献馘，一归于学，此文武之盛制也。朕向意于三代，故斯举也，出则告于神祇，归而遣祀阙里。兹允廷臣之请，犹礼先师，以告克之遗意，而于六经之指为相符合也。"①同时，告成庙学，歌颂清王朝的丰功伟绩，也可以对汉族知识分子进行民族国家认同的教育。②比如，晚清著名思想家魏源在《圣武记》中就曾经指出："康熙三十六年四月，上复勒铭狼居胥之山而还。朔漠平，至京师御门受贺，上亲撰碑铭勒石太学。古帝王武功，或命将，或亲征，惟以告于庙社，未有告先师者，在泮献馘，复古制，自我圣祖始。"③

《国子监志》辑有康熙皇帝的《平定朔漠告成太学碑》，谓"天下文庙，尽皆摹刻树立"。但实际上，根据《清朝通典》的记载：康熙三十七年（1698年）十月，颁御制平定朔漠碑文于直省学宫；雍正二年（1724年）六月，颁御制平定青海碑文于直省学宫；乾隆十四年（1749年）十二月，颁御

① 伍庆禄，陈鸿钧：《广东金石图志》，线装书局2015年版，第312页。

② 朱玉麒：《从告于庙社到告成天下——清代西北边疆平定的礼仪重建》，见《礼仪中国：第五届东岳论坛礼仪中国学术研讨会论文集》，2012年，第83—91页。

③ 魏源：《康熙亲征准噶尔记》，见《魏源全集·圣武记》卷3，岳麓书社2011年版，第118页。

制平定金川告成太学碑文于直省学宫；乾隆二十年（1755年）十月，颁御制平定准噶尔告成太学碑文于直省学宫；乾隆二十六年（1761年）六月，颁御制平定回部告成太学碑文于直省学宫。[①]所有记录都明确指出，御制告成碑颁刻的对象是"直省学宫"。这里所说的"直省"，即各省的意思，因为直接隶属于中央，所以叫直省。乾隆二十五年（1760年）三月，直隶总督方观承奏请："平定回部，御制告成太学碑文，请予畿辅九府、六直隶州，各照勒一碑。"得旨："不必如此，保定立一碑足矣。"可见，直到乾隆二十五年，清王朝的统治者还没有把御制碑扩大到天下文庙的想法。

江阴文庙作为县级文庙，本来是没有资格或者不需要树立这类告成碑的。但是，乾隆皇帝的态度很快就发生了变化。当直隶总督方观承再次奏请"将乾隆二十年平定准噶尔御制告成太学碑文，一并摹勒"时，得旨："是。"[②]乾隆二十九年（1764年），苏州布政使苏尔德在地方建立平定碑的具体操作过程中，遇到了实际问题上奏："十二月甲申，谕军机大臣等：苏尔德奏'平定准噶尔碑文，各省学宫地势不一，不必拘定尺寸，并遴委通晓清文旗员摹写刊刻'一折。各省、府、州、县、卫学宫，自不能一律高敞，著必照部颁碑式竖立，转难位置适宜。至外省士子，本不谙习国书，碑内亦可毋庸令其镌刻。嗣后各学立碑，视该处采石难易及学宫地势，听其酌量随宜建竖，其清文竟不必刻入，兼可省传写错讹之弊。著于各督抚奏事之便，一并传谕知之。"[③]随后，很快就出现了"天下文庙，尽皆摹刻树立"的局面。

由于各地文庙的建筑空间、经济实力等多方面的差异，尽管御制碑文内容与碑式一致，但在大小尺寸、材料等方面有一定的差异。比如，以雍正三年（1725年）江阴文庙所立《平定

① 《清朝通典》，商务印书馆1935年版，第2315页。
② 《高宗纯皇帝实录》卷609，见《清实录》第16册，中华书局1986年版，第850页。
③ 《高宗纯皇帝实录》卷724，见《清实录》第16册，中华书局1986年版，第1067—1068页。

青海告成太学碑》为例，此碑高330厘米，宽150厘米，碑文为满汉文对照，右为汉文，左为满文，汉文为楷书，共21行，顶格刻写，正文每行50字，每字2.5厘米×2.5厘米；山西临汾市洪洞县（原赵城县文庙）所存此碑，高255厘米，宽120厘米，全文21行，满行104字；同在山西临汾的古县（原岳阳县文庙）所存此碑，高158厘米，宽75厘米，厚18厘米，碑文为楷书，共9行，满行103字。而且，从具体内容看，不同地方的石刻，对少数民族首领的称呼也并不完全一致。①

清雍正《平定青海告成太学碑》拓片

① 曹廷元主编：《三晋石刻大全》（临汾市古县卷），三晋出版社2012年版，第412页。

目前，江阴文庙共藏有雍正《平定青海告成太学碑》、乾隆《御制平定金川告成太学碑》《御制平定准噶尔告成太学碑》和《御制平定回部告成太学碑》。虽然没有发现康熙时期的御制告成碑，但以一个县级文庙而藏有四块御制告成碑，在全国仍然比较少见，这可能与江阴作为江苏学政衙署驻地有关。从江阴文庙所藏告成碑的时间来看，由于勒碑需要过程，即便乾隆二十四年（1759年）就完成了御制碑文的撰写，到勒石成碑，还有一个过程。到太学碑刻成后，再下令全国各省颁行，又需要时日。所以，乾隆二十六年（1761年）下令各省勒碑，到了乾隆二十九年（1764年）十二月，苏州布政使才咨询这一问题，中间又已经过了3年的时间。因此，各地碑刻内容的时间虽然是统一的，但实际立碑的时间却有先有后，并不相同。

文庙兴修类

作为文庙历史变迁的见证，有关文庙自身兴修的碑记，在文庙碑记中是最多的。自宋代以来，江阴文庙代有兴修，大大小小百余次，虽然不是每次都勒碑立石、作记纪念，但就目前能查到的文庙兴修碑记已经有36篇，占文庙总体碑刻的一半还要多。其中，现存的明清实物碑记就有13块，其中明代6块，清代7块。由于文庙拥有众多的建筑群，这类兴修碑记可以大体分为两类，第一类是有关文庙整体建筑兴修的记录，这类兴修一般工程量较大，耗费时间较长，资金需求量大，因此只有在地方官有决心、能久任且社会经济较为繁荣时，才会大修，并勒碑立石。第二类是关于文庙中某个或某组建筑物的兴修，一般是出于特定的国家意志、兴修者个人的意愿或建筑物自身的状况。

普通庙学记

有关江阴县庙学的兴修，现在流传下来最早的一篇记文是北宋著名政治家和文学家范仲淹所作的《景祐重建至圣文宣王庙记》。该文之所以重要，除了作者的身份与文采外，更重要的是，它是江阴文庙确证自己历史的最重要依据。在这篇记文中，范仲淹提到了兴修文庙的倡议者和主持者："成均博士范公宗古之守江阴也……乃命司禁陈公蒙吉奉成其事。"文中提到了他改迁江阴文庙的原因："惟先师之堂，前制未显，切于郡狱，黩斯甚矣，岂奉严之意也？"谈到了当时江阴士绅对于改迁文庙的态度："诸生拜而谢曰：'惟公之言，惟士之望，盍请迁焉。'"还谈到了新建江阴文庙的位置与修建过程："于军前南隅，藉高明，审面势，择工之善，栋材之良，登登丁丁，不月而成。"描述了江阴文庙改建后的新貌："堂焉巍焕，廊焉徘徊，大厦斯清，高门有闶；乃圣乃贤，俨乎其位；阼阶以进，依然金石之音；彝器以新，灿乎俎豆之事；既严既翼，以享以时；礼乐行乎庙中，风教行乎化下；乃歌乃讼，以乐以成。"最后，还谈到了范宗古对文庙的教育定位："二三子服斯文，履斯道，存诚颜闵之际，致化唐虞之上，协吾圣之教也，岂徒庙为哉！"在此记的开篇，范仲淹还开宗明义地阐述了自己对于夫子与夫子之道的认识："吾夫子之道也，用则行，而天下治；舍则藏，而天下乱。得其门者，若登其泰山；涉其流者，若示诸泗渎，钻仰何待，隆汙以时。得者得之，失者失之。譬覆载之仁，无待于报，照临之明，不求其助，荡荡乎唯道为大，如斯而已者也。"可以说，正是因为有了范仲淹这篇记文，让江阴文庙从一开始就表现出了非同一般的气质，成为江阴文庙此后千年发展的精神指引。

此后，江阴历代知军与教授持续兴修文庙，开河建门，设学置田，立官招徒，兴建贡院，修筑讲堂楼阁，先后共留下10余篇碑记，成为后世文庙兴学传统的重要源头与参照，也为后世留下了非常宝贵的历史资料。

元代，儒学地位有所下降，但江阴文庙先后经过5次兴修，不仅大成殿、明伦堂等主体建筑得到兴修，教授厅、泮宫楼和君子堂等教学与游息建筑也受到重视。特别是在皇庆元年（1312年）重修时，大成殿基址还较宋代有所扩大，"遂毁故庙，增博其基，广硕其础"①。可惜的是，由于元代江阴未曾修志，明代所修江阴县志仅收录1篇，对于其他兴修碑记几乎没有片语提及，这些碑记主要见诸江阴大儒陆文圭所著《墙东类稿》。

入明以后，江阴文庙经历了几十次的兴修，相关碑记有20余篇。其中，大多数碑记出于当时的知名大儒，但其中或许也有托名之作。比如，明成化二年（1466年），为了纪念知县周斌与庞永澄重修文庙的功绩而作的《江阴县重修儒学记》，署名是吏部尚书、华盖殿大学士南阳李贤，但是正德《江阴县志》的编撰者们认为，此记"称学士李贤撰，决非也，无一辞可录者，疑闾阎童子师为之"②。此后历代编志者遂不录之，直至缪荃孙等人编民国《江阴县续志》时，才将之收录于《石刻记》中。实际上，此碑是目前江阴文庙所存诸碑中，在明太祖洪武年间所颁禁令卧碑之后最早的一块碑。无论其作者是谁、文采如何，其所记修庙之事却不容否认，其在教育史、文庙史上的价值也不容抹杀。

清代，江阴文庙的兴修次数并不如明代那么频繁，所以留下的兴修碑记数量也不多，但这些碑记几乎都出自江苏学

---

① 陆文圭：《江阴重修学记》，见《墙东类稿》卷7《记》。
② 正德《江阴县志》卷2《学校》。

清乾隆《重修江阴庙学碑记》拓片

政之手，在记录文庙兴修、建筑状况的同时，也反映了清代学政对江阴文庙的巨大影响。比如，顺治十四年（1657年）张能鳞所作《增修江阴县儒学记》、乾隆七年（1742年）刘藻所作《重修江阴庙学碑记》等。据刘藻《重修江阴庙学碑记》记载，乾隆初年，江阴文庙已经衰败不堪，"庙殿之丹漆陊剥，明伦堂日就圮壁，沼间为通衢，带河湮塞，泮池缺裂，圜桥半摧，汇征楼及讲堂经阁诸处，悉颓瓻漫溰滋甚"[1]。也正因为如此，时任江阴知县蔡澍重修文庙的困难就可想而知。刘藻所作《重修江阴庙学碑记》不仅记录了江阴文庙的修建背景与过程，也从中展示了蔡澍能臣干吏的形象，为后人了解乾隆时期地方官吏的工作态度与能力提供了重要的史料。但就是这样一个人，也未能入祀江阴文庙名宦祠，这从一个侧面反映了清代名宦祠入祀的严格。此次大修，保证了江阴文庙此后百余年的安稳。

特定建筑记

由于文庙建筑群众多，大规模兴修所需人力物力巨大，因此文庙的建筑群很少一次性规划、完工，而往往是随着时间的推移、单体建筑的增多而不断成型的。对于文庙中重要的、带有标志性意义的建筑，在其兴建时单独作记，也是常规的做法。因此，江阴文庙流传下来的碑记中，有关其主要建筑，如庙门、学门、大成殿、明伦堂、启圣祠、先贤祠、名宦祠、书院等的专文，也不在少数。

宋代，江阴文庙处于初创时期，各个建筑大都次第兴建，每建必有记。开河、建门、立学、建教授厅、修御书阁，都有专门的碑记。元代，江阴文庙虽然兴修不多，但所修君子堂、泮宫楼，也各自有记。明代，随着明伦堂、乡贤祠、尊经阁、崇圣祠等建筑逐渐定型，它们的兴修也多有专

[1] 刘藻：《重修江阴庙学碑记》，见乾隆《江阴县志》卷8《学宫》。

记。其中，东林学者缪昌期所作《儒学新建吴公祠碑记》尤其值得注意。从此碑记中可知，吴应芳在任时，体恤学子，"有嘉惠于士"[1]。但是，因为官职卑下，无法祠祀名宦祠，以至于缪昌期特别感慨明代教师地位之卑下，所以才建专祠以纪念。而此祠之所以能够建成，与吴应芳的外甥、第二任江苏学政骆骎曾的支持是分不开的。入清之后，文庙其他附属性的专祠逐渐增多，其记录单体建筑的碑记也多与这些专祠的兴修有关，比如清康熙四十八年（1709年）魏学诚所作《双忠祠碑记》等。

明《江阴县先贤祠堂记碑》拓片

① 缪昌期：《儒学新建吴公祠碑记》，见民国《江阴县续志》卷22《石刻记》。

总的来看，就单体建筑的兴修而言，通常都涉及文庙中的重要建筑，如大成殿、明伦堂、先贤祠、启圣祠、尊经阁等。就时间而言，宋、明、清三代，均有多次兴修，但宋代重学制，其所建或所修的命教堂、教授厅、御书阁等，均属于此，明清重庙制，以先贤祠、启圣祠、吴公祠、双忠祠等祠祀性建筑为代表。

此外，除了与文庙兴修直接相关的碑记，由于江阴贡院、书院等也先后迁至文庙，有关它们的兴修碑记，也可归入文庙兴修碑记之列。比如，南宋淳熙九年（1182年）葛邲所作《新建贡院记》，本来是为了纪念知军侯楼鄂在江阴兴建贡院之功，但是由于后来贡院迁到了文庙，此碑如存，自然应随贡院一起迁至文庙。

庙产学产类

孟子说："有恒产者有恒心。"作为一种礼制性建筑，文庙与学堂不仅在兴建时需要大量资金，而且其日常维护，特别是祭祀活动，也需要有相对稳定的经济来源。而文庙中的地方儒学，大都有生员肄业其中，作为国家养士的重要制度保障，这些生员每月都有一定数额的学廪，作为其学习与生活的费用。因此，对于文庙来说，庙产学产就显得尤为重要。所以，文庙中也有相当数量的碑刻，涉及文庙兴修资金、庙产学产的来源、维护等。同时，文庙和官学也接受民间捐赠。

江阴文庙中，有关文庙庙产学产的碑记出现时间较晚，数量也较少，目前共有7篇。其中，宋代1篇，明代2篇，清代3篇。连同经费碑记，当前江阴文庙共存有明万历时期学田碑

4块。这类碑记对于了解文庙资产的变动情况和明清经济史具有比较重要的价值。

比如，宋代林千之《军学蠲租记》表明，当时江阴军学有学田七千多亩，"土旷农惰，田之入于草莽者十之八九，岁榷米仅一千五百余石"[1]。为了激励人们租种学田的积极性，新任知军赵籀特别减免学田的赋税，以增加军学收入。入明之后，江阴文庙学田锐减，到万历时期，"总之不及宋人什四，而或未能久也"[2]。袁一骥所作的《大中丞抚台徐公增置学田碑记》，记叙了当时江苏漕运总督为江阴增置学田的情况："得之浒墅关门税金赢羡六千一百有奇，云江阴约置田九十四亩，该银二百七十余两。"在作者看来，"学为养贤设也，养贤非树田不可，故建学而崇之庙，即分井而授之田，圣人之制"[3]。明代4块学田碑记均出现在万历时期并非偶然，它一方面反映了万历时期文庙学田基金的窘境与文庙经济的困难，另一方面也反映了万历时期土地兼并的加剧。

① 林千之：《军学蠲租记》，见杨印民辑校《宋江阴志辑佚》卷10《题泳（下）》，天津古籍出版社2016年版。
② 张恺：《江阴学义田记》，见民国《江阴县续志》卷22《石刻记》。
③ 袁一骥：《大中丞抚台徐公增置学田碑记》，见民国《江阴县续志》卷22《石刻记》。

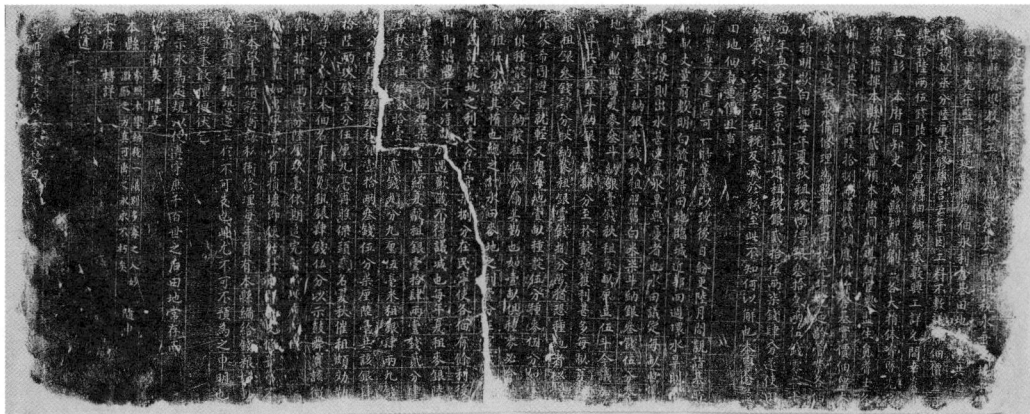

明《酌定仓基田地租税申文碑》拓片

入清以后，涉及学田庙产的碑记有3篇。前两篇均在雍正年间。其中一篇是教谕田有伊所作《李公宾兴田碑》①，主要记叙了常州知州李世金针对宾兴捐赠的田产。另一篇是杨名时所作《复吴公祀田记》，记录了有关恢复万历时期专祀吴应芳的学田的情况。第三篇是乾隆时期的《暨阳书院各宪颁给绅士盐典输捐细数》，是为了保证澄江书院的日常运行经费，由江苏学政倡导各级官员和地方士绅捐给书院的资产情况，为了解清代书院经费来源等问题提供了重要的史料。由于各人捐资数目是按照行政区划排列的，因此，也为了解江阴当时的行政区划提供了佐证材料。同时，也从侧面说明，这次新建书院存在向辖区内大户进行摊派募捐的情况。

题名类

所谓题名碑，主要是记录官员或科举中试人员名单的碑刻。江阴文庙题名碑，可能始于宋代。元代，江阴儒学教授唐子华曾经向江阴大儒陆文圭请教："近代居官者，有厅壁记，记前人姓氏。暨阳校厅独无有，何也？"陆文圭回答说："昔有之，今亡矣。亡者何代，革也。"于是，二人追溯了自至元十三年（1276年）以来江阴儒学历任教授，自徐元凤开始，"下得姓氏若干，将勒诸石"②，并请陆文圭记之。这是有明确记载的江阴文庙第一块题名碑，其下限截止时间为碑记所作时间。可惜，此碑今已无存。

今天，江阴文庙仍藏有2块题名碑，都是明代刻立的。其中，较早的一块是《江阴县学科第题名记碑》，主要是为了表彰县学学子在科举考试中的成绩；较晚的一块则是吴应芳作《江阴县儒学题名碑》，是历任江阴县儒学教谕、训导的任职

① 《李公宾兴田碑》，此碑现存江阴文庙明伦堂外。
② 陆文圭：《教授厅壁记》，见《墙东类稿》卷7《记》。

明《江阴县儒学题名碑》拓片

名单。这两块碑，对于了解文庙儒学的科考成绩与儒学教官的更替变动，具有很大的参考价值。同时，也有"使后进之来游者，朝夕瞻慕"①之意。值得注意的是，《江阴县儒学题名碑》带有明代地方教育官员为自己存史的色彩。此碑文的主体内容是明代江阴县级教育行政官员的名单，这对于了解明代县级教育行政官员的人名、地域、出身、任期等具体情况，具有重要的史料价值。而且，由于教谕与训导往往会参与文庙的兴修、县志的撰修等文化教育活动，所以也可以作为县志职官志或其他资料的佐证材料。

旌表类

旌表碑，通常是朝廷对地方优秀人士进行表彰纪念的见证。有些由皇帝直接下令刻录，有些则是地方人士为了彰显地方荣耀自行刻录。江阴文庙现存2块旌表碑，是从雍正、道光两朝的朝廷档案中专门抄录后立石，以示纪念和观瞻。其中，雍正时期田有伊的《忠义孝旌表碑》，与雍正时期专门下诏鼓励各地兴建忠义节孝祠堂牌坊有关，专门用于旌表历史上曾获得忠义孝之称的地方先贤，是雍正时期创新旌表制度的一个重要举措。此碑现存江阴文庙明伦堂外右侧墙壁，保存状况较差，刻字漫漶难辨。此碑高165厘米，宽82厘米。碑文为楷书，未有碑额。全碑共约27行，没有题名，现题名为根据碑文内容所定。立石署名为江阴县时任各官吏，但当时训导和典史的职位处于空缺状态。

而道光时期的《皇清部定乡贤碑》则是在雍正、乾隆皇帝严格各地乡贤、名宦增祀名单后，由礼部对江阴县志随意增减乡贤、名宦作出的规范裁定。此碑现存江阴文庙明伦堂内

① 《江阴县学科第题名记碑》，此碑现存江阴文庙明伦堂内。

清《忠义孝旌表碑》拓片

右侧墙壁，保存状况较差，很多地方漫漶不清，但可与光绪
《江阴县志》中的相关内容相互印证。

其他类

在江阴文庙现存碑刻中，还有两块比较特殊的，其均为明朝时期所立。一块是明正德九年（1514年），江阴县庠生方谟等人所立的《民劳次第碑》，此碑记录了江阴文庙儒学修建时，所有参与兴修者的各自贡献及兴修过程。这是目前为数不多的专为普通人刻立的碑石。在古代，修建文庙是一项浩大的工程，所需人力物力较大。此前官方曾多次提议兴修，却困于经费而作罢。随后，主政的县令刘纮找到了当地的义民陈谱商议，于是陈谱捐出自己所藏建筑材料，又联络地方士绅好友一起努力。最后，参与兴修捐赠者，竟达90人之多。从这些捐赠人的身份可以看出，在地方事务中起主导作用的群体以义官居多。义官是中国古代封建社会专设的一种编外官职，明朝时最为盛行，由官府直接任命或采用其他奖励形式向社会颁布。荣获义官称号后即在社会上拥有一定的地位，能直接参与当地官府、域内的管理事宜。因为这些义官家境富裕，不拿俸禄，把为社会做贡献视为己任，各地志书多有义官的记载。其次为在职官员，再次为生员。同时，也有少数未获功名但热心赞助者，可能是尚未考取到功名的读书人。此外，从大家捐赠的材料大体可以窥见，中国古代建筑材料、建筑要件等主要以木、瓦、石为主。此碑现存于江阴文庙大门外左侧墙壁，保存状况较好，大部分字体清晰可辨。碑高150厘米，宽80厘米，正文为楷书，共24行，每行58字，每字2厘米×2厘米。

另一块是明万历四十六年（1618年）所立的《派定九路门役之碑》，该碑所记内容主要是关于江阴文庙各路门役的名额及其工作职责。古代传递消息较为困难，主要依靠人力，

明《民劳次第碑》拓片

一般会根据地方的范围大小和方位安排多位杂役。最初江阴文庙有6位门杂役，后来因为是学政驻扎所在地，所以增加至9位，主要负责科举考试时的消息传递。而且，学院等官员初次莅临到任，也要通告各地生员一同前来迎接。除此之外，有些杂役还兼管文庙的田租事项。其中，会有一些恶役上下瞒报、中饱私囊，做出不法之事，甚至在很大程度上形成了一股势力。地方官虽然也想整顿，但无奈办事还要依赖他们，所以很多时候不得不有所迁就。此碑的内容就反映了文庙杂役设置的状况。此碑的出现，为我们了解地方文庙、科举考试的具体运作提供了一定的参照。此碑现存江阴文庙明伦堂外右侧墙壁，保存状况较好，大部分字体清晰可辨。此碑高110厘米，宽45厘米，碑文为楷书，共18行。

此外，在嘉靖《江阴县志》中收录有一篇明代著名学者陈凤梧的《道统圣贤赞》，对自伏羲、神农、黄帝、帝尧、帝舜、禹王、汤王、文王、武王、周公、孔子、颜子、曾子、子思、孟子的至圣至德进行颂扬。同时，还附有《德义堂铭》，从内容上看是关于元代澄江书院德义堂的铭文。

总之，从历代江阴文庙所藏重要碑记看，不仅内容丰富，数量较多，而且自宋代就有存碑之所，这成为地方士子进入文庙修习所必看的内容，具有极大的教育意义。历代碑记的存在，也可以帮助后人清晰地追溯文庙的历史及其教学活动。从碑记的内容与作者来看，清代江阴文庙的碑刻中，来自皇帝的御制与朝廷的公文居多，这从一定程度上也反映了清代对于地方文庙管控的加强。从清代碑刻撰文的特点来看，多有江苏学政的直接参与，地方文庙的话语权有所丧失，这也与清代地方学校日益官学化、官学教育日益科举化的倾向是一致的。

当代碑刻

20世纪80年代，江阴市政府开始启动文庙复建工程。1996年落成后，专门为之树立了两块碑，即《江阴文庙简介碑》《修复江阴文庙功德碑》，置于江阴文庙大成门外侧。同时并置的还有《江阴市人大常委会关于江阴市市树、市花的决定》。2018年，又刻立了范仲淹1036年撰写的《景祐重建至圣文宣王庙记》。

特别值得一提的是，江阴文庙还新增了一组 "历代名人咏江阴"的诗词、对联碑刻，共13块，置于文庙大成殿东西两侧的墙壁上。内刻有唐代李绅的《却望无锡芙蓉湖》二首，宋代梅尧臣的《夫子篆》、王安石的《予求守江阴未得酬朱昌叔忆江阴见及之作》，元代倪瓒的《居竹轩》，徐霞客的《题小香山梅花堂诗》、董其昌的《题画赠江阴夏茂卿》，清代顾炎武的《送张山人应鼎还江阴》、阎应元的《江阴东城楼题壁》，当代陈毅的《夜过江阴履国防废垒有作》等诗词名句，由启功等当代书法家书写。这组碑刻，既展示了当代书法之大成，也体现了江阴古城悠久灿烂的历史文化，是真正具有江阴人文特色的碑刻，已经成为江阴文庙一笔宝贵的文化资产。

江阴文庙 "历代名人吟江阴" 碑廊

匾
额
楹
联

孔子曰："名不正则言不顺。"是以中国人素来重"名"。
这一传统，不仅表现在人的取名取字、名号称呼上，也表现
于人活动其中的居所建筑上。为建筑物命名、题写匾额、添
加楹联，是赋予建筑物生命活力与灵魂的点睛之笔，备受古
人重视。文庙作为祭祀孔子的重要礼制性建筑，其建筑物的
命名，必须处处渗透、体现孔子与儒家文化的价值观念，是
传承与弘扬儒家文化必不可少的重要载体。所以，文庙建筑
中处处有匾额题词，如"大成殿""明伦堂""尊经阁""万世
师表""生民未有""与天地参""金声玉振""德配天地""道
贯古今""词林正气""礼仪相先""忠义孝悌""先贤""名
宦""时习""日新""养贤""观德""启圣""双忠"等，无不
体现着孔子与儒家的教诲，体现着对孔子至高地位的无上崇
敬。实际上，在儒家文化的思想中，文庙建筑作为一个教化
人的场所，建筑的匾额楹联所歌颂、明志、旌表的人和事，
直接向人们传递着当时社会认同的道德标准。

宋徽宗大观四年（1110年），江阴文庙内城城墙处新改

建了一座学门，当时并没有题名。政和年间，江阴改州，知州徐以煮专门给江阴县学题写了匾额"学门"二字，以榜学门。同时，"辟州学南为大通，名之曰进贤坊"。改县之后，又"榜其街为升俊"①。同时，宋徽宗还亲自颁赐天下"大成殿"额。郑滂在《绍兴奉诏修学记》中曾写道："邦之学子藏于斯，修于斯，游息于斯，能书柳子语以铭座右。"②可见，当时江阴文庙还专门书写前辈先贤的教诲之语，以作为师生行动的提示与警醒。

明正德十一年（1516年），知县万玘建号舍九联于观德堂后，每联号舍都有名字，首联曰：丹山起凤；二联曰：沧海腾蛟；三联曰：扶摇万里；四联曰：志凌霄汉；五联曰：天香；六联曰：彩虹霓裳；七联曰：光；八联曰：平地；九联曰：禹门春浪。③

不仅如此，文庙的匾额楹联有许多出自名家之手，具有重要的美学意蕴与美育价值，这是中国古代寓教于美、以美养德的重要途径。

南宋宝祐元年（1253年），江阴军学教授赵汝沓在文庙泮池左右作亭，分别为之扁以"观德""咏仁"。咸淳元年（1265年），南宋著名画家、书法家赵孟奎出任江阴知军，重修两亭，将之更名为"光风""霁月"，并亲自书写匾额。在主持重修军学命教堂后，赵孟奎也"自书其颜"，并"大书晏子言礼，以遗博士"④。元大德五年（1301年），张时出任江阴知州，又重新在文庙泮池旁修筑凉亭，取名"君子堂"。

清同治十二年（1873年），林达泉主持重建暨阳书院，"以'暨阳'义无所取，署吴县高君心夔为易'礼延书院'"，以表达对江阴先贤季子的景仰与礼遇，书院建成后，"适侍郎彭公玉麟阅军临江，为之榜书"⑤。彭玉麟（1816—

① 林虔：《大观新建江阴县学门记》，见正德《江阴县志》卷2《学校》。
② 郑滂：《绍兴奉诏修学记》，见正德《江阴县志》卷2《学校》。
③ 光绪《江阴县志》卷5《学校》。
④ 林干之：《军学命教堂记》，见杨印民辑校《宋江阴志辑佚》卷10《题泳（下）》，天津古籍出版社2016年版。
⑤ 林达泉：《重建礼延书院记》，见光绪《江阴县志》卷5《书院》。

1890），字雪琴，号退省庵主人、吟香外史，是晚清著名政治家、军事家、书画家，人称雪帅，与曾国藩、左宗棠并称"大清三杰"，与曾国藩、左宗棠、胡林翼并称"中兴四大名臣"，湘军水师创建者，中国近代海军奠基人。由其为书院题名，无疑为礼延书院增色不少。

目前，江阴文庙的楹联所存不多。只有大成门、大成殿、明伦堂等主要建筑有匾额与楹联，其中，"大成殿""万世师表"等摹写自皇帝御笔。康熙二十三年（1684年），康熙皇帝御书曲阜孔庙之后，诏令天下文庙按照统一格式仿制悬挂。随后，雍正、乾隆等清朝皇帝纷纷效仿，在登基后到北京国子监讲学，御书匾额，以供天下闻名仿制悬挂。目前江阴文庙大成殿内有雍正帝于雍正三年（1725年）御赐的"生民未有"、乾隆帝于乾隆二年（1737年）御赐的"与天地参"、光绪帝于光绪元年（1875年）御赐的"斯文在兹"等匾额。文庙所有的匾额都是蓝底金字，殿墙及门则涂以红色，基本保持了清代的面貌。

雕
塑
绘
画

中国古代建筑既重功能，又重意蕴，因此，对于建筑装饰也极尽用心。无论砖石木泥，均可雕塑各种形象，涂饰漆彩，以便更好地传情达意，这为建筑增色不少。由于史料缺乏，目前关于文庙内各建筑构件的装饰已难知其详，只有奉祀人物的塑像与绘画还有少数记录可以追溯。

江阴文庙的塑像与绘画，当自宋代建立之初即有。在郑澄所著《绍兴奉诏修学记》中，记有"增斋于廊，致绘画之壁于前隐"①。可见，当时江阴文庙是有壁画的。南宋咸淳之际，"先是庙学合一，凡入学者，必由先贤像前，殊失尊崇之义，乃设栏檐根楔，非祭奠不开"②。可见，当时大成殿内是有孔子像的。同时，除了孔子之外，其他先贤名宦，对文庙有贡献者，也有机会列像于庙堂。比如，为了纪念赵孟奎修建御书阁，"邦人士肖侯像於堂之东偏，以示不忘"③。

在中国古代，礼制等级体现在方方面面。尽管孔子在宋代被封为文宣王，可以享受帝王等级的祭祀。但进入明代，为了突出人间帝王的独尊地位，明洪武十四年（1381年），

① 郑澄：《绍兴奉诏修学记》，见正德《江阴县志》卷2《学校》。
② 佚名：《修学御书阁》，见杨印民辑校《宋江阴志辑佚》卷2《学校》，天津古籍出版社2016年版。
③ 佚名：《修学御书阁》，见杨印民辑校《宋江阴志辑佚》卷2《学校》，天津古籍出版社2016年版。

朱元璋曾经下令，"自天子以下，象不土绘，祀以神主"。嘉靖十年（1531年），朝廷再次明确发布上谕，要求调整孔庙祭祀规格，不再塑像而是改用木主神牌。江阴知县按照上谕对文庙及大成殿进行了调整："祀圣贤用木主，去像；易封号，改曰先师庙。"但清乾隆时期，江阴文庙大成殿内仍设有先师神位，座前立石刻像。由于圣象"旧近神案，高不逾几"，在后来修建时，又为之匹配了一个基座，"至是崇奉于神堂高座"[1]。后在太平军与清军争夺江阴的战争中，"殿屋被毁，孔子像亦焚废"。同光之际，江阴文庙得以重修，但不再塑像，而是以高大的神牌与图像取而代之。此时的大成殿内，"敬悬拓本，并奉木主，高三尺三寸七分，阔四寸，厚七分，座高四寸，阔七寸，厚三寸，朱地金书至圣先师孔子神位"[2]。其他先师、四配、十哲、先贤、先儒等，亦只设木主神位。

1995年重修时，文庙大成殿内的孔子、四配均重新泥塑其像奉祀。后又在大成殿后、明伦堂前立"抗清三公"塑像。

江阴文庙内"抗清三公"像

① 光绪《江阴县志》卷5《学校》。
② 光绪《江阴县志》卷5《学校》。

就石雕石刻而言，目前，江阴文庙仅有棂星门及其旁边墙上的下马碑是石头刻字，泮桥上的鲤鱼龙门与大成殿前丹陛上有龙形石雕。实际上，江阴文庙本身的石质建筑和构件也比较少。

江阴文庙木质建筑居多，且不重雕饰，其主要的木质彩画集中在大成殿内的藻井处，其彩绘系光绪年间旧物，文物价值较大，但部分已经斑驳不清，仍需进一步加强保护。

从江阴文庙物质文化的传承来看，其注重藏书与碑刻，相对忽视雕塑与绘画，这或许与江阴作为地方小县难以支撑庞大的文庙规模有关，但这在一定程度上也体现了江阴人务实肯干、不尚虚文的作风，是明代东林党人倡导的"实学实用"的传承与延续。

江阴文庙前下马碑

值得注意的是，当前，江阴文庙保护管理所在不更动文物建筑构件与面貌的情况下，也尽可能通过环境营造雅致的古典之美。在文庙东西两庑的长廊上，整齐悬挂着两排古式宫灯，这既有照明的实用功能，也是一种装饰；在大成门通向大成殿的主路两旁，有序地悬挂着美观的道旗，上面印有《论语》中的名言名句，集实用、美感与教育为一体，很好地传达了文庙尊孔崇儒的价值理念。同时，文庙内也因地制宜地布置了一些爱国主义与社会主义核心价值观的标语与宣传画，真正体现了千年文庙文化价值观的当代赓续。

江阴文庙内《论语》道旗

江阴文庙
人物述略

07>

宋朝
元朝
明朝
清朝

在江阴文庙发展的千年进程中，一些主管官员积极倡导兴修，地方士绅纷纷响应，普通百姓出工出力，为广大学子创造了良好的学习条件，在其庙学发展史上涌现了一大批可歌可赞的人物。其中，有些人早已被列入名宦、乡贤，受到江阴人民的崇祀；有些人仅余其名，事迹不彰；更有些人只是些无名之士。他们都在江阴文庙薪火相传、儒家文化延绵不绝中贡献了自己的力量。限于史料和篇幅，这里仅选取16位代表性人物进行简单介绍，以彰显江阴文庙与江阴地方文脉的关系。

宋朝

中国古代大都是以武立国，以文治国。宋太祖更是把尊孔崇儒作为宋代文教政策的核心，明确提出"朕欲尽令武臣读书，知为治之道"。因此，虽然江阴在宋朝时是军事重镇，属于军制，但历任江阴知军也高度重视文教，多次兴修文庙，设官立学，为江阴文庙的发展奠定了坚实的基础。

杨孝孺

杨孝孺，字达甫，建安郡（今福建省建瓯市）人。生活在北宋神宗时期，生卒年月不详。熙宁九年（1076年），以太子中允知江阴县。当时，江阴科考成绩不太理想，"应诏取第者，岁数十无几"，于是，有风水师提出，"学之面城，水旁流而不顾，此其未盛也"，江阴地方士绅以此为由，请求杨孝孺能够对文庙外部环境进行调整。但是，在杨孝孺看来，"君子修其在己，俟其在物，考于昭昭，听于冥冥，必然之理也，岂在山川乎？"，所以他一开始并未同意。及至众人反复请求后，他考虑到民心所向，认为"山川之向背，阴阳之逆顺，理亦有之"，最终答应了在文庙前开河的请求，颇有无为之治、顺应民情之意。黄佖称赞他"不违其请者，见乐育之尽也"。

同时，鉴于江阴儒学"学自军废，圮坏荒墟，所存者名耳"，杨孝孺又专门向上级和朝廷请求重新立学，得到批准后，"乃计工以完其坏，督资以充其给"。后来，上级从苏州选派教授方允生"来职是学"，他"又择乡之有闻者三士以辅训导，而大集诸生"。这是北宋江阴儒学教授首次正式见诸记载。熙宁元丰之际，正是北宋王安石主导下的第二次兴学时期，杨孝孺在江阴文庙兴复军学，也可以作为窥视此次兴学政策地方反应的一个绝佳案例。县志称赞他说："为治有本，督农兴学，游惰皆习于业。平居好学，博览史传，深得于性命之理。言多醇正，学者尚焉。"[1]今浙江丽水缙云仙都摩崖题记有"癸亥十一月闵□杨孝孺来"，其时间是在北宋元丰六年（1083年）。题记在仙水洞左、苏舜元题名旁。[2]

范雩

范雩（1098—1143），字伯达，苏州吴县（今江苏省苏州市）人，南宋著名诗人范成大之父。北宋宣和六年（1124年）进士，擅治《易经》。据时人记载："子之同舍也，尝试《禹稷颜回同道论》，先生见之，以为奇作，置之魁选，遂驰誉于太学，学者至今以为模范。"[3]绍兴五年（1135年），江阴知军王棠向朝廷请求在江阴文庙建设讲堂，设立学官。"俞音既颁，石湖范先生父雩首选文昌从橐，鼎鼎讲席。"[4]。甚至有人认为，命教堂之名也是由他提议的。"孰名

① 正德《江阴县志》卷16《列传第十二（上）名宦》。
② 卢峰：《山水得灵气，泉石见性情——缙云仙都摩崖题记评介》，见西安碑林博物馆编《碑林集刊》，陕西人民美术出版社2005年版，第294页。
③ 龚明之：《中吴纪闻》卷5"范秘书"条。
④ 胡珵：《绍兴奉诏新建军学记》，见正德《江阴县志》卷2《学校》。

之王侯，时博士范雩也。礼，天子命之教，然后为学。"不过，按照胡珵在《绍兴奉诏新建军学记》中的记载，"命教堂之名"是知军王棠属下一位姓陈的官吏提出的："其从事陈君前曰：'礼，天子命之教，国以学请，以命教名堂可乎？'皆曰：'善。'"[1]但不管怎样，范雩在担任教授期间的成绩是得到肯定的，"力辅王棠，笃意训率，风俗为变"。绍兴十年（1140年），范雩为诸王宫大小学教授。绍兴十一年（1141年）八月，范雩除去秘书省正字职务，转为校书郎兼任玉牒所检讨官及秘书郎。绍兴十三年（1143年）六月，范雩致仕，后病故，年仅46岁。范雩未入江阴名宦祠。

富元衡

富元衡（1119—1162），字公权，自号洛阳愚叟，姑苏（今江苏省苏州市）人。与范雩同为北宋宣和六年（1124年）进士。初任随县主簿，因张浚推荐充任宫教。南宋绍兴十二年（1142年），任江阴知军，后官至工部郎中。在任江阴知军时，他注重崇文兴教："吉月必偕郡吏钦谒于先圣之庭。顾叹学宇，尝为秋闱战艺所，蔺轹伤夷，讫事无省，因陋就简，日益不治。"于是重修江阴文庙。这次重修，除了修葺旧建筑，还新增了许多建筑："门施綮载，殿列轩槛，洁室以振衣，高廪以聚粮。扃三传以谨其拿，合诸史以护其旁，此前日之所无，而今创建者也。"[2]除此之外，他还曾重修范宗古所建江阴"由里山龙堂"，时任江阴县教授的郑滂有《重修龙堂诗》。富元衡做官有气节，清廉而谨慎，曾自名所居为"知止堂"。此外，他还是宋代著名书法家，善仿苏轼书法，尤工柳叶篆。有《题米元晖司马端衡诗意卷》语："米元

① 胡珵：《绍兴奉诏新建军学记》，见正德《江阴县志》卷2《学校》。
② 郑滂：《绍兴奉诏修学记》，见正德《江阴县志》卷2《学校》。

晖、马端衡二画，如王谢子弟，别有一种风流。少陵诗句超轶绝尘，非后人可及。二公墨妙洒落不群，非碌碌者能办，亦可谓三绝也。洛阳愚叟富元衡获观于富春郡斋。"[1]明王鏊《姑苏志》中有其传，但他未入江阴名宦祠。

尤袤

尤袤（1127—1194），字延之，小字季长，号遂初居士，晚号乐溪、木石老逸民，江苏无锡人。南宋名臣、诗人与藏书家，与杨万里、范成大、陆游并称为"南宋四大诗人"。据史载，尤袤"少颖异，蒋偕、施坰呼为奇童。入太学，以词赋冠多士，寻冠南宫"[2]。绍兴十八年（1148年）举进士。传说其原为状元及第，因得罪秦桧，改为三甲三十七名。最初任泰兴县令，上任后一面革除苛捐弊政，一面修筑泰兴城廓。在金兵南侵之际，"独泰兴以有城得全"。泰兴人民感激他的恩德，曾为其立生祠。尤袤曾长期担任江阴学官，"需次七年，为读书计"。后兼国史院编修官、迁著作郎兼太子侍读等职。尤袤一生嗜书，早有"尤书橱"之称。陆游曾在诗中描写他的藏书是"异书名刻堆满屋，欠身欲起遗书围"。他曾取孙绰《遂初赋》以自号，在无锡九龙山下作藏书楼，名为"遂初堂"，宋光宗赵惇亲自书匾赐之。另有藏书处"锡麓书堂""万卷楼"等，藏书三万余卷，多有善本、珍本。尤袤曾把家藏书籍"汇而目之"编成了《遂初堂书目》，这是中国最早的一部版本目录，著录书籍3200余种，对研究中国古籍具有较高的参考价值。尤袤去世后，朝廷赐谥号"文简"，因成绩卓著得入江阴文庙名宦祠。《宋史》中有其传。

---

[1] 富元衡：《题米元晖司马端衡诗意卷》，见曾枣庄主编《宋代序跋全编》第6册，齐鲁书社2015年版，第3777页。

[2] 《宋史·卷三百八十九·列传第一百四十八》。

郭庭坚

郭庭坚（1172—1255），字独秀，号高昌。原籍河南开封府祥符县人，后定居江阴。南宋宝庆二年（1226年）登进士第。绍定元年（1228年）任江阴军学教授。在任期间重教兴文，延请名师执教县学，捐献俸禄改善办学条件，并亲授四书五经。 郭庭坚除兴学崇文外，还受知县颜耆仲的委托，致力于编修江阴志书。其主持纂修的绍定《江阴县志》，"采摭见闻，榷扬事实，多补前志所未详者"，为江阴历史上第一部内容较为翔实的县志。因为在担任江阴军学教授期间政绩显著，被选拔为京城国子监博士。淳祐二年（1242年），郭庭坚欲告老还乡时，因河南沦于金兵，遂占籍江阴，后裔移居杨舍。元代在杨舍建有郭教授祠，地址位于城内庙湾街，该祠一直保留至清代。后奉祀于江阴名宦祠。

元代儒家文化地位一度衰落，但江阴文庙却先后经过5次兴修，且大成殿基址较宋代有所拓展，文庙儒学内还建有小学。不过，关于元代儒学官员的相关情况，记录较少。

史孝祥

史孝祥，字敬舆，号药房，眉山人，生卒年不详。父亲史绳祖。入元后，史孝祥曾担任台州同知，陈著曾为其次子陈沉致书于史孝祥，请求关照："某实先正先生门下人也……今驱车为赤城重，而不肖儿沉适忝台校，末缘可谓天幸，际逢其盛。……阁下以气局吞吐江湖，以精神裁剪冰玉，一笑语，一然画，落人耳目，便是一世宝，百世传。倘容儿沉面领而心会之，则为第三世在龙门。"① 从其为江阴文庙所作《君子堂记》看，在大德五年（1301年），张时举担任江阴知州时，他曾在当年夏天受邀到文庙游观新落成的君子堂。而从其为该亭的命名来看，其较为推崇周敦颐和莲花的君子

① 包伟民：《略论元初四明儒士的遗民心态》，载《中国史研究》2011年第1期。

品格，是儒家思想的信奉者。其有诗作《题范文正公书伯夷颂》："韩辞范笔照千龄，扶植纲常似六经。日月争光宜下拜，莫将此眼对兰亭。"①从中也明显可以感受到宋亡元兴后一代儒家遗民的不甘与愤懑。同时，《君子堂记》也是了解元代江阴儒学教育情况的重要资料来源。至元二十八年（1291年），江阴军学改为州学。张献在江阴曾"新小学之庐，表关怀以示正途"。随后继任的知州李师善、翟谅也相继更新学宫，设儒学教授，大学、小学训导，蒙古字学教授，这使得江阴的教育逐渐得到恢复。仇远所作《方万里史敬舆陈孝先龚圣予胡穆仲相继沦没令》中有"诸老俱尘土，令予双泪流"之句，从中可以看出，史考祥去世在方万里之后，即大德五年（1301年）作《君子堂记》不久之后。

陆文圭

陆文圭（1252—1336），字子方，号墙东，江阴人，元代文学家。博通经史百家，兼及天文、地理、律历、医药、算术之学。南宋咸淳初，陆文圭18岁，首中乡试。宋亡，隐居江阴城东，担任塾师，人称"墙东先生"。至元二十八年（1291年），陆文圭任吴县县学教授，作有《吴县学田记》。延祐年间恢复科举，官员强令他参加，于延祐七年（1320年）得中江浙行省第二名。因此，陆文圭也是为数不多的参加南宋、元代两朝科举考试之人。元朝朝廷曾派人多次到江阴请陆文圭出山做官，被他以各种理由谢绝。元泰定、天历年间，陆文圭应聘设教于句容，作有《回句容蒋教谕见招启》，年85而卒。《元史》评论他"为文融会经传，纵横变化，莫测其涯际，东南学者，皆宗师之"②。著有《墙

①范能濬编：《范仲淹全集》（下册），凤凰出版社2004年版，第1105页。
②《元史》卷190《列传第七十七·儒学二》。

东类稿》20卷传世。《墙东类稿》收入了大量著于元代的诗文，对于研究元代的政治、经济、社会、文化、科举和江阴的沿革有重要的参考价值。文集第一卷中有《拟求贤诏》《拟劝学诏》《拟行省进乡试合格进士花名表》《拟谢赐进士及第表》《代谢进士及第锡燕表二首》，对于了解元代科举、选士制度、士人心态都是很好的参考资料；该文集第七卷收录有《江阴修学记》《江阴重修学记》《重作泮宫楼记》《教授厅壁记》等，是了解元代江阴文庙与儒学沿革的主要参考资料。据说，陆文圭精通医道，还是江阴有史记载的第一位医学家，所以也被尊为江阴中医鼻祖。后奉祀于江阴乡贤祠。

明
朝

明朝建立之后，从第一代江阴侯吴良重建文庙开始，江阴文庙历经多次兴修，达到了历史上的高峰。朝廷对儒学的重视与倡导、东林书院的影响、江阴学政的驻扎等诸多因素，使得江阴文庙在建筑规模、人才培养等方面，都取得了很大的成就，涌现出了一大批可书可写的人物。

周忱

周忱（1381—1453），字恂如，号双崖，江西吉水人。明朝初年名臣，以擅长理财闻名。永乐二年（1404年）进士，补翰林院庶吉士，官至工部尚书。宣德五年（1430年），授工部右侍郎，奉命巡抚江南，总督税粮。宣德七年（1432年），他决定对江阴文庙进行修葺，"檄县令朱文祖董其事"①。"江阴县学岁久而弊。侍郎周君巡抚过之，作大成殿十有六楹，东西两庑各三十有四楹；殿之后为明伦堂，三十有六楹；左右为两斋，各四十有四楹。庖廪门垣咸备以

① 张廷璐：《重修明伦堂碑记》，见乾隆《江阴县志》卷8《学宫》。

固，高敞弘丽加于旧规。"①正是在此次修建中，江阴文庙因地制宜，将之前的"左庙右学"改成了"前庙后学"，明伦堂位于大成殿之后遂成定局。此次空间布局上的调整，也为江阴文庙儒学在此后不断向南、向东拓展奠定了重要的基础，为明清江阴文庙建筑群的扩大提供了充足的发展空间。在任22年，周忱常私访民间，询问百姓疾苦，他把主要精力放在整顿江南的税粮、改革调整江南的税法上。他屡次向朝廷奏请减免江南重赋，得罪了不少地方豪强，在晚年遭到诬陷而被罢职，遂致仕归家。景泰四年（1453年）去世，时年73岁，谥号"文襄"。著有《双崖集》等。后奉祀于江阴乡贤祠，《明史》中有其传。

周斌

周斌，字国用，世为扬州江都望族。洪武初年，举家迁往河北，故称河北昌黎人，景泰二年（1451年）登进士，授官为御史，奉命出京巡视考察河南、陕西诸藩，审理案件，明智如神。天顺元年（1457年），因为得罪权臣石亨、宦官曹吉祥，被外放降职为江阴知县。他到任之后，"诣学而环顾之，即有作新之志。已而政举化行，民既信悦，乃劝阖邑尚义之士，助财重修"②。后又考虑到"师生出入外门，卑隘弗称"，于是"自捐己俸"，购地拓建，疏浚泮池。这是明代江阴侯吴良重建文庙后第一次大修。但他并不居功，甚至都没有按照惯例专门勒碑纪念。同时，他还大力兴修水利，在任6年，共疏浚了锡澄运河、长河、清溪河等12条河道，深得江阴人民的爱戴，被当地百姓尊称为周公。人们还传唱过一首关于他的歌谣："旱为灾，知县祷，甘雨来。水为患，知县

① 杨士奇：《江阴县重修庙学记》，见正德《江阴县志》卷2《学校》。
② 李贤：《江阴县重修儒学记》，见民国《江阴县续志》卷22《石刻记》。

祷，阴云散。"①天顺七年（1463年），经人推荐，周斌被擢升开封知府。江阴人民为其立生祠，绘图像，勒碑纪念。在开封，周斌也勤于政事，当他再次升迁去职时，开封人民也涕泣追送。后官至陕西参政。因为政绩卓著，被奉祀于江阴名宦祠。

缪昌期

缪昌期（1562—1626），字当时，一字又元，号西溪，谥号文贞，南直隶江阴人。7岁入家塾，14岁赴童子试，天资聪颖，工诗擅文，史称"行卷不胫走四方，为诸生已名震天下"②。缪昌期科考之途较为坎坷，屡试不第，直至明万历四十一年（1613年）时始中进士。后选翰林院庶吉士，授职检讨。天启元年（1621年）任左赞善，后升为谕德。缪昌期与东林党人杨涟、左光斗、高攀龙等人志同道合，常以名节自励，力主除弊图新，引为刎颈之交。在《东林点将录》中，他被称为"智多星吴用"。天启四年（1624年），杨涟作为东林党人的代表，上书弹劾魏忠贤，列举其二十四大罪状，朝野鼎沸，京城盛传此文出自缪昌期手笔。后杨涟、左光斗先后被迫害致死，缪昌期也被削职归家，并于天启六年（1626年）在家中被捕，后惨遭杀害。被捕前曾有"义不屑以三朝作养之躯，辱于狗奴狞贼之手耳"③等千言自述，以表心迹。崇祯皇帝即位后，缪昌期得以平反昭雪，追谥"文贞"。礼部侍郎、大文豪钱谦益为之作《缪昌期行状》。清康熙三十年（1691年），缪昌期与同期遇难的李应昇共同入祀江阴文庙双忠祠，后又绘像于苏州沧浪五百名贤祠。著有《从野堂存稿》8卷、《周易九鼎》16卷、《四书九鼎》14卷等。

①《明史》卷162《列传第五十盛颙等》。
②崇祯《江阴县志》卷4《人物志》。
③崇祯《江阴县志》卷6《艺文志》。

在江阴文庙的碑记中，至少有3篇碑记与缪昌期有关，其中2篇还有现碑。一篇是万历二十六年（1598年）的《酌定仓基田地租税申文》，在刻有捐资者的第二块附碑第11行第3排，赫然列着江阴籍东林名士缪昌期的名字。从时间上推测，他当时还是江阴县学学生。但其名字上有三道明显的划痕，很有可能是天启五年（1625年）东林党狱案后文庙学官所为。不过，这三道划痕并不影响对他名字的识读，可见当时主管江阴县学者，从内心是支持和赞许缪昌期的行为的。另一篇是清康熙四十八年（1709年），由江苏学政魏学诚撰写的《双忠祠碑记》。另外还有一篇碑记，则是缪昌期于万历四十八年（1620年）撰写的《儒学新建吴公祠记》，是为了纪念嘉靖时期担任江阴训导的吴应芳。可以说，缪昌期是江阴县学生员中的杰出代表，其无论生前还是死后，都与江阴文庙有着诸多的关联。

吴应芳

吴应芳，字文誉，归安人（今浙江湖州人），岁贡，生年不详，嘉靖三十六年（1557年）任江阴县训导[①]，死于嘉靖三十九年（1560年）训导任职内。在任期间，他看到江阴文庙内"有科贡士题名二座，而官则缺焉"，因此发出感慨："人才之盛，必教之者之得人所致，而可使泯遗不传耶？"于是，他广泛搜集相关资料信息，"搜诸志记，博之闻见"，"命工勒石置之明伦堂之西北隅"，这就是《江阴县儒学题名碑》。由于所立碑较大，曾留下了大片空白以供后来者续刻其名，因此，该碑虽立于明嘉靖三十九年（1560年），但实际上碑记的续刻一直截止到万历二十二年（1594年），共记录明代江

① 光绪《江阴县志》卷11《职官志》记载其任职时间是嘉靖三十五年。考虑到他所撰写的《江阴县儒学题名碑记》中说是三十六年，当以他自己所记为准。

阴县教谕48人，训导62人。该碑记是了解明代江阴县教育官员任职情况最详细、最直接的资料之一。

在教学与管理方面，他破除陋习，拒绝收受儒学生员的初次见面礼，同时，关心儒学生员的学习、生活，深得生员的爱戴。因此，在其去世后，江阴地方的儒学生员们认为，"吴先生之师道立，至今人怀思之无已"[①]，遂向当时的主管部门申请将吴应芳列入名宦祀。由于训导等地方教育官员的官职太过卑微，属于不入流之列，因此遭到拒绝。后来，第二任江苏学政骆骎曾到江阴任职时，江阴县儒学生员再次提出请求。因为吴应芳恰好是骆骎曾的外祖父，骆骎曾一度以为是这些生员在巴结自己，非常生气，后经诸生的一再解释，决定按照儒家"举贤不避亲"的原则，同意在江阴县儒学西斋建立专祠祭祀他，并为之设置祭田十亩。缪昌期曾专门作有《儒学新建吴公祠记》，并感叹当时"师道之卑极矣"，以至于像吴应芳这样的好教官竟然需要长达60年的努力才能最终建祠纪念。最后，缪昌期还借用司马迁的外孙杨恽的故事，为骆骎曾允许为其外祖父吴应芳建祠之事作了合理论证。入清之后，由于朝代更迭，吴应芳的祀田一度遭到侵蚀，被佃户私卖。到清康熙时期，福建人叶同方任江阴知县时，才重新恢复。当时江阴著名学者杨名时，曾作《复吴公祀田记》专记此事。后吴应芳也一并得祀江阴名宦祠。至今，在江阴文庙中，与吴应芳有关的《江阴县儒学题名碑记》《儒学新建吴公祠记》原碑实物俱存。

冯厚敦

冯厚敦（？—1645），字培卿，江苏金坛人，崇祯末年

[①] 缪昌期：《儒学新建吴公祠记》，见民国《江阴县续志》卷22《石刻记》。

出任江阴县儒学训导，在任期间，曾为缪昌期后裔缪祉生的《视烈草》题辞，其中，"每叹文章忠孝间气所钟"①一句，充分表达了对东林先贤缪昌期的景仰之情。明末，江阴十万义民怒杀方亨、拒二十四万清师于城门之外，奋战八十一日，冯厚敦与典史阎应元、陈明遇组成了这场守城战的领导核心。冯厚敦以文臣执武事，在关键时刻体现了文人应有的气节与担当。守城战斗激烈异常，共斩清军三王十八将于城下，迫使清军用二百多门火炮才轰开城门。清军入城后，冯厚敦于明伦堂前整理衣冠，面南自缢殉节。其妻王氏，与其媵妹结衽投水而死。后来，同为江阴儒学训导的黄恩、孙澍徽题名表之，并在井上建屋，以示纪念。②同时，江阴人在城西为阎应元、陈明遇建专祠进行奉祀。乾隆八年（1743年），清政府敕封江阴为"忠义之邦"，在栖霞庵设阎、陈二公祠，冯厚敦却因为训导地位较低，未能一起入祀接受供奉。直至乾隆二十九年（1764年），祠名才改为三公祠。乾隆四十一年（1776年），在江阴知县的奏请下，朝廷对阎应元、陈明遇、冯厚敦分别赐谥"忠烈""烈愍""节愍"。在晚清"庙产兴学"改革中，三公祠所在地改建为辅延小学，三公祠大堂被改造成了学校礼堂兼饭厅，中间有神龛供奉三公牌位，外面以画作为屏障，两边有木刻楹联"八十日戴发效忠，表太祖十七朝人物；六万众同心杀敌，留大明三百里江山"③，据说是江阴城破之日，典史阎应元所书。1990年，江阴市政府曾在辅延小学内建轩，将《三公祠记碑》《三公行状记述碑》《三公祠附祀殉义绅民记碑》置于轩内。其中，《三公祠记碑》高155厘米，宽78厘米；《三公行状记述碑》高143厘米，宽56厘米，清嘉庆二十三年（1818年）学政汤金钊撰；《三公祠附祀殉义绅民记碑》高140厘米，宽83.5厘

① 冯厚敦：《缪祉生〈视烈草〉题辞》，见缪幸龙主编《江阴东兴缪氏家集》（下），上海古籍出版社2014年版，第1760页。

② 光绪《江阴县志》卷5《学校》。

③ 何济翔：《江阴三公祠联语》，见顾国华《文坛杂忆全编》（2），上海书店2015年版，第154—155页。许重熙所作《江阴守城记》中也是"六万人"，但据韩菼《江阴城守记》所载，是"十万人"而不是"六万人"。

米，清道光八年（1828年）学政朱永增撰。[1]

抗战胜利后，在已经拨付给江阴县中使用的文庙学宫内县学遗址上建造新屋时，发现久埋土中之古井，后来又在井旁发现一长三尺、阔尺余的花岗石碑，上书"教谕冯厚敦全家殉难处"[2]。可惜，此遗址后来未得到有效保护，石牌也早已不知所终。后来，江阴市政府在文庙大成殿后建造三公雕像。2011年11月27日，江阴民间自发地举行了隆重的祭三公典礼。

[1] 程以正主编：《江阴市志》，上海人民出版社1992年版，第1079页。
[2] 邢哲安：《冯厚敦全家殉难处》，见《江阴文史资料》（第1辑），内部印刷物，1983年，第96页。

清
朝

　　清朝时期，因为江阴有抗清八十一日的壮烈之举，清初江阴文庙与儒学的发展相对缓慢。自康熙之后才逐渐恢复，乾隆时期才真正达到顶峰。但此后又经历太平天国运动的破坏、晚清新式教育的推行等，文庙与儒学逐渐衰落式微。不过，随着清代书院逐渐官学化，乾隆时期开始依托于文庙的暨阳书院，在江阴的文化教育上开始大放异彩，书院的山长与学子也给后世留下了非常宝贵的教育遗产。

杨名时

　　杨名时（1661—1737），字宾实，号凝斋，江阴人。杨名时幼年丧父，靠寡母做女红养家。他学习认真，苦研群经，曾在马嘶黄巷（今张家港塘市黄旗桥附近）坐馆，当地曾留有"杨名时读书处"。康熙三十年（1691年）考中进士，深得考官李光地的器重，跟随李光地学习经学，造诣日深。康熙五十六年（1717年）授直隶巡道，后出任顺天学政，革除宿弊，有政绩。康熙五十八年（1719年）迁贵州布政使。雍正三年（1725年）擢兵部尚书，总督云贵。雍正四年（1726年）转吏部尚书，仍以总督管巡抚事，曾捐千金修复江阴文庙，张廷璐所作《重修明伦堂碑记》中有记。后被人诬告赃私而遭革职，开始讲学《周易》，江阴人夏宗澜从其学，并将其讲学之语记录下来，成为《易义随记》一书，于雍正十年（1732年）由杨名时作序后出版。其著作多收在《杨氏全书》中，其中包括《易经劄记》3卷、《诗经劄记》1卷、《四书劄记》4卷、《经书言学指要》1卷、《大学讲义》2卷、《中庸讲义》1卷、《程功录》4卷、《文集》12卷、《别集》6卷、《附录》2卷。曾参修《明史》、整理《徐霞客游记》。现江阴文庙存有其所作《复吴公祀田记》，记录了当时江阴知县叶绍芳等人恢复前明训导吴应芳的祀田，"为宰有惠政，且能振起学校"之事。

乾隆即位后，以其诚朴端方，诏其赴京，加礼部尚书衔兼国子监祭酒，并兼值上书房、南书房，侍皇太子课读。当时，各省贡生、监生在北京参加乡试者，分别被编入"南皿""北皿"。云南、贵州、四川、广西四省学子被归入"南皿"，但因为文化教育相对落后，与同在"南皿"的江浙等地相比，竞争力较弱，以至于无人能够得中。于是，杨名时专门上奏皇帝，建议"顺天乡试之云南、贵州、四川、广西四省，应另编'中皿'字号，每十五名取中一名，如零数过半加重一名，均于本年乡试举行"[1]，为四省学子争取科举录取的名额与机会。杨名时于乾隆二年（1737年）九月病故，赠太子太傅，入贤良祠，赐谥"文定"。在江阴，有杨文定公之墓，墓道两侧有石马、石翁仲等，墓前有御赐碑文："国家隆盛之际，必有耆硕之臣，足以鼓吹休明，道足以楷模多士，

----

① 江燕等点校：《新纂云南通志》（8），云南人民出版社2007年版，第44页。

由是生协圭璋之望，殁膺纶綍之荣，盖以褒崇往哲，风示来兹，厥典茂焉。尔原任礼部尚书，兼管国子监祭酒事。杨名时，性秉恪诚，学归纯正。文章根于经籍，理学本乎儒先。典畿甸之铨衡，士风丕振；树滇南之节钺，民俗还醇。朕当缵绪之。初，特召老成之彦，命官宗伯，兼作司成。夙夜著其寅清，生徒式其训迪。瀛洲课士，允资大雅之仪型；禁地传经，实藉纯儒之讲论。胡然黄发，遽返青冥。用崇褒赠之文，以尽饰终之礼。加尔为太子太傅，谥曰文定。呜呼！松楸在望，堪嗟鬣之封；琬玉初镌，永荷龙章之锡。垂之奕世，式是丰碑。"①后奉祀于江阴名宦祠，《清史稿》中有其传。

蔡澍

　　蔡澍（1674—？），字和霖，山东高苑（今山东省淄博市高青县）人。雍正元年（1723年）进士。雍正十三年（1735年）选授江阴县令，乾隆元年（1736年）八月到任，乾隆九年（1744年）离任。就职伊始，巡视城垣，请拨资金修缮角楼、月城、马道、水关、井壁及城垣三百八十余丈，疏浚河道，架桥筑路，保护古迹。在任九年，颇有政声，"妇孺咸识其面，事至裁决如神"。同时，在任内完成了诸多文化事业，大力兴修江阴文庙，在文庙旁建暨阳书院；乾隆四年（1739年），在南梁昭明太子读书及编辑《昭明文选》处重建文选楼，所立碑刻至今仍存，并在附近建锦带书院。亲自撰写有《重建暨阳书院记》《重建梁昭明太子读书楼碑记》《阎陈二公祠记》等。在任期间，他还遍游江阴各处名胜古迹，留下不少诗作。乾隆八年（1743年），蔡澍组织学行兼

① 金武祥撰，谢永芳校点：《粟香随笔》（下），凤凰出版社2017年版，第565页。

擅文士数人，借东隐山房，分编合纂《江阴县志》。可惜由于清朝对各地名宦乡贤的认定标准日趋严格，官级较低的知县在清代已经很难进入名宦之列，蔡澍也未能入祀名宦祠。另外，相传有一次举行祭孔大典后，蔡澍的家厨特别制作了一道鳝鱼，因形似文庙泮池三桥，蔡将之命名为"过桥鳝"，有不过三桥不得入孔庙、不入孔门焉能做官之意。后"过桥鳝"在祭孔时用于宴客，并成为江阴的一道名菜。[①]

田有伊

田有伊，生卒年不详，江都（今江苏扬州）人。康熙五十六年（1717年）丁酉科进士。雍正六年（1728年）任江阴县教谕，任职时间至乾隆九年（1744年），在任长达16年之久，亲自参与并见证了江阴文庙在清代最辉煌的发展阶段。在担任江阴教谕期间，因感动于常州知州李世金曾捐俸置田，作为资助江阴学子参加科举考试的宾兴田产，而他自己却"几于席不暇暖，且廉洁自持，清风盈袖"，于是，在李世金即将离任之际，与江阴县训导朱曾一起，专门为之作记立碑，"俾后之人知田之所由来，而司出入者，不至懈怠"。雍正十二年（1734年），田有伊与江阴知县郑金等人一起刻立《忠义孝旌表碑》。在蔡澍担任江阴知县之际，田有伊协助他兴修文庙、书院等事，乾隆三年（1738年）参与勒立《重修明伦堂碑》。乾隆七年（1742年）参与勒立《重修江阴庙学碑》。不过，在任期间，他也曾一度把江阴文庙名宦祠典租给文庙的门子，后被江阴地方士人和儒学学生控告。乾隆十年（1745年），升任山西浮山县知县，刚一就任就主持刊印《浮山县志》。在自序中他谈到："批阅九致，微憾其未尽

① 陈华：《敢于烹制河豚的美食家》，载《无锡日报》1986年7月20日。

精详，因叹文章一道，作者固难，述者亦自不易，官斯土者，日从事于簿书钱谷，此数十年来文献日益湮没，其不至慨于无徵者鲜矣。"[①]由此可见他对文化教育事业的支持。

李兆洛

李兆洛（1769—1841），字绅琦、申耆，号养一老人，江苏阳湖（今江苏省常州市武进区）人。清嘉庆十年（1805年）进士，选翰林院庶吉士，历任武英殿协修。后授凤台知县，在职7年，兴办教育，建凤台循理书院，创设义学，还曾主讲安徽真儒书院、敬敷书院。再后来，以父忧去职，并接任自己的老师卢文弨，出任江阴暨阳书院山长，在此任教长达18年。为了治学，他酷爱购书，藏书多达5万卷，皆手加丹铅，校正谬误，并以"养一斋""辈学斋""东读书斋"等名称其藏书楼。他兴趣广泛，博学多才，工诗文、书法，精考证，通音韵、史地、历算之学，尤擅舆地学，为清代著名地理学家。曾专治《资治通鉴》《文献通考》，校订《水经注》等数十种，著有《养一斋文集》《养一斋诗集》《历代地理志韵编今释》《历代地理沿革图》等，并主持编纂《武进阳湖合志》《凤台县志》《怀远县志》《东流县志》《江阴县志》等多部志书。《清史稿》中有其传。

在教育上，他培养人才甚多，李兆洛主讲暨阳书院的18年（1823—1840），是暨阳书院最为辉煌的时期。他教育学生注重以身作则，曾在窗前写有"今日何成"四字警示自己不要虚掷光阴，这也成为今天暨阳初中的校训。在书院管理上，他严格制度，明确规定："月课必锁院面试，即刻缴卷。"但他也注重师生平等，曾为书院讲堂取名"辈学斋"，意为师

①乾隆《浮山县志·序》。

生共同切磋研究学问之所，并撰有楹联"薪木百年余手泽，文章几辈接心传"。在教学过程中，他关心学生生活，注重对贫寒子弟的资助。江阴缪氏家族缪尚诰、缪仲诰兄弟，才学出众，但家境贫寒，不得不"设馆训蒙"谋生，李兆洛得知后，为了让他们能专心学习，邀请他们住进书院，并发给膏火，"食之教之"。江阴著名学者缪荃孙在主修《江阴县续志》时曾这样评价李兆洛："李先生掌教书院时间最久，造成贫寒之士也最多。"

同时，他教学内容广泛，注重以实学课士，并且能够因材施教，"各就性情所近，分途讲授"。所以，他的学生也在诸多领域卓有建树，比如承培元对《说文解字》的研究，宋景昌的天文历算之学，六承如、六严的地理学，都得到了他的真传。他还指导武秀才徐泰等人探索制作浑天球模型，引得达官贵人纷纷争以重价购买。因此，人们评价其教育成绩说："其治经学、音韵、训诂，订舆图，考天官历术及习古文辞者辈出。"这在儒学日益僵化的晚清，无疑是一股清新的学风，也是对晚明以来江南地区实学实用学风的传承与弘扬。

在科举考试方面，暨阳书院众多学子的成绩也非常突出。道光十二年（1832年），季芝昌高中殿试第三名（探花）；道光十六年（1836年），夏子龄得中会试第一名（会元）；道光十七年（1837年），郑经中江南乡试第一名（解元）；其他学生，如曹毓英，虽然仅靠拔贡得到七品小京官，但后来一度官至军机大臣。

文庙之兴废，关系着地方儒风文脉的延续、人才世风的兴盛，因此受到历任官员与地方士绅的高度重视。自宋代文庙儒学兴修以来，江阴地方士风、文风的传承就与文庙紧紧地联系在了一起。在清代以前，江阴祠祀的近170位名宦、乡

贤中，仅有6位是宋代之前的人物，而宋代以后的先贤中，有
80%以上与文庙、儒学有关，他们或是兴修文庙的官宦，或是
主管儒学的官员，抑或是从文庙儒学走出的优秀学子，成为
江阴文风兴盛的代表。

江阴文庙的价值与开发

江阴文庙多重历史价值的认知与定位

江阴文庙当代价值的开发与利用

江阴文庙未来价值的提升与拓展

长期以来，文庙既是祭祀儒家创始人孔子的祠庙，又是各级官学所在地，是一地文化教育的中心，也是儒家文化与中国传统教育的物质载体与精神象征。它所蕴含的丰富的政治、文化、教育信息，使得各地文庙陆续成为地方、省乃至国家重要的文物保护单位。曲阜孔庙更是成为世界文化遗产。

　　江阴文庙，从宋代首次兴修留下的碑记算起，至今已有千年的历史。在漫长的历史变迁中，江阴文庙多次兴复，成为江阴人文历史的最佳见证者。作为江阴历史文化重要的组成部分之一，在21世纪的当下，如何给予江阴文庙以新的定位，促进江阴文庙在地方文化、政治、经济发展中继续发挥重要的作用与价值，就显得非常重要。

江
阴
文
庙
多
重
历
史
价
值
的
认
知
与
定
位

从历次江阴文庙的兴复碑记来看，江阴文庙具有重要的儒学文化史价值、教育史价值、建筑史价值与艺术史价值。

儒学文化史价值

中国传统文化在发展演变过程中，虽然在不同时期吸收了佛学和道家的主张，但作为中国传统文化的核心，儒学无疑占据着主导地位。而文庙的兴衰，也反映着中国儒家思想文化的变化。比如，不同历史时期孔庙中奉祀人物的改变与调整，实际上隐含着非常复杂的儒家学说的演化路径，甚至隐含着中国历史上重要的学统、道统与治统之间的斗争、合作与利用关系。孔庙中所奉祀的孔子，在不同历史时期被赋予不同等级的称号，更是直接体现了统治者对于儒学及儒家知识分子的态度。孔庙中大成殿、崇圣祠（后为五王殿）、先贤祠、名宦祠等相关祠祀建筑的出现，也揭示了以孔子为核心的儒家学说对后世方方面面的影响。透过江阴文庙，可以更好地理解、认识儒学文化的发展、演变与影响。

当前，江阴市政府与江阴文庙管理部门也充分意识到了文庙的这一价值，在弘扬孔子与儒家文化方面，具有强烈的自觉意识。

教育史价值

中国古代儒家学说，本质上是一种教育主张，注重指导人的自我修养与成长。孔子秉承"有教无类"的主张，首次开启了中国文化下移、教育普及之路。至圣先师、万世师表是对孔子最为恰当的赞誉，因此，历代文庙始终坚持庙学合一的制度。江阴文庙在发展的过程中，由于作为学政衙署所在地的特殊地位，儒学教育不断得到强化，从最初依附于文庙的明伦堂之教，到逐渐独立兴复的官方县学，再到进一步扩大的官办书院，逐渐形成了江阴地方的教育中心。文庙旁的贡院，作为科举考试的重要机构和场所，对整个江苏的儒学教育都产生了极大的影响。因此，江阴文庙中蕴含着极大的教育价值，它是中国地方教育史的重要见证者与发生地。

1996年文庙整修一新，对外开放，立即成为江阴地方爱国主义教育与传统文化教育的一个重要场所。江阴文庙建设了泮池书房、明德讲堂，每年开学季都会举行小学生的开笔礼，不定时举办各种历史、文化讲座等活动。

江阴文庙明德讲堂

建筑史价值

　　作为一种礼制建筑，在历史上文庙受到朝廷礼制的严格约束，其建筑都有一定的规制。尽管如此，由于各地营造材料、技术等各方面的差异，不同地区的文庙在建设过程中也会呈现出很明显的地方建筑特色。江阴文庙在历次修复中，既注重对文庙建筑遗址格局、建筑构件的利用，也会因时因势不断调整或扩充文庙的建筑范围与建筑格局。因此，文庙的建筑与修复本身就是一部建筑史。大至建筑理念、规制，小至装饰雕刻，都以最直观的形式展示着中国江南传统建筑的特色。其中所体现出的美学、经济学、建筑技术学等多方面的文化内涵，也值得进一步研究与弘扬。

艺术史价值

　　江阴文庙除了拥有一定规模的建筑群，还存在大量的明清碑刻实物。文庙碑记的内容或许可以在县志等文本中找到，但是碑刻本身所蕴含的书法史、篆刻史等艺术价值，却只能通过对实物的观赏与研究才能得到肯定。除了碑刻，与文庙建筑相关的楹联匾额、装饰雕刻，也都具有重要的艺术史和文化史价值。

江阴文庙当代
价值的开发
与利用

当前，随着我国经济发展水平的提高，人们的精神文化需求不断增加。在21世纪，中国要树立自己的文化自信，就必须挖掘并弘扬中华优秀传统文化，而儒家文化无疑是其中最为重要的内容之一。文庙作为承载中华儒家文化的重要物质遗存，如何在新世纪中更好地发挥其应有的作用，特别是如何在文物保护与文化传承和弘扬之间保持平衡，如何综合地发挥出文庙的社会、文化、教育、经济等综合效益，是一个需要认真研究和对待的重要课题。

2016年7月26日，国家文物局下发的《关于开展文庙、书院等儒家文化遗产基本情况调查的通知》中明确指出："以文庙、书院等文物为代表的儒家文化遗产，是中华优秀传统文化的珍贵物质载体，也是我国独具特色的文物类型。'十三五'期间，我局拟组织实施儒家文化遗产保护利用工程，切实加强儒家文化遗产保护利用工作，充分发挥文物的公众文化服务和教育功能，让优秀传统文化融入当代社会、厚植道德沃土。"所调查的对象，主要是"辖区内文庙、书院、历代儒学名家的纪念庙宇（祠堂、故居）、藏书楼、贡院及其它与儒家思想相关的全国重点文物保护单位、省级文物保护单位"[1]。目前，江阴文庙的定位是："充分发挥文庙作为传统文化珍贵物质载体的传播教育作用，以推动公民思想道德建设为宗旨，以保护利用文化遗产、发挥文物的公众文化服务和教育功能为核心，以礼乐和讲学为抓手，积极打造一个开放的传统文化社会教育课堂。"[2]

传统文化弘扬基地

自近代中国学习西方以来，儒家传统文化经过了大起大落的命运，与当代社会生活之间已经多有隔阂。因此，如何在21世纪复兴儒家传统文化，特别是如何让儒家文化融入当代人的生活之中，是今天儒学面临的最重要的时代课题。随着"文化自信"口号的提出，当前社会上正在兴起一股复兴传统文化与国学的热潮，但其中也不乏一些出于商业目的、实则背离传统文化精神的活动。对于传统文化，我们既需要继承与弘扬，但也要注意批判与反思，要注重鉴别。文庙作为传统文化的展示基地，应该强化对传统文化的学习与研究，以此来引领地方社会传统文化学习的方向。

目前，江阴文庙在继承与弘扬优秀传统文化方面，已经探索出了形式多样的教育活动。

首先，文庙内常年举办的明德讲堂与国学讲座，在传诵经典、体验茶道、探索香道、古琴赏习、拓碑体验、书法练习等方面，已经形成了相对固定的教育内容与方式。

其次，文庙也力图结合自身传统，发挥其空间与文化优势，逐渐建立了融合祭祀文化、礼仪文化、教育文化、民俗

---

[1] 文物保函〔2016〕1333号。
[2] 江阴文庙宣传册。

文化、节日文化等为一体的传统文化活化体系。主要包括：以祭孔大典为核心的祭祀文化，以童蒙学生开笔礼、青年学子成年礼为主体的教育文化，以春节"走三桥"为基础的民俗文化。这些典礼仪式与文化活动，每年都吸引大量的青年学子、传统文化爱好者参加，也常常引起媒体的关注。

最后，江阴文庙还注重与地方学校教育相结合，积极发挥传统文化的现代育人价值。比如，江阴市辅延中心小学以国学启蒙为特色，一直践行着"依于仁，兴于诗，立于礼，成于乐"的办学目标，希望能够培养具有民族根基的现代人。江阴文庙每年的开笔礼，就是该校对入学新生进行国学教育和道德教育的重要一环，以期实现古人所说的"童蒙养正"。

爱国教育实践基地

中国儒家传统文化，本质上是一种修身文化，中国古代的教育，实质上也是一种道德教育，中国古代的地方与社会治理，也强调德治。孔庙作为祭祀孔子等儒家先贤的重要场所，其自身的历史发展，与地方知识分子的成长史、地方官治理社会的为政史，是密切联系在一起的。抗清八十一日为江阴赢得了"忠义之邦"的美誉。在江阴的历史上，涌现了众多的乡贤名宦、学者大儒，他们大都操行高洁，在劝学、劝教、劝廉、劝善等方面，他们对于后辈具有巨大的榜样作用，这些大都得益于文庙儒学的教化之功。

习近平总书记在《青年要自觉践行社会主义核心价值观——在北京大学师生座谈会上的讲话》中，对社会主义核心价值观以及与传统文化之间的关系进行深刻而又系统的解读，把《大学》中的八个条目与社会主义核心价值观进行对接，指出："格物致知、诚意正心、修身是个人层面的要求，齐家是社会层面的要求，治国平天下是国家层面的要求。我们提出的社会主义核心价值观，把涉及国家、社会、公民的价值要求融为一体，既体现了社会主义本质要求，继承了中华优秀传统文化，也吸收了世界文明有益成果，体现了时代精神。"而早在2008年，江阴文庙就已经成为无锡市爱国主义教育基地。江阴文庙保护管理所，虽然机构小、人员少，但也成立了党支部小组，在践行和培养社会主义核心价值观、开展爱国主义教育方面积极作为。

传统文化与爱国教育，本身就是一脉相承的。对于青少年来说，文庙应该成为他们接受与内化儒家传统文化精华、涵养社会主义核心价值观的重要养成基地。中国古代文庙本来就是庙学合一的，是地方重要的教育场所。文庙中所列的状元、进士题名碑等，对古代的学子具有重大的激励作用。在文庙中供奉的儒家先贤人物，都有动人的向学向教故事，通过文庙中的直观演绎，可以产生巨大的感染力。在今天，这些都可以成为学生向学的榜样和动力来源。

对于地方主政的各级官员来说，文庙中的名宦祠，供奉着为国为民的历代官员，是公务员勤政为民的榜样。在提倡公仆文化、服务文化与廉政文化的今天，对广大党员干部的教育，可以考虑把文庙作为一个重要的场地。

对于地方人民来说，文庙中的先贤及其事迹，无疑是最好的、活的乡土文化教育教材。通过参观文庙，了解奉祀先贤的感人事迹与伟大成就，地方人民可以增强自己对家乡文化的自豪与自信，无形中也会自觉维护、学习、弘扬先贤的精神。这对于社会主义核心价值观的普及、内化于心是非常有益的。在江阴历史上，东林志士、"抗清三公"不仅被载入了中国史册，也早已经融入江阴人的性格之中，成为江阴"人心齐、民性刚"的城市精神的重要组成部分。

公益文化展示基地

当前，江阴文庙已经免费向社会开放，每年接待游客达几万人次。同时，江阴文庙所有的文化教育活动均依靠招募来的志愿者策划、组织、实施，这使得新时代的公益文化逐渐成为江阴文庙一张靓丽的名片。通过丰富多彩的实践活动与卓有成效的志愿服务，江阴文庙不仅很好地履行了文庙本身的社会职责，发挥了其社会价值，更培养与锻炼了一支志愿者队伍。

为了打造公益文化，江阴文庙专门成立了"公益之家"，制定了《志愿者管理办法》，明确了志愿服务内容，通过公开招募、报名登记、岗前培训等多个环节提升了志愿者的整体素质，形成了"教育—使用"一体化的志愿服务机制。目前，江阴文庙共拥有泮池书房管理、青少年周末公益讲解、拓碑体验、礼乐教育活动和明德学堂志愿者教师五大志愿者队伍。其中，启动于2016年5月的泮池书房管理志愿者队伍，截至2018年5月，短短2年内就吸引了1014名志愿者参加，志愿者服务时长达3398小时。"传承文化，家在文庙"公益项目在2018年"第三届江苏志愿服务展示交流会"做现场展示。

这些志愿者群体吸引了江阴当地各个年龄、不同专长的公益人士。比如，青少年周末公益讲解志愿者由五年级以上的学生组成，在周末为游客提供讲解服务，介绍文庙的历史与建筑特色等。古琴文化志愿者则由深谙古琴演奏与文化的专业人士负责，开展面向12～18岁的儿童和青少年的古琴启

江阴文庙的志愿与公益文化

蒙课程，以及面向成人的古琴弹奏基础课程。通过志愿者招募、培训、交流及展示活动，江阴文庙成为江阴社会主义志愿文化、公益文化与精神文明建设的重要基地。

休闲文化提升基地

古代文庙等级森严，不仅闲杂人等不得随意进入，即使是文武官员到此也必须一律下马，为的是保证文庙神圣不可侵犯的尊严。但自近代以来，随着儒学的衰落与新式教育的兴起，文庙已经逐步被改造成了学校、公园、博物馆、展览馆等，其公益属性日益突出。注重营造优美环境的江阴文庙现在已经完全免费向社会开放，文庙所具有的建筑美学与休闲文化价值日益突出，成为地方上一处非常重要的休闲游憩之处。走入文庙，人们仿佛置身于一处世外之地，暂时远离了城市的喧嚣与浮华，幽静典雅的建筑与庭院给人带来心灵的宁静与放松。文庙散发出浓厚的传统文化气息，在满足人们休闲娱乐的同时，又会无形中带给人一种文化的熏陶。

文庙具有多重价值，并且已经开始在当代社会中重新焕发出活力。通常，作为文物保护单位，应该集保护、研究与利用等多重功能于一体。未来江阴文庙的多重价值，仍然需要进一步的提升与拓展。

强化保护力度

当前，江阴市政府对于江阴文庙的保护非常重视，有专门的财政经费用于文庙的日常运行与维修。但是，对于一些重点文物的保护力度还有待加强。文庙大成殿内房顶上的很多清代彩绘已经开始剥落、模糊，亟需利用现代技术手段对其图案进行实景拍摄与留存。同时，也可以筹集资金、邀请文物保护专家制订方案，对文庙进行更具建设性的修复。由于江南空气潮湿，文庙明伦堂内和大成门外的个别碑刻遭受了比较严重的侵蚀，也需要升级其保护措施。

江阴文庙棂星门内到大成门之间的文物市场，有相当一部分房屋的基址是原来文庙的名宦祠，但现在租给个体商户经营使用，所售商品比较繁杂。为了保证文庙本身的完整性与景观的一致性，应该对其经营范围有所规划与设计，以符合文庙本身的教化特色与定位。比如，开设古旧书店、展示传统技艺等，在公共价值与商业利益之间，寻求一种有效的平衡。

加大研究深度

文物的保护性利用必须建立在研究的基础上，只有通过深入的研究，文物的价值才能最大限度地被挖掘出来。文庙在文化史、教育史、建筑史、艺术史等诸多方面都具有广泛的价值，但由于江阴文庙保护管理所编制有限，特别是专业人员数量较少，致使研究力量不足，因此应该招集当地相关部门和高校的专业研究人员，形成一支专兼结合的研究队伍，充实研究力量。在坚持学术性与普及性相结合的原则下，通过对文庙相关研究选题的系统策划与有序推进，不断推出有关文庙的各种研究成果，深挖文庙的文化教育价值。

注重开发广度

习近平总书记就传承和弘扬中华优秀传统文化作出一系列重要论述。他曾指出，丰富的历史文化遗产是一张金名片，要本着对历史负责、对人民负责的精神，传承历史文脉。未来，江阴文庙在江南文脉传承中如何发挥应有的作用，是每一位文庙保护者、管理者、研究者面临的共同课题。

习近平主席在2014年《在联合国教科文组织总部的演

讲》中指出："推动中华文明创造性转化和创新性发展，激活其生命力，把跨越时空、超越国度、富有永恒魅力、具有当代价值的文化精神弘扬起来，让收藏在博物馆里的文物、陈列在广阔大地上的遗产、书写在古籍里的文字都活起来。"近些年来，随着国家对文化产业的重视和倡导，以故宫博物院为首的国内众多文物保护单位，积极利用自身资源，打造出集传统与现代、观赏与实用等多功能为一体的文创产品，在社会上掀起了一股"文化热""文物热""文创热"的风潮。江阴文庙作为有着千年历史的文物保护单位，其自身也蕴含着巨大而丰富的文化资源与要素。目前，江阴文庙已经开始和当地的一些文创公司合作，围绕"文"字做文章，旨在打造以"文运、文脉、文豪"为特色的文创产品，现已开发出包括笔、本、书签、文件袋、明信片、杯子、冰箱贴等文化用具与生活用品，并专门在文庙内设置了一个文创产品展示专柜，这是一个很有潜力的发展方向。未来，应该进一步提炼主题，突出特色，彰显出江阴文庙的独特价值。

文庙可以开展广泛合作，充分挖掘文庙碑刻、建筑、历史等方面的资源。如，设立各级各类学校的校外教育基地或研学旅行基地；与高校和地方教育局合作，打造教师师德师风陶养基地；与地方政府合作，设立政府官员的廉政教育基地；面向海外华人华侨，建设中华民族团结的凝心聚力基地；面向国际来华人士，打造中华儒家文化的展示交流基地。

总之，江阴文庙应该凝聚多方面的力量，挖掘多方面的资源，彰显文庙作为儒家文化与地方文脉根基所在的时代价值。

景祐重建至圣文宣王庙记

[宋] 范仲淹

吾夫子之道也，用则行，而天下治；舍则藏，而天下乱。得其门者，若登其泰山；涉其流者，若示诸泗渎，钻仰何待，隆汙以时。得者得之，失者失之。譬覆载之仁，无待于报，照临之明，不求其助，荡荡乎唯道为大，如斯而已者也。

若夫衮其服，庙其神，岂吾圣之心哉？盖后之明王，尊道贵德而不敢臣，故奉之以王礼，享之于太学，昭斯文之宗焉，仍命五等，咸得祀之。

成均博士范公宗古之守江阴也，谨明命，挺至诚，黩豺狼之凶，礼刍尧之善；废典皆举，积诉咸辨；清风之下，人则笑歌，阳春之浃，物自鼓舞。居一日，命诸秀前席而言曰：“吾之斯来，职在共理。纲纪之设，胡取废坠。至若严戟署，崇使馆，维城之门，维川之梁；百货之藏，九年之廪，诸寮之局，浮民之宇，刑讯之室，关榷之会，皆增其制，度以取新焉。而富有之家，继请输缗五百万，为公财之助。赖斯民之知，劝以济厥功。惟先师之堂，前制未显，切于郡狱，黩斯甚矣，岂奉严之意也？然重于改作，子大夫谓之何哉？”诸生拜而谢曰：“惟公之言，惟士之望，盍请迁焉。”乃命司禁陈公蒙吉奉成其事，于军前南隅，藉高明，审面势，择工之善，栋材之良，登登丁丁，不月而成。

堂焉巍焕，廊焉徘徊，大厦斯清，高门有闶；乃圣乃贤，俨乎其位；阼阶以进，依然金石之音；彝器以新，灿乎俎豆之事；既严既翼，以享以时；礼乐行乎庙中，风教行乎化下；乃歌乃讼，以乐以成。

公又命曰："二三子服斯文，履斯道，存诚颜闵之际，致化唐虞之上，协吾圣之教也，岂徒庙为哉！"诸生复拜而谢曰："请事斯语矣。"

——嘉靖《江阴县志》卷7《学校记》

元丰县学开河记

[宋] 黄似

百川学海而至于海，丘陵学山而不至于山。故君子恶夫山而取诸水者，以其浑浑不舍昼夜而已。古者天子之学曰辟雍，周之以水；诸侯之学曰泮宫，则半焉。江阴县学，以元丰二年己未八月癸酉十有三日戊申，因河之故支旁导而环其流。凡用工二千余，其长千尺，其阔二十尺。考之于古，固不合乎先王之制。成之于今，又非士者之急，特因夫昔之所既有，众之所愿为，疑于杨侯之治，兴学之道不足书也。盖众有愿学之心，侯有乐育之志，待此而后尽焉尔。

江阴之有学久矣！应诏取第，岁无几人？说者以为学面城，水旁流而不顾，此其未盛也。欲引注于其前而东凿于熙春，北接大河。

侯始闻之，曰："君子修其在己，侯其在物，考于昭昭，听于冥冥，岂在山川乎？"既又请之。乃任其自为。众遂拓地集工，不三日而河就。然昔持是说，越四纪而始集，岂非废兴冥冥之数会于此乎？由此而魁杰之士争出焉，驰荣于天下可卜也。然观水之环流，不舍昼夜，终必至于海，亦足以自反，而不求于彼，则其于河也得之矣。

——嘉靖《江阴县志》卷7《学校记》

绍兴奉诏新建军学记

[宋] 胡珵

绍兴五年秋八月，知江阴军事王棠建请于朝曰：军，故县治，有学，实废余十五年，士无所于业。今升县复军，法得视列郡，应立学官、教授员。军有闲田，以亩计若干，官籍其租，士廪是充。士之少若长，愿补学官弟子，其员二百有四十。敢冒以闻，诏可。于是以左儒林郎范雯充军学教授，以其田赡学官，一如所请。

未几，讲堂穹宏，两序端直，舍次靖深，庖湢洁具，学则大备。其从事陈刚中曰：礼，天子命之教，然后为学。请以命教名堂。属其同舍郎胡珵纪厥事，乃为著其大略而告之曰：江阴，古延陵也。季子墓距县治西三十里，列在祀典，庙食一方，千岁相望，遗风固可想也。学官弟子员，朝夕肄业其中，克究师友，渊源所自。勿贻前闻人羞，则为无负。矧军兴以来，公私告匮，朝廷为之捐田租，命师儒一切靡所爱惜，所望于学官弟子宜奈何？呜呼！克咸自勉尔矣。

抑予闻之，鲁僖公作泮宫，献馘献功。修泮宫，故事职也。长江之阴，万室之封，军无小足，以为政信，能治其赋役，明其狱讼，训其桀黠，而师其贤人，毋遽薄此蕞尔垒者。郑人乡校，始议子产。后且更诵其遗爱，侯第徐观之。

——嘉靖《江阴县志》卷7《学校记》

绍定重修学记

[宋] 方万里

国朝自庆历三年诏天下郡县立学。江阴为浙右小垒，宜以是年应诏。及按图志，盖自景祐三年文正范公作宣圣庙记，已诵言"大厦高门，金石俎豆之盛"。则知江阴先自有学，正不在庆历应诏后也。惟江阴建学为最久，故人物储美，习俗陶粹，有他郡所不能及。渡江以后，郡尝一废为县，旋复为郡。故庙学得如旧制，漕河旁环，正合古诸侯半水之义。其前辟城为门，因城为楼，浮图对峙如卓笔。池渠堤柳，映带左右，盖其籍高明，挹清淑宅，一郡之形胜者也。独棂星门外迫泮桥，内连设戟，浅隘弗称。稍南百步，直接通衢，仅以升俊名坊，而编氓翼居，嚣杂特甚，自昔病之。

绍定改元，龙溪颜侯耆仲来守是邦，易升俊坊于中街之西，撤去民屋，拓为平壤。迁棂星门于坊之旧址，柱石壮伟，丹垩鲜明。宸奎杰阁，泮宫城楼，华扁新题，照映霄汉。东西斋序，整饰遵严，曾不阅时，黉宇改观。

维颜侯以淳熙法从之孙，掇世科，跻班著。其为郡也，政平讼理，千里如春，利兴害除，百废具举。诸生被侯之赐方深，而侯以擢去。然则是记也，其遗爱之碣也与。

——《无锡方志辑考》《洪绍定江阴军志·学校》

嘉靖《江阴县志》卷7《学校记》

君子堂记

[元] 史孝祥

暨阳郡庠之南，古有双池，时以荷花，表以嘉树，古泮水之制也。二小亭翼然池上，曰光风，曰霁月，为学者咏归游息之地。岁久亭墟，地亦污秽不治，其为士者病之。大德五年，张侯时举来牧是邦，暇日过焉，临池徘徊，思起其废，乃度地东南隅，筑堂三楹以面之。陶清铸明，局势显敞。翕受佳致，涵泳圣涯。每南熏微来，清馥横度，亭亭净植，露卷云舒，亦美观也。

夏五月，堂成，侯与宾客来游，欣于所遇，池葩岸卉，亦有悦色，乃举酒属客问所以名。蜀客史孝祥复于侯曰："夫中通外直，不蔓不枝，可以远观，不可亵玩，是为花之君子，兹非濂溪先生之语乎？先生怜世道之胥浊，感斯花之独清，较德评芳而以君子之名加之，其旨深矣。今堂近在宫墙之中，而玩芳领胜其间者，皆吾党之士也。游圣人之门，观君子之花，味先儒之训吾意。目击道存，心融意会，其同为成德之归，斯昭昭矣，请名君子之堂，而寓盘盂几杖之训，以为二三子进德修业之助，不亦可乎？"侯喜而笑曰，命之矣，君其为我书之，孝祥曰：诺。乃咏其事而为之，记如此。

——道光《江阴县志》卷5《学校》

江阴重修学记

[元] 陆文圭

皇庆改元，暨阳庙学告成。孰成之？东平曹侯也。初州有赡学田，散漫数十项。比岁以来，利己者去其籍，无以稽数之多寡，制用之出入，米廪告匮，掌计数易，士患之。侯下车祗谒先圣，延问诸生，顾瞻礼殿，栋桡将压，或崇其轩，瞰乎前楹，侯曰：噫！非制也，盍撤而新之？士怃然徐应曰：诺。侯曰：患力不足耶，是不难。命取故籍履亩而核之，抉廋隐量，高平额均，赋实乐输相属，仓庾既盈，侯曰：可矣。召匠计之卜日，莅事以辛亥正月，告迁于先圣。遂毁故庙，增博其基，广硕其础。筏木于仪真，辇石于苏台，是断是斫，是寻是尺，高甍巨桷，摩切霄汉，丹碧绚丽，观者目眙。期年迄工，春丁上日，释奠礼毕，在泮饮酒，多士举觯于侯曰：奕奕新届，鲁侯之功，敢以为公寿。侯曰：未也，殿崇而庑卑，势不相及，弗称为笑。顾吾力惫矣，孰能为我成之？在席之士丘介夫而下四十有余人，起而对曰：公敬教劝学，惠我无私，畴敢不尽力。凡东西庑四十有六间，重葺而新之，三阅月而成。不愆于素，断甓朽橡，无一存者。望之如引绳，如舒翼，高深广长，面势适平，于是庙学成。而侯代者至矣。相与谋请镌石记侯之功，以示后之人。或曰：是役也，博士周君济掌计，赵由道宣力居多，儒吏王应麟、马瑗实董其事，合谋兼力，以迄于成。今独归功于侯，何也？曰：著其首也，为之首者，为之功也。侯闻之笑曰：因其资而为之，劝其人而成之，吾何功？姑叙始末，以识月时，俾后来者一日必葺可也。侯名定国，字安卿，为治所至有声云。壬子夏五记。

——陆文圭《墙东类稿》卷7《记》

重修文庙儒学记

[明] 张恺

圣人之道，与天地并。天下后世，日用饮食，涵濡煦育于仁义礼乐之区，而莫知为之者，凡以学校之教维持之尔。历稽前代，率由是道。

我朝之兴，法古为治，庙学之设，遍于天下。虽遐荒绝裔，皆知尊仰圣人之道，诵习诗书之业，而况邦畿之内、礼让之乡乎？然政事有张弛，则教化有隆替，而治道因之为盛衰，此转移感动之机，则在乎为政之人焉。

江阴，常之属邑，其学自国初吴襄烈公良，因宋元旧址创而为之。宣德间，巡抚侍郎文襄公周忱，尝加修葺。迄今百余年间，因陋就简，补葺颓废，匪无其人，而梁栋之朽蠹，渠道之湮塞，规制之湫隘，盖未有创建而改作之者。

正德丙寅，进士刘君纮，释褐来领县事，顾瞻庙学，或敝或陋，未称所以妥，明灵崇教化之意图，欲撤而新之。诸生方谟辈，侦君之志有足为也，因以请焉，而君欢然以为己任，遂因众举，趣召义民陈谱、陈天祥、汤楷、蒋钰与之，规划经费，相度地宜。乡人乐之，士输其财，民布其力，同寅协恭，捐俸效谋，鸠工市材，卜日兴事。而君率作有方，协力劝相，经始于丁卯四月，阅再岁而功成焉。

其庙制则新大成殿而廓其两庑，东西各增其楹若干。构大成门而展其两隅，左右各增其楹若干。露台中峙，轩豁宏敞。乃因池为泮者一，而半实以土；架石为梁者三，而九穴其洞。又因元丰故迹，就邑士徐推官鼎所献腴田，穿河通渠，为丈计者长以百，为尺计者广三十。水泉环绕，气脉流通，为泮东桥，为灵星门，为大成宫门。雕栏石楯，丹碧荧煌，而于宫垣之外，大书刻石，以节往来。于是巍然焕然，岁时对越，有常尊矣。

其学制，则于庙之东偏，扁儒林坊于门外，辟县学门于坊内。明伦有堂，而礼义、正容二门，逶迤而入。奎文有阁，而时习、日新两斋，对峙而起。屏障设而内外以严，藻绘施而观瞻以具。至若礼器有库，牲杀有庖，斋宿有馆，宾僚有廊，养贤有堂，储粟有廪，观德有圃，纪功有亭，凡有事于学者，无所不备。而诸生敬修习业，有常处矣。由是进而升焉，有以兴其宫墙日月之思；退而学焉，有以致起仰赞瞻忽之力。庙学之建，于是大备。

君，安福人也，自其伯祖忠愍公以《春秋》起家，名闻天下，代有显人，其得于圣人之教，深且厚矣。君之来官，才足以达于政，德足以感乎民，于是举也，不伤民力，不费公帑，运之一心而有余。君既以政最征入谏，垣方大厥施，而以讣闻。今邑宰万君玘，丞余君凌云，黄君霆，孙君章，主簿杨君铤暨教谕罗君干，训导闻君元奎、张君敬，恐君之功，泯而无传，谟乃以次第其事，状介吾友。庠生张瑶属恺为之记。

恺亦世家暨阳，敢忘所自？遂述其梗概如此，且与吾党之士勉之，期毋忘君修建之功，无负圣朝作养之意，毋愧吾圣人之道之万一云尔。

——此碑现存江阴文庙明伦堂内

修奎文阁记

[明] 高宾

阁何为而有也？圣人之六经、昭代之典章在焉，示不敢亵也。曰"奎文"者何？言其道之宣著若奎宿然，辉亘于天，人所共仰也。

始，江阴未有阁，学制未称，识者叹为阙典。正德戊辰，安福刘侯纮始构之。越若干年而阁就以圮。岁庚辰，上党王侯泮至，乃大饰治之。功既成，学谕耿君光与其僚洎若诸士问记于宾，宾将何以为复也？

虽然，盖尝闻之矣。夫经者，圣人载道之书也。道，何物也？天所赋于己，以为仁、义、礼、智、信之性；发之于用，而为喜、怒、哀、乐之情；施之人伦，而为父子、君臣、夫妇、长幼、朋友之亲；义序别信，散之日用，而为用舍行藏、辞受取予之宜；用之身而修，用之家而齐，用之国而治，用之天下而平焉者也。是道也，本于天，均于人，备于圣人。圣人之道，存之为德行，用之为礼乐、刑政，著之而为经，以垂教于天下后世。故经之所在，道之所在，圣人之所在，天之所在也，而可不知所尊乎？知尊之而徒以占毕为勤，无益于身心，无补于治理，则于子思之谓"尊德性，道问学"、董子之谓"尊所闻，行所知"其旨异矣。此宜诸士之自考也。

阁之制，凡三十楹，高三十六尺有奇，广七十二尺，深四十三尺。户牖洞达，梯衡截然。登而望之，云汉昭回，城外内之胜概，尽在俯视矣。阁之后，垒土为峰，杂树松柏，交荫其上，命曰"三台"，助阁之势尊甚，兴学者望道之心，愿治之志跃然矣。

率作表章，刘侯、王侯之力也；愿出私钱并力成事者，义民黄金与其季父澜也，例得附书。

重修儒学记

［明］汤沐

维嘉靖丙戌冬，鼓城张侯集来治县事，号令明肃，境内悉治。越明年冬季，议新庙学，谓兹仆者宜起，卑者宜崇，背者宜顺，毁者宜垩。庙宫之前，民居多杂，制非所宜。民喻侯志，咸愿乐徙。侯以倍值偿之，得顾问辈宅址若干亩。

庀材鸠工，慎选督视。撤其遗构，中通为甬道，计若干步；旁为两庑，计各若干楹；跨池梁者一，计若干甃；直南为屏，计若干仞；翼以二亭，左贮刻赞，右以贮计石；复于复道之东西各树一方，以表乡士台寺之长职。庑成，召诸贾客居之，以售书籍若槐市然，其若大成宫。同年，举子坊鼎新，以建三台墩复增筑之。玉带后河势若相戾，凿为月堰俾环之。堂、阁、斋、庐、亭、圃、庖、廪，亦皆次第加葺，不数阅月，功告成。达观之，穹宏轩豁，幽深邃密，前后适宜，其制至是大备。

教谕何君琏，训导陈君思顺、陈君懋德率诸弟子某某委记于予。予因谓之曰："诸君知侯作新之意乎？予将语之。"

予故诸生也，生于予前，未有显者，顷叨金紫，厕名九列。而堪舆家缘以为说，谓出门无壅利宦学，而予心实非之。所世士习每患于急功徼利。今侯之意固在兹耶？夫宫墙可以譬吾道之浅深，堂室可以喻入道之次第，高明中庸，广大精微，故修德疑道所从事者也。承学者来歌来游，得其门，践其域，能不反观近取、静存动察，以求得乎圣贤之依归，以无负乎君师之养育，而敢暴弃、安于卑小粗僻之为？非予之望也。此固侯今日作新之意也。

抑侯之尊甫中丞公尝为御史，提学兹土，今日及门之士，尚有佩其格言，奉其余矩者，则侯之斯举孰不曰承家之孝？有司六事，学校为首，侯能急之，又孰不曰体国之忠？曰忠曰孝，政事顾不匙欤。矧斯役也，费出于义助，工乐于子来，程毕于旬朔，则侯之才之贤足征矣。

相成者：丞郑君自璧、潜君洪、喻君义簿、于君泰，典史朱瓒，而郑君右文之意为多。予不佞，遂摭为之记。

——嘉靖《江阴县志》卷7《学校记》

新建启圣祠记

[明] 吕楠

江阴学生黄懳，持其师教谕熊氏清、训导汪氏栗、赵氏储之状，偕礼币谒余曰：县启圣祠命下之时，先尹刘体乾适陞进去，今尹仁甫来继厥职。初谓兹役，谊不可遑，乃正月布令，爰兴丕作。邑中义民凡十数辈，乐趋名工，未逮匝月，祠用告成。敢请信言，勒诸他山之石。

曰：忆昔有知，尝谓先圣暨颜、曾、思、孟，肇明斯文，垂宪万世。山谷之僻，龆龀之儿，咸知诵习。究其本源，如叔梁、点、路，钟灵孕秀，笃生圣哲；阅秩祀典废或不载，即我夫子、回、参诸贤，其能怒然忍诸？又回、参、伋、轲，配食夫子，父反卑屈，列位厢庑；子如有灵，坐寝震惊。今际明主推圣贤心，下议礼臣，别建启圣祠，当文庙东偏。内祀叔梁启圣公，配以参、回、伋、轲之父，下逮程、朱儒，其父亦与享焉。然后圣贤之心于是为快，真大典也。故兹役举，上可以使为父者能教厥子知所以慈，下可以使为子者克事其父知所以孝。关切人伦，转移风化，非浅浅故也。仁甫乃能知为急务. 克先图之，揆诸师道，其殆庶几乎。

状又言仁甫为邑，能兴学校、理冤枉，抑豪强、毁淫祠，禁妖巫，弭江寇，诸政聿新。宜兹营建知所本欤！祠中为启圣庙，翼其二庑，其中为唐陈，甃以瓴瓿；其前为门塾，绚以丹漆。始今年二月十六日，终三月三日；未二十日而完，足可考悦以使民也。

仁甫，姓李氏，名元阳，云南太和人。举嘉靖丙戌进士，擢翰林庶吉士。其笃志正学，盖尝闻诸通政马氏伯循云。是役也，诸董工及捐赀助役之义民皆列碑阴，亦为从事各工者劝。

——嘉靖《江阴县志》卷7《学校记》

江阴学义田记

[明] 张恺

国朝廪士之法，如宋舍之规，以资格计，而凡县二十人，其余士之贫者，上之人以学田为助，而学田无定制。自非贤宰牧以振育弘敷为己任者，未暇及也。江阴巨邑，在宋学田五千余亩，弟子员二百四十人，胡葛工公之记可考也。今弟子三百余，而学田始自冢宰赵公，迤年按院郭公、吏部刘公先后立之，然总之不及宋人什四，而或未能久也。昨岁，葵南胡公为邑大夫，其治以风化为先，而尤加意于学校。今年，得民李冻田应入官者五十亩，坐落华墅等处，岁入除输国课外，得米麦若干石，其田常稔，无水旱之虞，其出纳司于学，无告报之艰，其稽考总于岁，终无侵渔之衅。视前数公规画，殊为胜之，华等及诸弟子，思永大夫之惠于无穷也，乃谋登石以纪其成。

盖天下之事，立法未尝不善。而奉法者，屡易其人，则久之不能无弊，大抵然也。今之规画既以周祥，惟田在野、惟籍在公庭、惟石在胶门，明征定保，昭如日星，垂示将来，一举目而可观，所谓施之不匮，非耶？夫移风易俗，使天下回心向道，惟学校为先，惟养士为急，故易曰：圣人养贤以及万民。今大夫之意厚矣，岂特受给之士乎？通学之士，体乐育之心而胥励焉。其出也保义王家，其居也，表正风俗，以弼我清朝雍熙悠久之治。谓非大夫作养造就之仁矣乎。华忝司学事，愧无以承大夫之德意，敢赘言于末，胡公讳士鼇，诏安人，丁丑进士。

——民国《江阴县续志》卷22《石刻志》

双忠祠碑记

[清]魏学诚

双忠者，文贞缪公、忠毅李公也。双忠既祠于郡，邑之乡贤更有专祠者。皇朝之盛典，所以录遗忠，俾子孙得以世守之也。祠基于学宫东，偏堂三楹，门庑备焉。前此奏请建祠，随蠲俸三十两以始事者，学使许时庵先生也。工用不足，迟之且久。忠毅四世孙回澜，文贞四世孙行□、思勃，五世孙诜，先后董其役。其间，朝夕视工，黾勉匍匐，鸠宗党，衰米盐，以底于成者，文贞之族孙祀生希舜也。

祠成，蔚萝魏子无伪从而记之曰：余知识之年，侍先大夫，获闻古今忠孝节烈之事、奇伟之人，私心向往之至。前明天启之世，中朝士大夫罹逆阉之祸，骈首诏狱，不睹天日，极榜掠钳灼之惨，九死而不悔。其坚贞之节、浩瀚之气，真足塞两间而横四海，正未可以生死良臣之，故悲之矣。

丙戌春，余奉命视学江左，来蓉城，始读得《从野堂》《落落斋》两集，缪、李两先生之梗概，悉见于此矣。说者曰："文贞无言职，可以无死，而必出于死者，曷以故？"又谓疏魏珰二十四大罪，未尽出于先生之手。此皆不足以知文贞者也。锄奸之疏，不出于文贞，无损于缪；尽属之文贞，亦无损于杨。彼二三君子，日夜所图，维剖肝沥血而谈者何事，苟有利于君听，何所不为？杨之立说，缪之挥毫，所必然也，有何疑哉？若忠毅者，忠孝性生，加以一往之致，在廷无两，其罪状魏珰也不遗余力。其言主柄之不可下移，在幼主，则曰：何不去忠贤，以终其宠。在忠贤，则曰：何不早自引退，以全其躯。分明恳恻忠臣告君之义，与刘子政论外戚封事，今古一揆矣。使当日宰相有一李东阳，为之弥缝调护，则阉焰必不至于燎原，党人不至于糜烂，宗社必不至于丘墟矣。

呜呼！方其临命之顷，重念亲恩，愿生生事佛，何其无聊也，论世者亦可以得其成仁之由矣。夫天之生才，或旷代而一见，或异地而一人，独与缪、李两先生为梓里，为瓜葛，为同朝，而同死同享千万世之名，岂不伟哉！此双忠祠之所由建也。进士诜请于余曰："祠既讫，像乎祐乎？"余应之曰："尊其瞻视，令里所弗禁也。惟孝孙为之。"

——此碑现存江阴文庙明伦堂内

复吴公祀田记

［清］杨名时

学之西斋，祀吴文誉先生，其来旧矣。先生讳应芳，浙之归安人，前嘉靖时以明经训导吾邑，有德于生徒甚厚，西斋即先生所居。既去，而人怀思之，故祀诸。此学使者骆公为置祭田十亩，从诸生之请也。详见缪文贞公祠记中。近以佃者弗良，私鬻是田，而祀将中绝，诸生王文震等，咸不平，训导潘君惟损失旧典是惧，具以实白诸当事。吴先生勤于其官，于法得祀，而主祀者实惟司训有其举之，莫敢废也。邑侯叶公乃奉督学郑公，檄厘田归县，敛租以供，使奸猾罔可隐期，豪强罔可兼并。春秋之祀，几废复兴，用是前贤永安，而士论翕然矣。先是吴先生肇祀之年，宰邑者有莆田宋公光兰董其事，今叶公生同方，官同邑，而又同有力于吴先生之祀事，如此后先辉映，何可弗书？

叶公名绍芳，福建闽县人，康熙庚辰进士，为宰有惠政，且能振起学校，此其一事也。

训导潘君名谦光，常熟乡贡，教谕则吴县乡贡王君弈章也。学中诸子走书，请曰愿有记，遂记之，俾来者得考焉。

——道光《江阴县志》卷5《学校》

重修明伦堂碑记

［清］张廷璐

学宫之有明伦堂，将一为礼仪相先之地，俾士子以时讲习其中，人才于是乎出，风俗于是乎成。三代盛时，庠序学校之取义，胥未有易此者，故天下莫不有学，而表率一方，为一方人导其先路，则惟有官斯土者之责也。自后世言吏治者，只以薄书钱谷为务，一切教民之具视为后图。而弦歌之化，渺矣。非凤娴学道，真知政体者，乌能毅然而振起之哉。

江阴，古延陵地，礼让之遗旧矣。而科名文物之盛，则肇于宋时，传者谓学之立亦自宋始。按志载《范文正公庙碑》，守江者为范崇古，乃大兴学，其记中特褒美之，而勉以致唐虞之化，协至圣之教云，盖景祐二年也。由宋迄明，代有改易，然讲堂常在庙之左。至洪武年间，以教谕蔡允升议左庙右学，乃移庙于讲堂址，而以庙址为明伦堂。宣德七年，巡抚周文襄公大更规制，檄县令朱文祖董其事。是时察院署在江邑，即今学使者驻节处也。

恭遇我朝文治日新。惟江邑以使者驻节，故学之制视他邑尤扩，每当试时，士子环集堂中，典书习礼，锵如肃如，顾其制既扩，时久即倾，虽小葺之，难复其旧。先是雍正四年，宗伯文定杨公捐千金，大治殿庭，时邑令山右祁君为主，倡而于斯，堂未暇及也。岁庚戌，余奉命视学，率诸生谒庙毕，升明伦堂，左右环顾，榱题就朽，墙宇半颓，即谋所以整之者，会邑令多相继移去，莫主其事。及余三任于此，而古青蔡君实来，乃曰：“及今不治，后难图也。”商诸教谕田有伊，集邑之缙绅议修。君捐俸首倡，邑人莫不踊跃，材不赋而美，匠不发而多，阅半载而告成。比予再归谒庙，而朽者新，颓者整，金碧辉煌，顿革厥观矣。夫数十年之补葺而未逮者，惟贤令之一倡而人争鼓舞以从之，何其神以速也。予因是叹蔡君之为政也，知所先务矣。

君以名进士出宰，本经术为吏治，意在励颓靡，化顽蒙，而以劝学先之，诚合境之士，束身修行以振励于学宫也。则乡里之中，耳濡目染，皆圣人之彝训，其有不翕然向化者，鲜矣。遵斯道也，虽辽绝异党之区，犹将意论而色授，况如江邑之夙称礼让，沐浴国家太平之化于百年之久者哉。

戊午冬，余事竣还朝，江人士环请曰：“愿有记。”余重令尹之贤，视范崇古、朱文祖有其过之，愧余以九年按部，无能若文襄之倡率，独深有味于文正之语之果，亲见于今也，于是乎书。

——此碑现存江阴文庙明伦堂内

上谕训斥士子碑记

[清]嘉庆

嘉庆十年五月二十六日奉

上谕：刑部奏议，覆铁保等审拟吴江县勒休知县王廷瑄，亏缺仓库银米，并生监王云九等，勒索漕规，分别定罪一折。

王廷瑄，办漕不善，挪移库项数逾二万两以上，实属昏庸不职，依拟应斩,着监候，仍勒限照数追完，再行分别办理。余均着照部议完结。

此案,王廷瑄挪移亏缺，数至累万，皆因刁生劣监等，在仓吵闹勒索陋规所致，今审讯确实，所有附和，得规计赃较轻之吴景修等三百十四名，均经部议，照该督所拟，一并饬提责处。

生监皆读书人，今以此一案而罪犯责处者，至三百余名之多。阅之殊不惬意，但谈生监身列胶痒，不守卧碑，辄敢恃符寻衅，挟制官长，吵闹漕仓，强索规费，此直无赖棍徒之所为。岂复尚成士类？朕闻各省劣衿，往往出入公门，干预非分，以收漕一节，把持地方官之短长，而江苏为尤甚。各该州县，或平日与之交结，遂其取求，欲壑既盈，即遇不肖官吏，实有图利营私等事，亦复袒庇不言，徒使乡里小民，暗遭朘削，设稍不遂意，则遇事輙生枝节。每届开征时，挜交丑米，藉端滋事，动即以浮收漕粮，列名上控，其实家无担石，无非包揽交收，视为利薮，此等恶习，大坏名教。今吴江一县，分得漕规生监已有三百余人。其余郡县，可想而知，朕培养士子，至优且渥，原望其束身自爱，键户读书，并当劝化闾里愚民，知所观法，方不愧四民之首，乃荡检踰闲，至于此极，尚觍然厕身士林乎？所有吴景修等三百十四名，朕即概加扑责，亦其自取，但欲养其廉耻，此次姑免责处，予以自新之路，嗣后着铁保、汪志伊，会同莫晋，督饬该教官等，严切教导，随时管束，务使该生监等痛改前非，安分守法。如遇收漕时，该州县果有浮收入已情事，自应据实劾参，倘该生监等不知悛改，仍蹈故辙，或此外刁劣绅衿，有把持漕务，讹诈陋规等事，砌词控告、审属子虚者，一经查出，即当奏明，从严治罪，决不宽贷。不仅扑作教刑，士子自不惜廉耻，朕亦不能废法博誉。

总之，士林为风化所关，待之优正以责之厚，朕嘉惠士子，然于此等败类，亦断不肯稍事姑容，必欲挽回积习而后已，该生监等，俱各凛遵训谕，立品怀刑，慎毋听之藐藐，自蹈罪愆，致贻后悔，将此通谕知之，钦此。

——此碑现存江阴文庙明伦堂内

重建礼延书院记

[清] 林达泉

予少时读书，即深慕延陵季子之为人，以为春秋以来，管仲、予产外，高风硕学，以延陵为最。每读其《来聘》一篇，究风雅之盛衰，论韶武之美善，与宣尼删定若合符节，而所交当世名卿大夫蘧瑗、史鱼、叔向辈，皆我夫子所推许，辄不禁流连三复，愿奉瓣香。

去年夏，奉檄江阴。江阴，古延陵季子旧封也，生平倾企，幸履名疆。下车观风，即举邑人何白律句：蘋藻惟羞，季子祠命题，盖以志向往之，愿敬礼之诚也。邑故有暨阳书院，兵燹后，瓦砾榛芜，生师散处。爰商之绅董，筹款重建。因仍旧址，拓焕新模，于今年三月落成。以"暨阳"义无所取，署吴县高君心夔为易"礼延书院"。并举后汉书，任延为会稽都尉，静泊无为。唯先遣馈礼祠延陵季子为言，与予意有合。邑士夫亦以为然，适侍郎彭公玉麟阅军临江，为之榜书，而供奉季子栗主，予因为文以记。

予维南中文学首朔子游，以季子鸿识多闻、洞乎礼乐之源，比于言氏疑高一席。况夫让国全伦、挂剑旌信，篇籍流传，懿垂千载。江阴接壤海虞，而海虞书院宗师言氏，命曰游文，季子系太伯之至德，开江南之风气，独缺而弗礼，是邦大夫之责，无以为多士模楷也。且江阴为吴中巨邑，名卿魁儒后先相望。国初效忠抗节，阖城殉难，洎乎发逆子之乱，死义尤偻指难数。盖文章气节，争自濯磨，已非一日，礼延陵而益资观感，当必有蒸蒸日上者，是则予之所厚望。

院成，聘宜兴任先生重光来院主讲，前辈典型士论。翕然宗之，至于筹议绅董，则徐太史文洞、金观察国琛、陈太守荣邦，夏司马纬如，经办绅士，则季广文、荣恩，朱上舍龄、章太学墫也。邑西申港有季子墓、十字弩碑，岿然丛莽，相传为夫子手笔，疑真疑赝，未有定论。维子游南产，而季子又夫子所称为习礼者，其有碑焉，或者非诬。予方议修其祠，更将为绕司墓，遍树梅花，异时诸生谒祠瞻眺，亦有寄高山仰止之思，云是为记。

——光绪《江阴县志》卷5《书院》

主要参考文献

（一）史志典籍

[1] 黄傅纂修. 弘治正德江阴县志. 正德十五年（1520年）本.

[2] 钱建忠. 无锡方志辑考. 北京：世界知识出版社，2006.

[3] 程以正. 江阴市志. 上海：上海人民出版社，1992.

[4] 朱玉林，张平生点校. 永乐常州府志. 扬州：广陵书社，2006.

[5] 孙仁，朱昱等纂修. 重修毗陵志，成化九年（1473年）刻本.

[6] 张恺纂. 正德常州府志续集. 正德八年（1513年）刻本.

[7] 文庆，李宗昉等纂修. 钦定国子监志. 北京：北京古籍出版社，2000.

[8] 王新命修，张九征纂. 江南通志. 康熙二十二年（1683年）刻本.

[9] 陈玉琪等纂修. 康熙常州府志. 康熙三十三年（1694年）刻本.

[10] 黄之隽编纂，赵弘恩监修. 乾隆江南通志. 文渊阁四库全书本.

[11] 高宗敕撰. 清朝通典. 上海：商务印书馆，1935.

[12] 赵锦修，张衮纂. 嘉靖江阴县志. 嘉靖二十六年（1547年）本.

[13] 高宗敕撰，素尔讷等纂修. 钦定学政全书. 嘉庆十五年（1810年）刻本.

[14] 昆冈等纂. 钦定大清会典则例. 文渊阁四库全书本.

［15］庞钟璐. 文庙祀典考. 光绪戊寅（1878年）家藏本.

［16］冯士仁等纂修. 崇祯江阴县志. 崇祯十三年（1640年）本.

［17］陈寅亮，沈清世等纂修. 康熙江阴县志. 康熙二十二年（1683年）本.

［18］蔡澎纂修，罗士瓒续修. 乾隆江阴县志. 乾隆九年（1744年）本.

［19］陈延恩等纂. 道光江阴县志. 道光二十年（1840年）本.

［20］卢思诚等修纂. 光绪江阴县志. 光绪四年（1878年）本.

［21］陈思修，缪荃荪纂. 江阴县续志（附江阴近事录）. 民国九年（1920年）本.

［22］杨印民辑校. 宋江阴志辑佚. 天津：天津古籍出版社，2016.

［23］马端临. 文献通考. 文渊阁四库全书本.

（二）正史实录

［1］左丘明. 左传. 北京：中华书局，1965.

［2］吴兢. 贞观政要. 郑州：中州古籍出版社，2008.

［3］脱脱等. 宋史. 北京：中华书局，1977.

［4］宋濂等. 元史. 北京：中华书局，1976.

［5］张廷玉等. 明史. 北京：中华书局，1974.

［6］赵尔巽等. 清史稿. 北京：中华书局，1977.

［7］中央研究院历史语言研究所. 明实录. 上海：上海书店，1984.

［8］清实录. 北京：中华书局，1986.

［9］班固. 汉书. 北京：中华书局，1965.

［10］司马迁. 史记. 北京：中华书局，1959.

［11］裴松之注. 三国志. 北京：中华书局，1964.

［12］范晔. 后汉书. 北京：中华书局，1965.

［13］刘昫等. 旧唐书. 北京：中华书局，1976.

［14］欧阳修等. 新唐书. 北京：中华书局，1975.

［15］杜佑. 通典. 杭州：浙江古籍出版社，1988.

[16] 房玄龄等. 晋书. 北京：中华书局，1974.

（三）著作文集

[1] 陈传平. 世界孔庙. 北京：文物出版社，2004.

[2] 刘亚伟. 远去的历史场景：祀孔大典与孔庙. 济南：山东文艺出版社，2009.

[3] 刘新. 儒家建筑：文庙. 北京：中国建筑工业出版社，2013.

[4] 李心传. 建炎以来系年要录. 北京：中华书局，1988.

[5] 彭蓉. 中国孔庙建筑与环境. 郑州：中州古籍出版社，2011.

[6] 曲英杰. 孔庙史话. 北京：社会科学文献出版社，2011.

[7] 顾炎武. 天下郡国利病书. 上海：上海书店出版社，1935.

[8] 张体云. 张廷玉年谱. 合肥：安徽人民出版社，2016.

[9] 赵统. 江阴明清学政. 上海：上海古籍出版社，2011.

[10] 中华文明史话编委会. 孔庙史话. 北京：中国大百科全书出版社，2007.

[11] 雷闻. 郊庙之外：隋唐国家祭祀与宗教. 北京：三联书店，2009.

[12] 朱鸿林. 孔庙从祀与乡约. 北京：三联书店，2015.

[13] 政协江阴县文史资料研究委员会. 江阴文史资料：第1辑. 内部印刷物，1983.

[14] 杨德生，李中林. 江阴历代吟咏. 上海：上海古籍出版社，2011.

[15] 吴宣德. 中国教育制度通史. 济南：山东教育出版社，2000.

[16] 顾国华. 文坛杂忆. 上海：上海书店，2015.

[17] 曹廷元. 三晋石刻大全：临汾市古县卷. 太原：三晋出版社，2012.

[18] 冼剑民，陈鸿钧. 广州碑刻集. 广州：广东高等教育出版社，2006.

[19] 伍庆禄，陈鸿钧. 广东金石图志. 北京：线装书局，2015.

[20] 孟继新. 孔府孔庙碑文楹联集萃：下. 北京：中国社会出版社，2011.

[21] 魏源. 魏源全集. 长沙：岳麓书社，2011.

[22] 崔永泉，刘红宇. 中国文庙未来之梦. 长春：吉林文史出版社，2013.

[23] 范能濬. 范仲淹全集. 南京：凤凰出版社，2004.

［24］金武祥. 粟香随笔. 谢永芳，校点. 南京：凤凰出版社，2017.

［25］陆文圭. 墙东类稿. 四库全书本.

［26］缪幸龙. 江阴东兴缪氏家集. 上海：上海古籍出版社，2014.

［27］袁枚. 袁枚全集. 王英志，校点. 杭州：浙江古籍出版社，2015.

［28］江阴市暨阳名贤研究院. 江阴市暨阳名贤研究院成立十五周年纪念文集. 2012.

［29］陈瑞农. 无锡文物. 南京：凤凰出版社，2009.

［30］董喜宁. 孔庙祭祀研究. 北京：中国社会科学出版社，2014.

［31］刘咸炘. 推十书增补全书. 上海：上海科学技术文献出版社，2009.

［32］衢州市博物馆. 衢州墓志碑刻集录. 杭州：浙江人民美术出版社，2006.

［33］耿素丽，陈其泰. 历代文庙研究资料汇编. 北京：国家图书出版社，2012.

［34］成一农. 古今图书集成庙学资料汇编. 北京：中国社会科学出版社，2016.

［35］成一农. 地方志庙学资料汇编. 北京：中国社会科学出版社，2016.

［36］孙中山. 孙中山全集：第二卷. 北京：中华书局，2006.

［37］张秉忠. 江阴览胜. 北京：中国民族摄影艺术出版社，2010.

［38］范小平. 中国孔庙. 成都：四川文艺出版社，2004.

［39］张亚祥. 江南文庙. 上海：上海交通大学出版社，2009.

［40］江阴市文史委员会. 江阴文史资料：第21辑. 内部印刷物，2001.

［41］付远. 儒家思想与建筑文化100讲. 北京：建筑出版社，2015.

［42］孔祥林. 世界孔子庙研究. 北京：中央编译出版社，2011.

［43］李文. 孔庙文化功能的当代价值. 南宁：广西人民出版社，2014.

［44］李秋香. 文教建筑. 北京：三联书店，2007.

［45］东岳书院. 礼与中国文化：第五届东岳论坛礼仪中国学术研讨会论文集. 北京：中国
　　　社会科学出版社，2012.

［46］陈蓉，于书娟，等. 江阴文庙碑刻整理与校注. 扬州：广陵书社，2020.

［47］ELDEN S. Understanding Henri Lefebvre：theory and the possible. New
　　　York：Continuum，2004.

（四）论文研究

[1] 邓凌雁. 空间与教化：文庙空间现象及其教育意蕴的生成. 河南大学学报：社会科学版，2017（5）.

[2] 赵国权，周洪宇. 游走于传统与现代之间：对文庙再定位的几点思考. 河南大学学报：社会科学版，2017（5）.

[3] 周洪宇，赵国权. 文庙学：一门值得探究的新兴"学问". 江汉论坛，2016（5）.

[4] 刘美然. 从两方高阳碑志拓片看明清两代的学规禁例. 文物春秋，2014（2）.

[5] 张会会. 明代乡贤祭祀与儒学正统. 学习与探索，2015（4）.

[6] 牛建强. 地方先贤祭祀的展开与明清国家权力的基层渗透. 史学月刊，2013（4）.

[7] 唐汉章，翁雪花. 顾山北麓周姓墓发掘报告. 无锡文博，1997（1）.

[8] 赵国权，周洪宇. 祠学璧合：两宋书院祠祀活动及其价值期许. 北方论丛，2016（5）.

[9] 郭培贵. 论明代教官地位的卑下及其影响. 明史研究，1994（4）.

[10] 贡振亚. 范仲淹景祐兴学与江阴重修文庙. 孔庙国子监论丛，2015.

[11] 贡振亚. 拓片上的文庙历史——江阴文庙"题名碑"考. 孔庙国子监论丛，2015.

[12] 广少奎. 斯文在兹，教化之要——论文庙的历史沿革、功能梳辨及复兴之思. 河南大学学报：社会科学版，2017（5）.

[13] 张玉娟. 明清时期乡贤祠研究. 河南大学，2009.

[14] 陈蕴茜. 空间维度下的中国城市史研究. 学术月刊，2009（10）.

[15] 毛晓阳. 清代宾兴礼考述. 清史研究，2007（3）.

[16] 张璨. 祭孔礼乐文化的形态与价值传承研究——以浏阳文庙祭孔礼乐为例. 湖南社会科学，2017（1）.

[17] 来亚文. 宋代江阴城市空间格局的演变. 史林，2019（2）.

[18] 王一睿. 中国建筑设计的昭文传统及传承研究. 西安建筑科技大学，2018.

[19] 黄贻清. 呈县政府：请督令款产处移交孔庙田产. 江阴县教育局月刊，1928（7—8）.

[20] 李鸿渊. 孔庙泮池之文化寓意探析. 学术探索. 2010（2）.

［21］于书娟，刘红英. 空间生产理论视域下的文庙教育空间实践. 宁波大学学报：教育科学版，2019（6）.

［22］舒大刚，任利荣. 庙学合一：成都汉文翁石室"周公礼殿"考. 四川大学学报：哲学社会科学版，2014（5）.

［23］唐红炬. 文庙的保护与利用：应在冲突中寻求和谐. 中国文物科学研究，2007（2）.

［24］肖永明等. 书院祭祀的教育及社会教化功能. 湖南大学学报：社会科学版，2005（3）.

［25］SIMONSEN K. Bodies，sensations，space and time：the contribution from Henri Lefebvre. Geografiska Annaler：Series B Human Geography，2005，87（1）.

（五）原始档案

［1］江阴市档案局藏，档案号：0010－1－208.

［2］江阴市档案局藏，档案号：0002－2－121.

［3］江阴市档案局藏，档案号：0004－10469.

［4］江阴市档案局藏，档案号：0005－1－40.

后记

　　文庙是中国古代最重要的文化教育机构之一。江阴文庙肇端于文教昌盛的宋代，在明清之际因为江苏学政的驻扎而备受重视，与一般县级文庙相比，其规制宏大，在长达千年的发展过程中，见证了江南地方士风、文风的兴衰起伏。但与东林书院的赫赫盛名相比，江阴文庙却显得有些默默无闻。在周洪宇、赵国权两位前辈提出"文庙学"之前，我这个教育史专业的从业者，虽然关注江南文化教育已经近十年，对于江阴文庙却所知甚少。感谢周老师和赵老师，愿意接纳我成为文庙研究队伍的一员，为我打开了一个新的学术研究领域。

　　于是，我开始查阅历代江阴县志，爬梳相关资料。无锡市现辖无锡、宜兴、江阴三市中，无锡文庙现已改造成为无锡碑刻陈列馆，宜兴文庙旧址为今天宜兴实验小学的所在地，只有江阴文庙早在20世纪末已经得到修复，且已经被列入江苏省文物保护单位。2018年元旦过后，我带着几位研究生实地探访江阴文庙。来到文庙棂星门前，即被其古拙雄浑的气度所震撼。及至跨过大成门，来到大成殿，看到殿内孔子等先师先贤的塑像，屋内藻井雕刻的花纹，心生景仰的同时也有种穿越时空的感觉。置身文庙内幽静典雅的环境，遥想古代生员在此读书游息的场景，不禁心向往之。

第一次探访，文庙明伦堂内外的明清碑刻就给我们留下了深刻的印象。经过与文庙保护管理所的陈蓉主任交流，我决定带领几位研究生，帮助文庙整理这批碑刻，既为自己的研究奠定更多的史料基础，也为文庙碑刻的保护与整理尽一份力。在本书的撰写中，文庙现有碑记也的确提供了许多县志不曾记载的信息。随后，我们团队的屈博老师，研究生刘红英、朱开甜、杨天，本科生龚铭月等，又多次到文庙进行考察、交流，还曾到江阴市档案局查阅原始档案，对档案局的周到接待深表感激。

自2015年以来，我正在承担着教育部人文社科课题"史学转型进程中的史学理论与方法研究"，对于教育史中新史料的挖掘、新主题的拓展与新方法的运用颇为留心。此次对于江阴文庙碑刻的整理与对江阴文庙的研究，是我试图利用实物资料，探讨教育史中的新主题——教育空间、建筑与物质的一次尝试。但由于自身基础薄弱，时间仓促，本书对江阴文庙的研究还有很多不足，只能寄希望于以后进一步的研究。对于书中的错漏之处，我也愿意接受来自各方读者的建议与批评。

在本书撰写的过程中，周洪宇老师、赵国权老师从书稿框架开始，到最后全书成稿，给我提供了许多有价值的建议与参考资料，在此要特别表达感谢。同时，也要感谢江阴文庙保护管理所的陈蓉主任，为我提供了很多有价值的信息资料。感谢江阴市档案局的工作人员提供了有关江阴文庙的档案。感谢我的同事屈博和研究生杨天、刘红英、朱开甜等，他们帮我拍摄照片、整理碑文，为本书的完成做了重要的基础工作。特别是刘红英同学，我们就文庙的一些问题交流意见和看法，并且一起完成了多篇论文，这在本书中也有所体现。

在此，再次对所有为本书的撰写与出版提供帮助、付出辛劳的人，一并表示衷心的感谢。

于书娟

2021年6月于江南大学蠡湖家园

图书在版编目（CIP）数据

江阴文庙研究 / 于书娟著 . — 济南：山东教育出版社，2021.10
（中国文庙研究丛书 / 周洪宇总主编）
ISBN 978-7-5701-1873-1

I. ① 江…　II. ① 于…　III. ① 孔庙—研究—江阴　IV. ① K928.75

中国版本图书馆 CIP 数据核字 (2021) 第 220598 号

SERIES OF STUDIES
ON
CHINESE
CONFUCIUS
TEMPLES

中国文庙研究丛书

A
STUDY
ON
JIANGYIN
CONFUCIUS
TEMPLE

江阴文庙研究

于书娟 著

选题策划：蒋　伟　苏文静
责任编辑：孙金栋　徐　婉
责任校对：舒　心
装帧设计：姜海涛

主管单位：山东出版传媒股份有限公司
出 版 人：刘东杰
出版发行：山东教育出版社

地　　址：济南市市中区二环南路 2066 号 4 区 1 号
邮　　编：250003
电　　话：(0531) 82092660
网　　址：www.sjs.com.cn

印　　刷：山东临沂新华印刷物流集团有限责任公司
开　　本：720 毫米 ×1020 毫米　1/16
印　　张：21.25
字　　数：272 千
版　　次：2021 年 10 月第 1 版
印　　次：2021 年 10 月第 1 次印刷
印　　数：1—2000
定　　价：92.00 元

如印装质量有问题，请与印刷厂联系调换，电话：0539—2925659